Kühe halten

Ulrich Daniel

Kühe
halten

2., völlig neu gestaltete Auflage
59 Farbfotos
36 Zeichnungen

VERLAG
EUGEN
ULMER

Die Deutsche Bibliothek – CIP-Einheitsaufnahme

Daniel, Ulrich:
Kühe halten / Ulrich Daniel. – 2., völlig neu gestaltete Aufl. – Stuttgart (Hohenheim) : Ulmer, 1997
   1. Aufl. u.d.T.: Daniel, Ulrich: Eine Kuh halten
   ISBN 3-8001-7360-3

© 1985, 1997 Eugen Ulmer GmbH & Co.
Wollgrasweg 41, 70599 Stuttgart (Hohenheim)
Printed in Germany
Einbandgestaltung: Alfred Krugmann
mit Fotos von Hans Reinhard
Lektorat: Ingeborg Ulmer
Herstellung: Steffen Meier
Satz: Steffen Hahn GmbH, Kornwestheim
Druck: Gulde, Tübingen

Vorwort zur zweiten Auflage

Der Titel der ersten Auflage „Eine Kuh halten" war wohlüberlegt, aber mit einem Augenzwinkern formuliert, was allerdings nicht immer verstanden wurde. „Wer hält schon eine einzelne Kuh, so ein Blödsinn", scholl es auch aus dem Kreis einiger Rezensenten. Der Titel wurde jetzt geändert. Nicht geändert hat sich die Absicht des Buches, in unterhaltsamer Form allen denen dieses nützliche Tier näherzubringen, die – beruflich oder privat – mehr darüber wissen wollen. Deshalb ist der Rahmen sehr weit gesteckt – von der Tierpsychologie über Körperbau und -funktionen bis zur praktischen Fütterung, zur Grünlandpflege und zur Milchverarbeitung. Damit wird dem interessierten Laien gezeigt, wie unendlich viel man über Kühe wissen muß, um erfolgreich Milch zu produzieren. In erster Linie jedoch ist es ein Buch für die Praxis, für den kleinen Bestand, ob ökologisch oder integriert wirtschaftend.

Seit dem Erscheinen der ersten Auflage hat sich in der Rindviehhaltung eine Menge getan. Die Diskussion über Hormoneinsatz und Gentechnik schwappt über den großen Teich, schwarze Schafe ruinieren den Ruf eines Berufsstandes durch illegalen Einsatz von „Hilfsmitteln", langjährig gute, stabile Preise bei Milch und akzeptable bei Fleisch sind ins Rutschen gekommen. Der Bewirtschafter eines kleineren Betriebes fühlt sich dem großen Marktgeschehen hilflos ausgesetzt. Vielleicht kann dieses Buch ein wenig dazu beitragen, das Verständnis zwischen dem Verbraucher und seinem Partner, dem in der Nähe wohnenden Landwirt, zu verbessern, indem es zeigt, daß „fairer" Handel auch eine Idee für den heimischen Markt ist und daß die vom Verbraucher nicht akzeptierten Produktionsverfahren auch dem normalen Landwirt suspekt sind.

Es soll kein eigentliches Lehrbuch der Rindviehhaltung sein. Deren gibt es genug, aber Lehrbücher haben für den Anfänger und für den interessierten Laien einen grundsätzlichen Nachteil: man liest sie nicht von vorn bis hinten an einem Stück durch, sondern sie werden nur bei speziellen Fragen zu Rate gezogen. So wurde hier versucht, eigenes Erleben, praktische Hinweise und theoretische Grundlagen anschaulich und unterhaltsam, lehrreich und lesbar zugleich, zusammenzufassen.

Frühjahr 1997
Ulrich Daniel

Inhalt

Vorwort zur zweiten Auflage 5

Die Kuh und der Mensch
Vom Auerochs zum Haustier 8
Etwas über die Seele der Kuh 11
   Die Kuh als Individuum 11
   Die Kuh als Herdentier 12
   Die Kuh als Mutter 14
Der Umgang mit der Kuh 16
   Der Umgang mit der Kuh
   im Freien 16
   Der Umgang mit der Kuh
   im Stall 18
Voraussetzungen für die Haltung
einer Kuh 19
   Futter 20
   Stroh 20
   Gebäude 21
   Tiere 23
   Geräte 24
   Zeit 25
   Kenntnisse 25
   Geld 26

Die Kuh und ihr Körper
Bau und Funktion des Körpers 28
   Das Euter 33
   Die Verdauungsorgane 34
Gesundheit und Krankheit 41
   Krankheiten der Verdauungs-
   organe 41
   Stoffwechselstörungen 42
   Infektionskrankheiten 44
Auch die Kuh braucht
Körperpflege 46

Die Kuh und die Züchtung
Einiges über Rinderrassen 48
   Jersey 52
   Rotvieh 54
   Fleckvieh 54
   Wäldervieh 55
   Braunvieh 57
   Gelbvieh 57
   Deutsche Rotbunte 58
   Deutsche Schwarzbunte 61
   Welche Rasse halten? 62
Leistungsvermögen und seine
Beeinflussung 62
   Selektion in der Reinzucht 63
   Leistungsprüfungen 63
   Kreuzungszucht 66

Die Kuh und ihre Ernährung
Pansenphysiologische Grundlagen . 68
Energiebewertung 69
Zusammensetzung der Futter-
mittel 70
Nährstoff- und Energiegehalt der
Futtermittel 71
Bedarfsnormen für Milchkühe 72
Rationsberechnung 73
Grundsätze der Milchvieh-
fütterung 75
Die Futtermittel 76
   Wasser 76
   Heu 77
   Stroh 80
   Rüben 80
   Kartoffeln 81
   Silagen 81

Kraftfutter	86
Weidegras	88
Einige Rationstypen	88
Futtervoranschlag	89
Fütterungstechnik	90
Mineralstoffe	91
Mineralstoffbedarf	92
Futtermittel, die gefährlich werden können	93

Die Kuh und ihre Umwelt

Die Kuh auf der Weide	95
Die Pflanzen des Grünlands	95
Die Anlage der Weide	96
Weidezäune	97
Weidesysteme	100
Weidedüngung und Weidepflege	102
Die Wohnung der Kuh	105
Stallklima	105
Stallansprüche	105
Ansprüche des Menschen	106
Stallsysteme	106
Anbindestall	106
Entmistung	111
Flüssigmist	111
Laufstall	113
Mist wird immer gemacht	116

Die Kuh und ihr Nachwuchs

Das Sexualleben der Kuh	119
Die Phasen der Brunst	119
Bedeckung und Besamung	120
Der Brunstzyklus	121
Die Entwicklung des Kalbes	123
Trächtigkeitszeichen	123
Fruchtbarkeitsstörungen	124
Ein Kalb wird geboren	125
Die Geburt	125
Geburtshilfe	127
Die Versorgung des Kalbes	129
Die Aufzucht der Jungtiere	131
Fütterung der Aufzuchtkälber	131

Die Fütterung der Jungrinder	134
Die Unterbringung des Jungviehs	135
Krankheiten des Jungviehs	137

Die Kuh und ihre Produkte

Melken – die tägliche Arbeit	139
Vormelken	139
Melken mit der Melkmaschine	140
Handmelken	142
Trockenstellen	143
Milch – ein empfindliches Produkt	145
Kühlung der Milch	146
Einflüsse auf die Milchqualität	146
Was macht man mit der Milch?	147
Sauermilchprodukte	149
Käseherstellung	151
Sauermilchkäse	151
Labkäse	153
Butter	156

Die Kuh und die Verwaltung

Gesetzliche Vorschriften	158
Tierzuchtorganisationen und Beratungsdienste	159

Verzeichnisse 161

Die Kuh und der Mensch

Vom Auerochs zum Haustier

Ohne Kuh hätten die alten Germanen keine Götter gehabt, oder hätten sich anderswoher welche besorgen müssen, denn in der Edda steht, eine Kuh habe die Götter aus salzigen Eisblöcken hervorgeleckt. So durfte denn auch eine Kuh den Wagen der Erdgöttin Nerthus ziehen. Die Entstehung der germanischen Götterwelt, wie man sie aus dem Sagenbuch kennt, muß also relativ spät erfolgt sein, denn das Rind taucht als Haustier in Norddeutschland und Südskandinavien erst gegen Ende des 4. Jahrtausends vor Christus auf. Die ältesten Funde von Rindern stammen aus dem Ost-Irak, vom Fuße der kurdischen Berge.

Die Radiokarbonmethode weist auf die erste Hälfte des 7. Jahrtausends. In Ägypten taucht es in der vordynastischen Zeit um 5000 v. Chr. auf. Als Stammvater wird allgemein der Ur oder Auerochs betrachtet. Andere Vorfahren lassen sich nicht nachweisen. Er kam überall in den Baum- und Waldgebieten Europas, Asiens und Nordafrikas vor. Mit 175 bis 200 cm Schulterhöhe bei den Bullen und 150 bis 170 cm bei den Kühen waren sie für den Steinzeitmenschen eine schöne Portion Fleisch – wenn man sie erlegen konnte. Mit Steinspeer und Pfeil und Bogen erforderte es schon eine Portion List und Mut, solch ein schnaubendes, blitzschnelles Ungetüm zu jagen. Was mag den Menschen dazu bewogen haben, sich ein solches Untier als Haustier auszusuchen, früher sogar als Schaf und Ziege? Vielleicht gibt uns der Wagen der Göttin Nerthus Auskunft: man brauchte es zur Arbeit. Jäger und Sammler aber brauchen keine Arbeitstiere. Also müssen es Ackerbauern gewesen sein, die sich dieser schweren Aufgabe unterzogen, vielleicht weil einer den Hakenpflug erfunden hatte und keiner ihn ziehen wollte. Es muß aber auch eine gut organisierte Gesellschaft gewesen sein, die etwas Futterbau betrieb, denn die großen Futtermengen, die diese Tiere benötigten, wuchsen nicht am Wegrand. Immerhin waren die Auerochsen um einen Kopf größer als unsere heutigen Hausrinder, und letztere fressen schon 75 kg Gras am Tag. Während die Urrinder sich unter der Obhut des Menschen schnell weiterentwickelten, ging die Zeit des Auerochsen allmählich zu Ende. Die Jagd und die Umgestaltung der Umwelt mit zunehmender Besiedlung nahmen ihm nach und nach den Lebensraum. In Frankreich verschwand der letzte im 13. Jahrhundert. In Niederbayern wird von ihm noch im 15. Jahrhundert berichtet. Die letzte Urkuh starb 1627 in Polen.

Noch war das Rind von seiner heutigen Hauptaufgabe, der Milchproduktion, weit entfernt. Noch molk man lieber Schafe, Ziegen, Kamele, Rentiere und sogar Stuten. Die Kuh war Trag-, Zug- und Fleischtier. Ihre Entwicklung vollzog sich jedoch relativ schnell. Schon der Auerochs zeigte genetisch starke Variabilität und kam in den verschiedenen Gegenden in unterschiedlichen Schlägen vor, die zum Ausgangsmaterial der lokalen Rassen wurden. In der Hand des Menschen, in kleinen Herden, kam es viel öfter zu Verwandtschaftspaarungen, zu Inzucht, und damit zu einer Konzentration bestimmter Erbanlagen. Dann paarte man Tiere, die sich in bestimmten Merkmalen ähnelten. So entstanden, sicher auch durch einige Mutationen, die verschiedensten Rassen. Schon aus dem alten Rom sind mehrere Rinderrassen belegt. Es gab dort übrigens eine entwickelte Milchwirtschaft, aber nur in der Nähe der Städte, denn Kühlung war kaum möglich. Weiter entfernt von den Ballungsgebieten wurde Käse gemacht. Das weiß man unter anderem daher, daß Kaiser Diocletian (284–305 n. Chr.) eine Höchstpreisverordnung für Käse erließ.

Bis zum frühen Mittelalter ging es der Kuh gut. Es gab relativ wenige Menschen und viel extensiv genutztes Weideland. Aber dann, so um das 13. Jahrhundert, wuchs die Bevölkerung, es wurde mehr Getreide benötigt, Weideland wurde umgebrochen und das Vieh auf das schlechteste Land verdrängt. Ackerfutterbau kannte man nicht, und so mußte das Vieh auf Hutungen, Brachflächen oder sogar in den Wäldern sein Futter suchen. Die Folge war, daß das Rind immer mehr degenerierte. Hatten die Kühe in der Jungsteinzeit noch eine Höhe bis zu 138 cm, so betrug sie gegen Ende des Mittelalters nur noch 95–105 cm. Eine ausgewachsene Kuh wog gerade 100–200 kg (eine kräftige Kuh wiegt heute um die 650 kg). Nur in Gebieten mit Böden, die für den Ackerbau nicht geeignet waren und trotzdem guten Futterwuchs boten, bildeten sich Rassen mit hohen Produktionseigenschaften. Dazu gehörten die Küstengebiete Hollands und Deutschlands, einige Mittelgebirgslagen und der Alpenraum. In den anderen Gebieten bildeten sich Landrassen heraus, die sich an die schlechten Produktionsbedingungen angepaßt hatten. Besonders der Winter war für die Tiere ein harter Prüfstein. Viele waren im Frühjahr so schwach, daß sie am Schwanz aus dem Stall auf die Weide gezogen werden mußten; man sprach dabei von „Schwanzvieh". So war es kein Wunder, daß auf diese Weise eine Selektion auf Genügsamkeit erfolgte. Das Wäldervieh im Schwarzwald ist vielleicht ein Beispiel für das Ergebnis einer solchen Auslese. Die meisten Landrassen aber sind weitgehend verschwunden.

Im 18. Jahrhundert verbesserte sich die Situation. Seit Karl dem Großen hatte man Dreifelderwirtschaft betrieben: Wintergetreide, Sommergetreide und Brache folgten regelmäßig aufeinander. Auf die Brache wurde vor dem Pflügen zu Wintergetreide Mist gefahren – wenn es welchen gab, und das war oft genug nicht der Fall. Auf der Brache durfte das Vieh weiden, nämlich das bißchen Unkraut, das dort wuchs. Nun wurde die „verbesserte Dreifelderwirtschaft" eingeführt. Statt der Brache wurde Rotklee eingeschaltet, ein Stickstoffsammler und ein hervorragendes Viehfutter. Jetzt zeigten die Rassen aus den Grünlandgebieten, was sie konnten. Die Landrassen konnten leistungsmäßig nicht mithalten und wurden nach und nach verdrängt. Im Norden setzten sich Schwarzbunte und Rotbunte, in Süd-

deutschland Simmentaler (Fleckvieh) und das Braunvieh durch. Um 1920 verschwanden die letzten Tiere der Landrassen.

Etwas über die Seele der Kuh

Das Rind, das wir heute im Stall haben, ist von den Urrindern in seinem Wesen meilenweit entfernt. Das ursprüngliche Temperament ahnt man, wenn man südländische Kampfrinder sieht. Unsere Milchrinder sind dagegen phlegmatische, friedliche Zeitgenossen. Bösartige Bullen werden seit sehr langer Zeit von der Zucht ausgeschlossen, so daß eine ständige Selektion auf Umgänglichkeit erfolgt. Dennoch ist viel von der Verhaltensweise der Wildrinder übriggeblieben und wir können für Umgang und Haltung sehr viel daraus ableiten.

Die Kuh als Individuum

Die Lautäußerungen haben sich wahrscheinlich am wenigsten verändert. Zwei normale Laute werden unterschieden: einzelnes, hohes Muhen und tiefes, lautes Muhen aus voller Brust. Letzteres ist Fern- und Orientierungsruf. Zwischendurch gibt es auch schnell hintereinanderfolgendes Muhen, fast als ob ein Esel schreit. Schmerzäußerungen gehen vom tonlosen Stöhnen bis zum Brüllen vor Schmerz, etwa bei Schwergeburten.

Die Bewegungen sind in der Regel gemessen, so daß der Unkundige sich fragt, ob diese schwerfälligen Wesen (schon Homer spricht vom schwerwandelnden Hornvieh) überhaupt ihre Umwelt mit Interesse betrachten. Das zeigt sich aber schon, wenn man an einer Weide entlanggeht, zu der selten Menschen kommen. Dann steht die ganze Herde am Zaun und begleitet einen neugierig bis in den letzten Winkel. Auch Freude ist dem Rindvieh nicht unbekannt. Besonders beim Weideauftrieb veranlaßt die neugewonnene Freiheit selbst alte Kuhdamen zu den albernsten Bocksprüngen. Und wenn ein ausgerücktes Tier diese Aktionen in Nachbars Vorgarten ausführt, ist ein Telefongespräch mit der Haftpflichtversicherung angebracht.

Das Hauptinteresse aber liegt bei einem Pflanzenfresser auf dem Gebiet der Nahrungsaufnahme. Dabei wird das Futter mit dem feinen Geruchssinn geprüft. Es gibt Lieblingsgerüche und solche, die die Kuh überhaupt nicht mag. Anisgeruch scheint für sie das zu sein, was für Kinder der Ketchup ist, denn damit kann man alles genießbar machen. Die Mineralfutterhersteller würzen mit Anisöl ihre Mischungen, die die Kuh sonst sicher nicht aufnähme. Höchstens das enthaltene Salz könnte sie auch noch einigermaßen locken. Großen Abscheu hat sie vor tierischen Fetten. Das Fett braucht nicht im Futter selbst zu sein. Es genügt schon, wenn das Futter in Behältern transportiert wird, in denen sich vorher beispielsweise Hähnchenmastfutter befand. Auch Giftpflanzen identifiziert sie mit der Nase. Viele solcher Pflanzen sind im konservier-

Der liebliche Wechsel von Wald und Grünland in den Mittelgebirgen ist durch die Rindviehhaltung entstanden. Verschwindet das Vieh, entwickelt sich eine Buschlandschaft.

ten Zustand zwar nicht mehr gefährlich. Aber Heu mit Duwock (Sumpfschachtelhalm) braucht man ihr gar nicht anzubieten. Andererseits beobachtet man auch seltsame Freßgewohnheiten. Eine Jacke oder ein Hemd in erreichbarer Nähe einer Kuh wird mit ziemlicher Sicherheit ihr Opfer. Sie versucht, diese Gegenstände langsam herunterzukauen, und in vielen Fällen kostet so etwas das Leben einer Kuh. Vor allem herumliegende große Plastiktüten werden oft gefressen und verschließen dann den Pansenausgang. Nur eine Operation kann dann noch helfen.

Die Freßaktivität beginnt auf der Weide schon kurz nach Mitternacht. An langen, tiefen Schlaf ist da natürlich nicht zu denken. Vielmehr beschränkt sich die geistige Erholung der Kuh zumeist auf gelegentliches Dösen. Dann steht sie auf, biegt ihren Rücken durch, setzt meist Kot oder Harn ab und ist für ihr Tagwerk bereit. Das Aufstehen ist eine häufige Streitfrage. Der Ablauf ist folgendermaßen: Sie stützt sich erst auf die „Knie", richtet sich dann hinten auf und schließlich vorn. Jede andere Aufstehensweise ist anormal und oft Anzeichen einer Gesundheitsstörung, entweder einer Klauenerkrankung oder auch einer unterschwelligen Gebärparese (s. Seite 44). Das Hinlegen läuft ähnlich ab: Erst geht sie vorn auf die „Knie", dann läßt sie sich hinten nieder. Die letzte Phase geschieht oft recht schwerfällig – sie läßt sich einfach fallen. In engen Liegeboxen kann das zu Prellungen und Blutergüssen an Rippen oder Hüftknochen führen.

Die Kuh als Herdentier

Auch Kühe begrüßen sich. Dabei wird der Mensch der Einfachheit halber auch als Rindvieh behandelt. Die Kuh grüßt mit ausgestrecktem Hals und tiefgehaltenem Kopf. Das ist Demuts- und Freundschaftsgeste zugleich. Weil ihr empfindliches Riechorgan dabei ganz vorn ist, ist diese Haltung auch für die Geruchsidentifikation gut geeignet. Erweist sich der Mensch als fremd, werden erst einmal schleunigst einige Schritte rückwärts gemacht. Der unmittelbare Fluchtradius ist gut ein Meter. Das stellt man beim Einfangen fest. Nur gute Freunde, und das können auch Menschen sein, dürfen diese Distanz unterschreiten. Von einem Kuhhalter, der einer Kuh auf der Weide um den Hals fassen oder ihr ohne weiteres einen Zaum anlegen kann, kann man sagen, daß seine Kühe Familienanschluß haben. Solche Nähe geht dann oft in soziale Körperpflege über, wie man sie ja auch von Pferden kennt. Eine Kuh leckt dann der anderen das Fell. Auch der Mensch wird in solche rauhzungigen Freundschaftsbeweise einbezogen. Oft ist aber auch das Verlangen nach Salz der selbstsüchtige Grund für das Belecken.

In der großen Gruppe wird das alte Herdenverhalten der Wildrinder wieder sichtbar. Alles, was sich als Aussichtspunkt eignet, wird erklettert. Ist irgendwo ein größerer Erdhügel auf der Weide von einem Bagger zusammengeschoben, etwa um für ein Fahrsilo auszuschachten, steht garantiert kurze Zeit später eine Kuh darauf. Überhaupt müssen Fahrsilos fein eingezäunt werden, sonst turnen irgendwann zum maßlosen Entsetzen des Eigentümers einige Rindviecher darauf herum.

Die Herde hat eine fest ausgeklügelte Hierarchie. Läuft ein Bulle mit der Herde, ist er in der Regel der Chef. Bei Bullengruppen, etwa in Mastställen oder bei

Weidebullenmast, übernimmt nach einigen Rangeleien einer das Amt des Herdenführers. Dieser ist es dann, der als einziger in der Gruppe ein mächtiges Imponiergehabe an den Tag legt. Scheidet dieser aus, etwa, weil der Bauer den „bösen Bullen" zum Schlachten verkauft, hat nach einigen Tagen ein anderer seine Nachfolge angetreten. Der Bulle als Leiter einer Kuhherde sorgt für Ordnung, vor allem hält er das Revier sauber. Nach dem Umzug auf eine neue Koppel ist er zunächst noch zurückhaltend. Die hastige Bewegung eines Spaziergängers läßt ihn noch zusammenschrecken. Dann aber beginnt er, am Zaun entlangzugehen und durch gelegentliches Muhen zu verkünden, daß im Revier ein neuer Boß das Sagen hat. Am nächsten oder übernächsten Tag kann ihn der Spaziergänger nicht mehr erschrecken. Der Bulle stellt sich seitwärts zu ihm, um ihm zu zeigen, wie groß und lang er ist. Dasselbe Verhalten zeigen Kühe und Bullen zueinander, wenn die Rangordnung nicht klar ist. Wenn jetzt der Pilzsammler die Weide betritt, wird er sie auch schnell wieder verlassen. Um es deutlicher zu sagen: Wer als Fremder eine Weide mit Bullen betritt, ist in Lebensgefahr. Auch der ständige Betreuer der Herde sollte sich nicht allzu sicher sein. Und ob im Ernstfall der oft gehörte Ratschlag hilft, still stehenzubleiben – ich weiß nicht, ob der Bulle die Regel kennt.

Die Abwehr von Eindringlingen richtet sich offenbar auch nach der Größe. Weibliches Jungvieh wird wohl nie einen Menschen angreifen, sondern ihn nur umtanzen. Ein kleiner Hund aber, der sich darüber freut, daß diese großen Tiere vor ihm davonlaufen, sieht sich plötzlich eingekreist wie früher der Wolf von den Wildrindern. Wie auf Kommando gehen plötzlich alle Tiere mit gesenkten Hörnern auf ihn los, und er kann froh sein, wenn er unbeschädigt wieder bei Frauchen landet.

Auch unterhalb der Chefetage gibt es keine klassenlose Gesellschaft (meist ist ja auch kein Bulle bei der Herde). Jedes Tier hat ein festes Rangverhältnis zu den anderen. Die Rangordnung ist aber nicht gleichmäßig von 1 bis n, sondern viel komplizierter. Frieda kann über Emma dominieren, Emma über Dora; gleichzeitig kann aber Frieda der Dora aus dem Wege gehen. Diese Rangordnungsverhältnisse äußern sich besonders beim Fressen. Das kann so weit gehen, daß in Laufställen mit wenigen Freßplätzen ranghohe Tiere sich einfach quer vor die Krippe legen und die anderen warten können, bis Madame geruhen, wieder etwas spazierenzugehen.

Störungen der Rangordnung führen meist zu Kampfhandlungen. Ein neues Tier in der Herde wird mit Drohgebärden an den letzten Platz verwiesen. Kommen mehrere neue Tiere hinzu oder geraten zwei Herden durcheinander, sind die Neulinge selbstbewußter. Sie versuchen sofort, sich einen höheren Rangplatz zu erkämpfen. Es entbrennt ein Horngefecht, das oft mit Schmarren und abgedrehten Hörnern endet. Enthornte Herden sind durchweg viel friedlicher.

Die Wildrinderherde zog ohne Standrevier langsam von Ort zu Ort, um den Grasvorräten zu folgen. Dieses Nomadenblut steckt auch in unseren Rindern. Ausgebrochene Tiere kehren nicht brav wie das treue Pferd des Sheriffs im Film nach Hause zurück, sondern entfernen sich friedlich grasend immer weiter von ihrer zugewiesenen Heimat. Das geht soweit, daß Tiere in den Wäldern verschwinden und

nur zufällig aufgegriffen werden. Sie sind dann „Fundsache", und es ist gut, wenn sie unverwechselbar gekennzeichnet sind. Die Gefahr des Ausbrechens ist besonders hoch bei Wasser- und Futtermangel. Es gibt aber auch ausgesprochene Durchgänger, die sich den Teufel um Elektrozaun oder Stacheldraht scheren.

Aus dem bisher Gesagten ist wohl deutlich geworden, wie sehr die Kuh ein Sozialwesen ist. Bei Einzelhaltung sollte man dies berücksichtigen und ihr nach Möglichkeit Gesellschaft verschaffen. Das kann ein Pony, ein Schaf oder auch ein Jungrind sein. Letztere haben aber oft ihre Kindheit nicht vergessen und fangen an, an den Kühen zu saugen. Solch ein Melkkonkurrent ist unangenehm. Um dem Übel abzuhelfen, gibt es für die Jungrinder, die diese Angewohnheit haben, Halfter oder Nasenklammern mit Dornen, die die Kuh am Euter pieken und sie zum Ausweichen veranlassen.

Oben: Zwei gute Freundinnen.

Rechte Seite: Es ist wie beim Menschen, wenn es etwas Gutes gibt, kehrt auch der große Sohn gern zur Mutter zurück.

Die Kuh als Mutter

Einen Großteil des Mutterverhaltens kann man heute nur noch bei Fleischrinderrassen beobachten, bei denen die Kälber saugen dürfen, weil die Kühe nicht gemolken werden. In der Natur sondert sich die Kuh kurz vor der Geburt von der Herde ab und sucht sich ein geschütztes Plätzchen. Die Geburt dauert, wie bei allen Wiederkäuern, sehr lange. Nach der Geburt, die meist im Liegen erfolgt, steht die Kuh auf und beginnt, das Kalb abzulecken. Dabei

wird der Körper des Kalbes kräftig massiert und die Atmung angeregt. Nach einer halben Stunde versucht das Kalb aufzustehen, und wenn es ihm gelungen ist, wandert es mit unsicheren, staksigen Schritten an der Kuh entlang und sucht in allen Körpernischen nach der Nahrungsquelle. Spätestens eine Stunde nach der Geburt hat es das Euter gefunden und versorgt sich mit der lebenswichtigen Kolostralmilch (s. Kapitel Milch). Alle diese Tatsachen sollte man bei der mutterlosen Aufzucht, die ja die Regel ist, berücksichtigen und die Natur nachahmen. Beim Trinken steht das Kalb mit dem Hinterteil zum Kopf der Mutter. Sie beriecht es und identifiziert das Kalb als ihr eigenes. Sind mehrere Kühe da, die Milch geben, gehen die Kälber auch schon einmal an die Milch der Frau Nachbarin. Dann gehen sie gewöhnlich von hinten an die Kuh heran.

Wenn das Kalb seine ersten Mahlzeiten hinter sich hat, gesellt sich die Kuh wieder zur Herde. Alle anderen Kühe umstehen dann das Neugeborene und bestaunen das Wunder. Der Vorgang erinnert stark an die erste Ausfahrt eines Babys, wenn die Mutter einige ihr bekannte Frauen trifft. In den ersten Tagen geht das Kalb etwa achtmal täglich an das Euter. Dabei ist es nicht zimperlich, sondern boxt zwischendurch kräftig ins Euter, um den Milchfluß anzuregen. Dieses Boxen geschieht auch beim Tränken aus dem Eimer. Die Zahl der Milchmahlzeiten geht mit der Zeit zurück. Nach einem halben Jahr sind es meist nur noch zwei. Wenn die Mutter wieder hochtragend ist, versiegt die Milch, und die Kindheit des Kalbes geht zu Ende.

Man könnte meinen, die moderne Haustierhaltung habe nichts mehr mit Wildrinderherden zu tun. Aber wenn man bedenkt, wie viele Verhaltensweisen auch des Menschen noch dieselben sind wie in der Urmenschenhorde, erkennt man, daß zu einer artgerechten Tierhaltung auch die Berücksichtigung der natürlichen, ursprünglichen Ansprüche an Umwelt und Ernährung gehört.

Der Umgang mit der Kuh

Nachdem klar ist, daß die Kuh ein Herdentier ist, hat derjenige die meisten Chancen, Sympathie bei ihr zu erwerben, der in ihren Augen Herdenmitglied ist. Das bedeutet häufigen Kontakt, auch wenn es einmal nichts bei den Tieren zu tun gibt.

Der Umgang mit der Kuh im Freien

Es gibt wohl nichts Wilderes als Jungvieh, welches ohne menschlichen Besuch den Sommer über auf einer abgelegenen Weide zugebracht hat. Will man davon eines einfangen, so ist der Effekt mindestens mit einem 5-km-Jogging vergleichbar. Ich habe bei einigen Leuten die blanke Mordlust in den Augen gesehen. Ein stieriges Rind auf der Weide einzufangen, war auf meinem Lehrbetrieb ein Unternehmen für drei Männer, und bei allen dreien mit einem Beinahe-Herzinfarkt verbunden. Die gleiche Aktion bei einem befreundeten Landwirt in Nordschweden wird allein und ohne Hilfe absolviert. Das Geheimnis besteht darin, daß letzterer jeden Tag, ob Sonne, ob Regen, seine Jungtiere auf der Weide besucht und ihnen etwas Getreideschrot im Eimer mitnimmt. Sie umdrängen ihn wie Kinder die heimkehrende Mutter. Auch Fremden gegenüber sind solche Tiere zutraulich. Scheue Tiere, besonders solche, die den Menschen als knüppelschwingendes Wesen kennengelernt haben, zögern nicht, bei der Flucht, besonders in Zaunecken, über den Stacheldraht zu springen. Elegant geschieht das nicht, und bei Kühen führt es fast regelmäßig zu üblen Euterverletzungen.

Manchmal bricht beim Rindvieh eine Massenhysterie aus, die sich in wilder Flucht äußert. Was bei den riesigen amerikanischen Wildwestherden als Stampede bezeichnet wird, kann in den kleinen europäischen Herden als sogenanntes „Birsen" (sicher gibt es viele lokale Bezeichnungen dafür) beobachtet werden. Zum Teil wird es als Flucht vor dem Summen der Dasselfliege oder der Rinderbremse gedeutet. Jedenfalls ist eine Flucht oft durch Summen eines stimmhaften ---SSS- auszulösen, und wenn das jemand beim Einfangen von Rindern von sich gibt, genügt es, um die ganze Gesellschaft mit erhobenem Schwanz davonstieben zu lassen.

Beim Einfangen von Rindvieh sollte man sich betont langsam bewegen. Die Arme werden ausgebreitet, damit man wie ein ernstzunehmendes Hindernis aussieht. Das Tier wird ruhig, zusammen mit seinen Herdengenossen, wenn vorhanden, in eine Ecke getrieben, die man als Fangecke ausgestattet hat. Eventuell kann man ein Fahrzeug als dritte Seite an den Zaun setzen.

Angriffe hat man eigentlich nur zu fürchten, wenn eine Kuh mit Kalb bei Fuß und wenig Menschenkontakt auf der Weide läuft. Aber so ein Angriff wird in der Regel deutlich angekündigt.

Hat man das Tier schließlich am Halfter, so ist bei einem ungewöhnten Tier noch lange nicht alles gewonnen. Es prüft erst einmal, wer stärker und schneller ist. Die einzige Kopfhaltung, bei der es seine gewaltige Kraft nicht zur Entfaltung bringen kann, ist seitlich nach unten. Durch einige Ehrenrunden auf der Stelle kann man das Tier von der Sinnlosigkeit von Fluchtversuchen überzeugen. Gelingt es ihm, den Kopf in den Nacken zu bekommen, hält man es kaum noch. Sind Tiere das Gehen am Halfter wirklich gewohnt, gehen sie meist wie ein Hund an der Leine. Selbst der stolze Bulle macht beim Führen wenig Umstände, nur sollte man ihn mit einer Führstange im Nasenring auf Distanz halten (Vorschrift!). Seine freundschaftlichen Rippenstöße halten menschliche Rippen nicht immer aus, und ist noch eine Wand auf der anderen Seite, so kann sich der menschliche Körperquerschnitt in lebensgefährlicher Weise verringern. Soll der Bulle vorübergehend irgendwo angebunden werden, so reicht ein Strick im Nasenring dafür in keiner Weise aus. Sein Freiheitsdrang kann stärker sein als die Schmerzen in der Nase. Man muß schon einen festen Bullenhalfter verwenden. An der Nase sind natürlich auch weibliche Tiere empfindlich. Will man ein Tier festhalten, faßt man mit Daumen und Zeigefinger in die Nasenlöcher und hält mit der anderen Hand das äußere Horn fest. Der Kopf des Tieres muß dabei möglichst weit unten bleiben. Vom Augenverdrehen des Tieres sollte man sich dabei nicht beeindrucken lassen. Für längeres Halten, etwa bei tierärztlichen Behandlungen, gibt es sogenannte Nasenzangen. Da Kälber zu kleine Nasenlöcher haben, faßt man sie mit dem Daumen über den Unterkiefer ins Maul, dort, wo sie keine Zähne haben.

Der Umgang mit der Kuh im Stall

Auch im Stall heißt die Devise: Ruhe. Betritt man aber leise den Stall, so kann es geschehen, daß die Tiere bei der Annäherung erschrecken und einem schmerzhaft beibringen, sie das nächste Mal gefälligst anzusprechen. Eine Kuh braucht zum Ausschlagen viel weniger Platz als ein Pferd. Ich habe einmal gesehen, wie eine Kuh einen Zinkeimer durch einen Schlag mit dem Hinterbein in ein flaches Oval verwandelt hat, und das Besondere gegenüber einem Pferd ist, daß Kühe auch nach der Seite schlagen können. In der Regel schlagen Kühe nicht, wenn sie nicht erschrecken und immer gut behandelt werden. Dennoch sollte man etwas vorsichtig sein.

Keinen Spaß verstehen Kühe, wenn ihnen etwas Kleines, Schnelles, etwa ein Ferkel oder ein Dackel unter dem Bauch herläuft. Dann bricht die pure Panik aus, und das kleine Tier ist in höchster Gefahr.

Will man zwischen die Kühe gelangen, etwa zum Melken, Putzen oder zum Einstreuen, sollte man in ruhigem Tonfall mit ihnen sprechen. Gehen sie nicht zur Seite, sind Knüppel oder Mistgabeln nicht das geeignete Treibmittel. Kräftige Schläge mit der flachen Hand überschreiten nicht ihre Schmerzschwelle und tun meist ihre Wirkung. Da ihnen der Herrgott aber nichts von Eile einprogrammiert hat, muß man manchmal auch etwas deutlicher werden. Wenn sie sich endlich herumbe-

Oben: Zum kurzzeitigen Führen genügt ein Strickhalfter.
Unten: Bei Behandlungen benutzt man eine Nasenzange.

wegt haben, kommen sie oft genug auch wieder zurück, und dann tut man gut daran, seine Füße in acht zu nehmen, denn 600 kg : 4 ergeben 150 kg auf einem großen Zeh. Wer das nur einmal mitgemacht hat, vergißt es nie. Mir passierte es mitten im Auktionsring beim Vorführen. Das Fehlen einer geeigneten Waffe rettete der Kuh das Leben.

Aus dem Gesagten geht hervor, daß ein gutes Betriebsklima im Kuhstall wichtig ist. Vor allem Milchkühe reagieren empfindlich auf unsanfte Behandlung. Das Hormon Oxytocin, das beim Melken die Milch fließen läßt, versiegt schlagartig, und die Kanne wird nur halb voll. Besonders wichtig ist dies beim Anmelken von jungen Färsen. Ihnen ist das Melken etwas Neues, das Euter schmerzt noch, sie schlagen nach allem, was ihnen da am Euter herumspielt. Ist der Melker das Opfer, ist er leicht geneigt, gleiches mit gleichem zu vergelten. Die Folge davon ist, daß das Melken lange Zeit zum Kampf mit unsicherem Ausgang wird. Das einzige, was relativ sicher zum Erfolg führt, ist von Anfang an eine Schafsgeduld des Melkers.

Eine besondere Situation ist die Brunst. Die Kuh wird unruhig und fällt einem oft mit ihrem Gebrüll auf die Nerven. Eine Besonderheit ist, daß brünstige Tiere versuchen, auf andere aufzuspringen. Dabei sind sie nicht wählerisch in der Objektwahl. Der Tierpsychologe spricht von einem „Torbogenreflex". Alles, was auch nur im entferntesten nach „Kuh von hinten" aussieht, wird besprungen. Das kann auch ein sich bückender Mensch sein, und wenn er nicht schnell ist, oder sich gerade über einen Zaunpfahl beugt, um das Tor aufzumachen, kann das recht unangenehm werden.

Verständlich ist die Sorge, ob Kinder nicht gefährdet sind, wenn sie mit Kühen umgehen. Sie sollten sich verhalten, als wären sie für die Kuh ein fremdes Kalb, das heißt, sie sollten ohne Hast auf ein bis zwei Meter an die Kuh herangehen und die Kuh auf sich zukommen lassen. Eine Handvoll Grünfutter ist dabei die Grundlage zur Freundschaft. Oft kommen dann später die Tiere, besonders Jungtiere, in beängstigendem Galopp, um den Bekannten zu begrüßen und nachzusehen, was er Gutes mitgebracht hat. Befindet sich allerdings ein Bulle zwischen der Herde, kann man vor einem Betreten der Weide nur warnen.

Es ist nur natürlich, daß man vor einem Zwölfzentnertier einen gewissen Respekt hat. Richtig umgehen mit dem Tier kann erst, wer die Angst verloren hat. Das kommt aber erst nach häufigem Umgang mit Kühen, und deshalb sollte man ruhig in seiner Freizeit bei einem Bauern in der Nachbarschaft im Stall mithelfen. Dann verliert man auch die Scheu, dicht an ein sehr großes Tier heranzugehen. Nicht umsonst gehen Boxer bei einem schlagkräftigen Gegner in den Nahkampf. Wer nicht weit ausholen kann, kann auch nicht wirksam schlagen.

Voraussetzungen für die Haltung einer Kuh

Wer auf die Idee kommt, eine Kuh oder auch mehrere Kühe zu halten, sollte sich einiges gut überlegen. Nicht umsonst haben Bauern, die etwas anderes in ausreichender Menge produzieren können, die Kühe abgeschafft.

Futter

Eine Kuh braucht jeden Tag über einen Zentner Gras oder eine entsprechende Menge anderer Futtermittel. Für die Ernährung einer Kuh muß man für Sommer- und Winterfutter je nach Ertragsleistung und Düngung zwischen 0,5 und 1 ha Weide rechnen. In den Höhenlagen der Mittelgebirge benötigt man eher 1 ha, in den Niederlanden, wo sehr intensive Grünlandwirtschaft betrieben wird, genügen sogar weniger als 0,5 ha.

Man kann Futter selbst anbauen oder auch zukaufen. Aber für den Sommer sollte man doch eine Weide haben. Tiere mit Weidegang sind gesünder, und der Arbeitsaufwand ist geringer als bei Sommerstallfütterung. An reiner Weidefläche braucht man im Mai und Juni 0,15 ha je Kuh, im Juli und August 0,25 und im September und Oktober 0,5 ha. Hat man nicht soviel zur Verfügung, muß man etwas anderes zufüttern.

Nährstoffbedarf und -leistung werden heute in Megajoule Nettoenergie-Laktation (MJ NEL) berechnet. Eine Kuh braucht pro Jahr ca. 23 000 MJ NEL, davon 11 000 im Sommer, 12 000 im Winter. Damit kann man Futterlieferung und Bedarf gegeneinander aufrechnen. Früher verwendete man die Stärkeeinheit (StE) als Maßeinheit, die den Netto-Energiegehalt aller Futtermittel auf den von reiner, verdaulicher Stärke umrechnete. 1000 StE waren eine Kilo-Stärkeeinheit (KStE). Der Umrechnungsfaktor StE x 10 = MJ NEL ist ungenau, aber für überschlägige Rechnungen in der Praxis ist er ganz brauchbar. Die folgende Tabelle zeigt die Futtererträge der verschiedenen Futterpflanzen.

Nährstofferträge verschiedener Futterpflanzen

Futterfläche	MJ NEL je ha und Jahr
Weide	25 000–50 000
Futterrüben	60 000–80 000
Mais	60 000–80 000
Rübenblatt (siliert)	20 000–25 000
Feldgras 5 Schnitte	40 000–60 000

Bei Zukauf braucht man den Nährstoffgehalt je dt. Er ist aus der Tabelle Seite 72 zu ersehen. Wie später noch zu behandeln ist, würde es die Kuh sehr übelnehmen, wenn sie ausschließlich Mais oder ausschließlich Rüben bekäme. Es geht also nicht, einfach die Futterpflanze mit dem höchsten Nährstoffertrag auszusuchen, sondern eine Kombination, abgestimmt auf die Fütterungsansprüche der Kuh, ist nötig.

Stroh

Neben Futter braucht man bei den meisten Stallsystemen auch Stroh als Einstreu. Am meisten Stroh ist im eingestreuten Laufstall nötig, in dem die Kuh wie ein Rennpferd frei in einer Box herumläuft. Das ist für sie die schönste und gesündeste Aufstallung. Für den Halter bedeutet das aber jeden Tag etwa 12 kg Stroh, d. h. einen Ballen pro Kuh und Tag. Streut man weniger, entwickelt sich der Laufstall schnell zum Schlammbad, denn der Kot ist sehr wasserhaltig, und außerdem scheidet die Kuh etwa 20 Liter Harn pro Tag aus. Im Anbindestall ist die Einstreumenge bis auf 2 kg, je nach System, zu reduzieren. Man sollte aber nicht zu spitz rechnen, denn die Kuh frißt auch noch eine erhebliche Menge der Einstreu, wenn ihr das Futter zu saftig ist. Bei ausschließlichem Weidegang im

Sommer braucht man also je nach Stallsystem bei 200 Stalltagen von Mitte Oktober bis Anfang Mai zwischen sechs und 25 dt Stroh je Kuh und Jahr.

Gebäude

Futterlager

Aus dem oben Gesagten läßt sich erkennen, daß man zum Halten von Rindvieh nicht nur einen Stall, sondern auch eine Menge Lagerraum braucht. Durch Einsäuern (Silieren) konserviertes Futter kann man im Freien lagern, Heu hat man besser unter Dach, Stroh kann auch draußen gestapelt werden. Kleinere Haufen aus Preßballen deckt man aber besser mit einer Plane ab, weil die Verluste sonst zu groß sind. Die seit einiger Zeit gebräuchlichen Rundballen können ohne Abdeckung im Freien lagern, da der Regen nicht tief in sie eindringt. Wenn man Heu und Stroh zukauft, kann man, falls der Verkäufer nicht zu weit weg wohnt, die Partie nach und nach holen, so daß man weniger Lagerraum benötigt. Die untenstehende Tabelle zeigt die notwendige Lagerkapazität für verschiedene Futtermittel.

Bei Lagerung unter Dach muß man noch etwa 25 % Arbeitsraum hinzurechnen, denn man muß sich ja auch bewegen können.

Stall

Die Kuh braucht natürlich auch eine Wohnung. Der reine Raumbedarf beträgt je Kuh ohne vorderen Futtergang 4,20 × 1,10 m bei Anbindehaltung. Sinnvoll ist natürlich ein größerer Raum. Die Kuh fühlt sich allein nicht wohl, also müßten noch andere Tiere im Stall stehen. Man braucht auch einen Platz für Kälber, sofern man sie nicht nach einer Woche verkauft.

Hat man alte Wirtschaftsgebäude zur Verfügung, ist ein Stallplatz für einige hundert Mark einzurichten. Ein Neubau kostet heute bei Anbindehaltung mindestens 10 000,– DM.

Alte bäuerliche Wirtschaftsgebäude haben außerdem den Vorteil, daß sie in der Regel in Mischgebieten stehen, wo Großtierhaltung ohne weiteres erlaubt ist. In Wohngebieten stößt man schnell auf Schwierigkeiten. Viele suchen die heile Welt und lieben Tiere nur im Fernsehen.

Raumbedarf (m³) für verschiedene Futtermittel

Futtermittel	1 dt umfaßt	1 m³ wiegt (kg)
Heu (Kleinballen)	0,63	160
Heu (Rundballen)	0,50–1,00	100–200
Stroh (Kleinballen)	1,33	75
Stroh (Rundballen)	0,80–1,25	80–120
Rüben	0,14	600
Grassilage 80 % Wasser	0,13	800
Grassilage 65 % Wasser	0,18	550
Grassilage 50 % Wasser	0,22	450
Getreide	0,15	650
Mischfutter	0,17	600

Idealer Kälberstall mit Auslauf nach Lust und Laune.

Dunglager

Auch in Mischgebieten, d. h. auch in alten Bauerndörfern, sollte man den Misthaufen nicht dem Nachbarn genau unter das Küchenfenster legen. Die Dungstätte sollte bei 2,5 m Lagerhöhe pro Kuh 1,7–2,5 m² betragen. Eine kleine Umfassungsmauer, an einer Seite offen, etwa 1 m hoch und 0,25 m stark, erleichtert das Stapeln. Die Lagerkapazität muß für mindestens vier, besser für sechs Monate ausreichen, da man ja Mist und Jauche nicht immer ausbringen kann. Für den flüssigen Anteil braucht man 2,6–4 m³ je Kuh (ebenfalls für vier bzw. sechs Monate Lagerzeit). Gehen Hausabwässer mit in die Jauchegrube, muß sie entsprechend größer gemacht werden. Die genannten Zahlen beziehen sich auf 600 kg Rindvieh. Die Betriebswirtschaftler nennen das eine Großvieheinheit (GV). Andere Tiere lassen sich nach dem Schlüssel in der Tabelle links in GV umrechnen.

In größeren Ställen kann man ohne Stroh arbeiten und den Kot zusammen mit dem Harn als Gülle über Kanäle in eine

GV-Schlüssel

Tierart	GV
Kühe	1,0
Jungvieh über 2 Jahre	1,0
Jungvieh 1–2 Jahre	0,7
Jungvieh unter 1 Jahr	0,3

Grube leiten. Dann muß man 50 l je GV und Tag rechnen und braucht 6,7–10 m³ je GV als Güllegrube. Meist sind die Güllelager bei großen Ställen runde, oberirdische Behälter, die von Zeit zu Zeit mit einem Propeller gerührt werden.

Die Rindergülle hat nämlich die Eigenschaft, sich oben als Schwimmdecke zu verfestigen, und wer da nicht häufig umrührt, hat bald eine begehbare Torfschicht auf der Gülle.

Tiere

Ist man immer noch nicht davon abzubringen, sich mit der Kuhhaltung das Leben schwerzumachen, braucht man schließlich Kühe, aber woher? Natürlich gibt es Landwirte, die Vieh zu verkaufen haben. Erwachsene Kühe werden seltener gehandelt als Jungtiere. Wenn man doch eine Kuh kauft, muß man damit rechnen, daß der Verkäufer aus irgendeinem Grund nicht zufrieden war. Will man eine Kuh nur für den Eigenbedarf halten, kann es sinnvoll sein, eine zu kaufen, die dem Milchbauern nicht genug Milch gibt. Man braucht ja keine Kuh, die in der Leistungsspitze 30 l am Tag gibt, sondern 20 l reichen auch, sind vielleicht noch zuviel. Dem Profi ist das zuwenig, und er verkauft das Tier. In der Regel kauft man Tiere, die kurz vor oder kurz nach dem Kalben stehen.

Da man nicht gern gleich mit einer Geburt anfängt, ist eine frischgekalbte Kuh für den Anfänger am besten. Die gebräuchlichste Form des Kuhhandels ist der Kauf von hochtragenden oder abgekalbten Färsen, also von Tieren, die zum erstenmal kalben. Dabei kann man natürlich Pech haben und ein Tier bekommen, das gerade so viel Milch gibt, daß es zum Weißmachen einer Tasse Kaffee reicht.

Beim Viehkauf herrscht der Grundsatz: Wer die Augen nicht auftut, der tue den Beutel auf. Es gibt verschiedene Möglichkeiten, an Kühe zu kommen: durch privaten Kauf vom Landwirt oder vom Viehhändler, beim genossenschaftlichen Viehhandel und schließlich auf Auktionen. Eine Garantie gibt es nur bei bestimmten Krankheiten, z. B. Tuberkulose. Auch fehlende Trächtigkeit – falls zugesagt – ist ein Mangel, den der Verkäufer zu vertreten hat. Händler, auch genossenschaftliche, tauschen oft Tiere um, wenn man mit der Leistung absolut nicht zufrieden ist. Bei Zuchtviehauktionen der Zuchtverbände wird hochwertiges Vieh angeboten, daneben aber auch mittelmäßiges. Wichtig ist, daß auf den Auktionen Euter, Klauen und andere Körperteile von einem Tierarzt untersucht werden. Mängel werden bekanntgegeben. Die Geschäftsführung des Verbandes ist unter Umständen auch beim Kauf behilflich oder nennt fachkundige Berater.

Auf einige Dinge sollte man besonders achten. Vor allem muß das Euter in Ordnung sein. Tiere mit geröteten oder geschwollenen Euter-Vierteln, mit Flocken, also geronnener Milch, in den ersten Strahlen beim Vormelken, mit verödeten Vierteln, also Vierteln, aus denen keine Milch kommt, sollte man unter keinen Umständen kaufen. Die sogenannte „dreistrichige" Kuh, also mit einem verödeten Viertel, kann man noch in Erwägung ziehen, wenn man auf hohe Leistung keinen Wert legt und sie billig ist. Die Kuh sollte gesunde Klauen haben und nicht lahmen. Klauenerkrankungen lassen die Milchleistung stark abfallen, das Tier abmagern und können bis zur allgemeinen Blutvergiftung führen. Auch grobe Körperbaufehler wie starker Senkrücken oder stark fehlerhafte Beinstellung sollten vom Kauf abhalten, nicht nur, weil es dem Schönheitssinn zuwiderläuft, sondern weil es auch gegen die Statik des Körpers ist. Mit der Zeit stellen sich mit Sicherheit gesundheitliche Schwierigkeiten ein. Ein zu fettes Tier kann Gesundheitsstörungen bekommen, ein zu mageres mit stumpfem Fell, an das man den Hut werfen kann, so daß er hängen bleibt, kann die verschiedensten Krankheiten haben, von Würmern bis zur Leberdegeneration.

Im Zweifelsfall sollte man nicht zu stolz sein, einen fachkundigen Berater hinzuzuziehen. Bei Privat- und Händlerkäufen ist unbedingt auf das Vorhandensein der vorgeschriebenen Begleitpapiere zu achten, auf denen die Ohrmarke des Tieres, die Vorbesitzer und das Geburtsdatum vermerkt sind. Die Papiere bleiben von der Geburt bis zum Lebensende beim Tier.

Geräte

Eine Mindestausstattung für die Kuhhaltung besteht aus einer dreizinkigen Gabel für Heu und einer vierzinkigen für Mist und Einstreu. Dazu kommt eine Schubkarre, eine vorn gerade Schaufel und einige verschieden lange Stricke. Zum Füttern von Getreideschrot und Kraftfutter braucht man einige Eimer und eine kurze Handschaufel. Da die Milchbehandlung sehr sorgfältig erfolgen muß, braucht man ein bis zwei Metalleimer (Plastik wird rauh und unhygienisch) und eine der Kuhzahl angepaßte Anzahl 20-Liter-Kannen aus Aluminium. Ein Melkschemel und eine Dose Melksalbe, die das Euter pflegt und geschmeidig macht, erleichtern die Melkarbeit. Außerdem muß die Milch nach dem Melken gefiltert werden. Deshalb benötigt man auch einen Milchfilter, der mit auswechselbaren Wattefiltern versehen und auf die Kanne gestellt wird, in die man nach dem Melken die Milch schüttet. In großen Melkanlagen wird der Filter als Filterschlauch in das Rohrsystem eingesetzt. Will man nicht mit der Hand melken, muß man über die Anschaffung einer kleinen Melkmaschine nachdenken. Nur – eine Kuh mit der Hand zu melken, dauert höchstens zehn Minuten. Die Maschine macht es auch nicht schneller und muß dann noch gereinigt werden.

Will man die Kuh auf der Weide zum Fressen anbinden (tüdern), braucht man ein Ketten- oder Lederhalfter, eine etwa 2 cm starke und 5 m lange Kette und einen Eisenpflock, der mit einem dicken Hammer in die Erde geschlagen wird. Das ist in der Regel aber nur empfehlenswert, um Gräben oder uneingezäunte Flächen abzuweiden. Sonst ist die frei begehbare Weide vorzuziehen, vor allem wegen der sonst notwendigen häufigen Kontrolle und wegen des Tränkwassers.

Der fortgeschrittene Kuhhalter wird bald nach Möglichkeiten der Arbeitserleichterung suchen. Ein kleiner, gebrauchter Schlepper mit Mähwerk und einem kleinen Einachsanhänger oder ein nicht zu leichter Einachsschlepper erleichtern Transport, Futterwerbung und Weidepflege. Winterfutterbereitung ohne eigene Fahrzeuge ist sowieso mittelalterlich. Wer es einmal versucht hat, beginnt wieder an den Fortschritt zu glauben. Im Stall kann man sich eine große Kiste mit Rädern versehen und damit die Kraftfutterfütterung erleichtern. Mit einem Seilzug läßt sich die Entmistung erleichtern. Dem Einfallsreichtum ist in der Landwirtschaft keine Grenze gesetzt. Der einzige begrenzende Faktor für die Bastelei ist die Zeit.

Zeit

Kuhhaltung ist arbeitsaufwendig. Der Kuhhalter, auch der Bauer mit 70 oder 80 Kühen, verdient pro Stunde im Vergleich zu anderen Produktionsverfahren wenig. Nur weil er so viele Stunden für seine Tiere arbeiten muß, kommt am Ende noch ein zufriedenstellendes Einkommen zusammen. Das ist auch ein Grund für die Überproduktion auf dem Milchsektor.

Der Arbeitsaufwand in der Kuhhaltung ist je nach Stallsystem sehr unterschiedlich. Die Profis rechnen natürlich sehr spitz und kalkulieren in Minuten je Kuh und Tag. Da rechnet man in Anbindeställen älterer Bauart mit 20 Minuten, in modernsten Großställen drei Minuten je Kuh. Wer nicht davon leben muß und nur wenige Tiere hat, läßt ihnen naturgemäß mehr Zuwendung zukommen, putzt sie, spricht mit ihnen und nimmt es mit den Minuten nicht so genau. Auf der anderen Seite hat Tierhaltung, besonders die Kuhhaltung den Nachteil, daß man nicht einfach einmal „blau" machen kann. Das gemütlichste Familienfest muß unterbrochen werden, wenn Futter- und Melkzeit ist. Und morgens beginnt früh der Tag. Da der Abstand zwischen zwei Melkzeiten möglichst 12 Stunden betragen soll, muß man schon früh heraus, wenn man abends nicht zu spät mit der Arbeit fertig sein will. Zur reinen Arbeitszeit kommt die Zeit für die Futterbergung. Wenn man Futter selbst anbaut und gewinnt, kommt die Zeit für Saat, Bestellung und Pflege dazu. Je kleiner ein Bestand, desto höher ist natürlich der Arbeitsaufwand je Tier. Eine Melkmaschine z. B. muß man spülen, egal, ob eine oder zehn Kühe damit gemolken wurden. Deshalb sind Zeitangaben für den Arbeitsaufwand immer nur für bestimmte Arbeitsverfahren und Bestandsgrößen zu machen. Eine Dreiviertelstunde pro Kuh und Tag muß man in der Kleinhaltung rechnen. Der Anfänger macht sich meist viel mehr Arbeit als notwendig. Dies zum Trost, wenn man nach einem Monat die Mistgabel hinwerfen möchte.

Kenntnisse

Man kann Auto fahren, ohne etwas von der Technik eines Autos zu verstehen. Kuhhaltung ohne weitgehende Kenntnisse aber ist wie Autofahren ohne Kenntnis der Straßenverkehrsordnung: Eine Zeitlang kann es gutgehen, aber irgendwann passiert etwas.

Die Hauptschwierigkeit zu Anfang ist, den Normalzustand einer Kuh zu kennen und Abweichungen davon zu bemerken. Ein wohliges Stöhnen wird als Schmerzäußerung gedeutet, anscheinend bequemes Liegen auf der Weide in Seitenlage mit zurückgebogenem Kopf wird nicht als lebensbedrohende Tetanie erkannt. Man kann sich eigentlich nur am Tier selbst diese Kenntnisse aneignen und sollte deshalb in seiner Freizeit bei einem Landwirt helfen gehen. Er wird sich über die Entlastung freuen, über die dummen Fragen amüsieren, und man selbst lernt etwas über Kühe und Bauern. Man schafft sich einen Bekannten, der einem später in vielen Situationen raten kann und vielleicht auch mit seinen großen Geräten schnell einmal etwas macht, wozu man in Handarbeit oder mit dem Einachser Stunden gebraucht hätte. Übrigens: man spricht über Geld. Verlangen Sie solche Arbeiten nicht umsonst. Es gibt Verrechnungssätze der Maschinenringe für alle Arbeiten, und wenn der Landwirt nichts haben will, kann man ihm statt dessen in Arbeitsspitzen zur Hand gehen. So kann sich eine Partnerschaft entwickeln, von der man nur profitieren kann. Allerdings sollte man sich vorher vorsichtig erkundigen, wer von den örtlichen Landwirten für ein solches Verhältnis geeignet ist.

Ein fachkundiger Freund ist Gold wert. Speziell bei Geburten, insbesondere bei den ersten, die man erlebt, und vor allem, wenn das Kalb verkehrt liegt, kann man auf Nachbarschaftshilfe nicht verzichten. Selbst erfahrene Bauern rufen sich gegenseitig zu Hilfe. Und wen fragt man, wo man Heu kaufen kann, wo das Kraftfutter am billigsten ist, wieviel Dünger man streut und wann man Mist auf die Weide streuen kann, wenn man keinen Ansprechpartner in der Nähe hat? Wer sich mit den örtlichen Landwirten verkracht, der sollte Blumenkohl oder Gurken pflanzen, aber keine Kühe halten. Gemüse kann man allein bewältigen, bei Vieh braucht man zumindest manchmal fremde Hilfe.

Geld

In der Landwirtschaft gibt es drei Faktoren, die für die Produktion notwendig sind: Boden, Arbeit und Kapital.

Bis zu einem gewissen Grad können sie sich gegenseitig vertreten. Durch Kapitaleinsatz kann man Arbeit sparen, durch Arbeit kann man Kapital einsparen. Auf deutsch: Eine Mistgabel ist billiger als eine automatische Entmistungsanlage, hat

Kosten für die Grundausstattung

1 vierzinkige Gabel	35,– DM
1 dreizinkige Gabel	30,– DM
2 Plastikeimer (10 Liter)	20,– DM
2 Edelstahleimer (10 Liter)	100,– DM
1 Aluminiumkanne (20 Liter)	155,– DM
1 Filtersieb	100,– DM
1 Schubkarre	80,– DM
1 Schaufel	30,– DM
Stricke, Melkschemel, Putzzeug, Kleingeräte	100,– DM
	650,– DM

Laufende Kosten

Bestandsergänzung	300,– DM
Kraftfutter 10 dt × 35,– DM	350,– DM
Besamung	25,– DM
Tierarzt, Medikamente	130,– DM
Stroh 10 dt × 10,– DM (Zukauf)	100,– DM
Heu (ausschießliche Heufütterung) 200 Tage × 14 kg × 22,– DM	616,– DM
Energie, Wasser	120,– DM
Stallgeräte, Klauenpflege	25,– DM
	1666,– DM
pro Jahr ein Kalb zu verkaufen	180,– DM
bleiben	1486,– DM

aber keinen Knopf für die Automatik. Bei aller Sparsamkeit und allem Idealismus: Eine Mindestausstattung muß man haben. Die Kosten der auf Seite 24 aufgeführten Grundausstattung sind in der Tabelle oben zusammengestellt.

Nicht aufgeführt sind Stalleinrichtung sowie Fahrzeuge, arbeitserleichternde Einrichtungen und Geräte für die Milchverarbeitung. Nach oben sind keine Grenzen gesetzt, und das führt schnell dazu, daß man sein ganzes Einkommen in die Landwirtschaft hineinbuttert. Man braucht keine Spitzenkuh (die leicht 5000,– DM und mehr kostet) und auch ein großer Schlepper ist nicht nötig, aber nur mit Schaufel und Forke wird man die Sache auch schnell leid.

Mit den Investitionen ist es nicht getan. Wie ein Auto, so verursacht auch eine Kuh laufende Kosten. Sie kostet zwar keine Steuer, aber sie frißt auch, wenn sie gar keine Milch gibt. Soll sie Milch geben, kommt sie mit Heu allein nicht aus. Auch ein Pferd, das geritten wird, braucht zum Heu seinen Hafer oder fertiges Kraftfutter. Ab und zu muß ein Tierarzt zu Rate gezogen werden, und kalben soll sie auch jedes Jahr, also muß sie besamt oder zum Bullen geführt werden. Sie braucht Stroh, und die Geräte verschleißen auch einmal. Und schließlich wird die Kuh einmal alt oder trägt nicht mehr. Dann versiegt leider auch die Milch, und die Kuh muß durch eine neue ersetzt werden. Zwar hat sie dann noch einen Schlachtwert, aber der liegt erheblich niedriger als ihr Anschaffungspreis.

Kauft man sie für 2500,- DM und kann sie für 1300,- DM verkaufen, so bleiben 1200,- DM Minderwert. Bei einer durchschnittlichen Nutzungsdauer von vier Jahren kostet die Bestandsergänzung, so sagt der Betriebswirt, pro Jahr 300,- DM. Die wichtigsten Kosten pro Jahr stehen in der Tabelle links.

Dazu kommen die Kosten für Stall, Maschinen und die Weide. Die aufgeführten Kosten beruhen auf der Annahme, daß die Tiere ausschließlich mit zugekauftem Heu gefüttert werden. Bei Eigenerzeugung kann man mit 15,- DM je dt rechnen.

Dem Betriebswirtschaftler wird diese Rechnung die Haare zu Berge treiben, denn es fehlen natürlich die Abschreibungen auf Gebäude und Maschinen, Zinsansprüche, Risikokosten und vieles mehr. Aber es soll noch schlimmer kommen: die 1486,- DM auf 365 Tage verteilt, bedeuten, eine Kuh muß pro Tag 4,02 DM an Milchprodukten bringen.

Die Freude an den Tieren ist nicht mitbewertet, dafür ist auch keine Mark für Arbeit angesetzt. Die Rechnung gilt deshalb wirklich nur für den, der sich für den Eigenbedarf ein oder zwei Kühe hält. Der Bauer ist Unternehmer und muß kaufmännisch rechnen.

Die Kuh und ihr Körper

Bau und Funktion des Körpers

Vorn an der Kuh sitzt ein mächtiger, langer Kopf mit schönen großen Augen. Von stupiden Kuhaugen spricht nur der, der sich eine Kuh noch nie genau betrachtet hat. In der Tierwelt gibt es kaum schönere Augen als die großen dunklen Augen einer Jersey-Kuh. Nicht umsonst wurde die griechische Götting Hera „kuhäugig" genannt.

Die Hörner sitzen auf Knochenzapfen und sind je nach Rasse und Geschlecht sehr unterschiedlich geformt. Von den europäischen Rinderrassen haben die englischen Longhorn-Rinder die mächtigsten Hörner. Amerikanische Rinderzüchter befestigen sie an ihren Autokühlern. Von unseren einheimischen Rindern haben die süddeutschen Rassen größere Hörner als die Tieflandrinder. Bullen haben kürzere, gerade und dickere Hörner als Kühe.

Bei Rangeleien kann es passieren, daß das Horn vom Knochenzapfen abgestreift wird. Die darunterliegende Lederhaut blutet stark, und es ist kein erfreulicher Anblick. Nach einigen Tagen beginnt die Oberfläche wieder zu verhornen, und es bildet sich ein kleines, verküppeltes Horn. In großen Laufstallherden werden die Tiere enthornt, um aggressive Kämpfe zu vermeiden. Bei erwachsenen Tieren wird dabei unter Narkose der Knochenzapfen amputiert. Besser ist es, das Enthornen schon bei kleinen Kälbern vorzunehmen, und zwar, wenn die kleinen Hornanlagen gut erbsengroß sind. Sie werden mit einem elektrischen Brenngerät oder mit einem Ätzkalistift entfernt. Im ökologischen Landbau wird das Enthornen weitgehend abgelehnt. Die Bestimmungen der einzelnen Verbände geben dazu nähere Auskünfte.

Das Maul der Kuh ist groß, breit und feucht. Die Feuchtigkeit hat die gleiche Aufgabe wie bei der Hundenase, nämlich die Geruchsempfindlichkeit zu steigern. Die lange Zunge säubert die feuchte Fläche, das sogenannte Flotzmaul, von Zeit zu Zeit und reicht bis in die großen Nasenlöcher.

Fleischtyp und Milchtyp. Die gesamte Form des Kopfes deutet auf den Typ des Tieres hin. Milchbetonte Tiere haben lange, schmale Köpfe, eher fleischbetonte einen kürzeren, breiteren. Der Kopf wird vom Nackenband gehalten, einem breiten, sehnenartigen Bindegewebsband, das vom Hinterhauptbein zu den Dornfortsätzen der Halswirbelsäule führt. Dieses Band ist der Grund dafür, daß eine müde Kuh nicht den Kopf hängen läßt. Der Hals ist bei den verschiedenen Typen ebenfalls unterschiedlich geformt. Fleischtypen haben, der Kopfform entsprechend, einen kurzen, dicken Hals, Milchtypen einen lan-

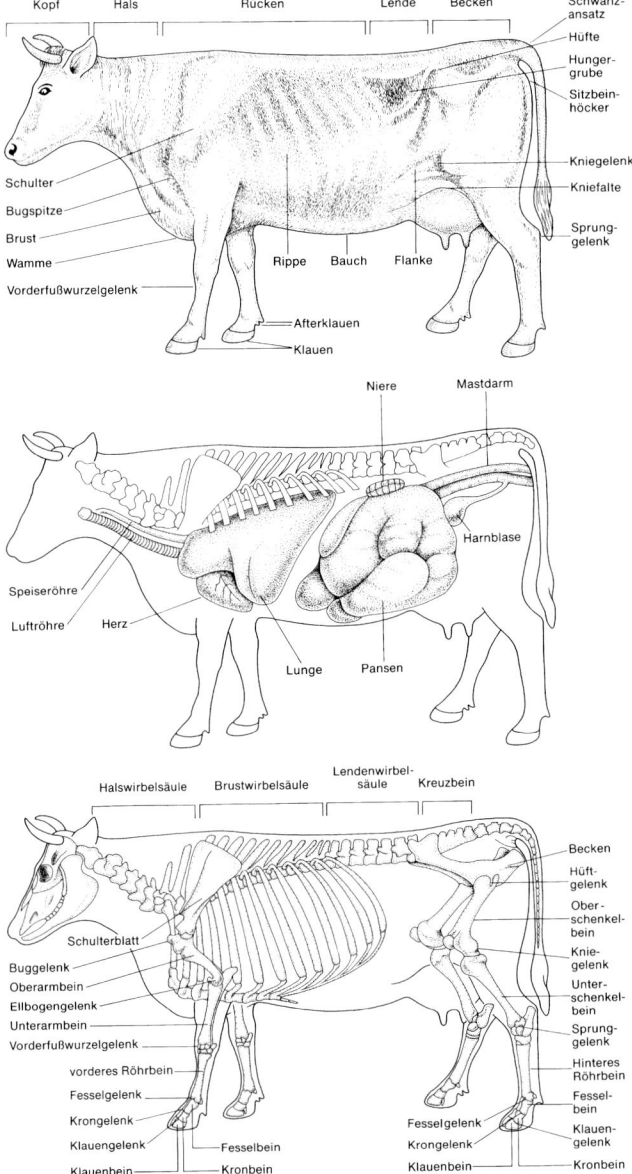

Körperteile des Rindes. Organe und Skelett des Rindes.

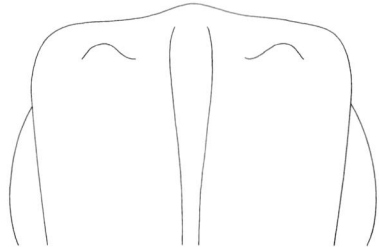

Breites Becken.

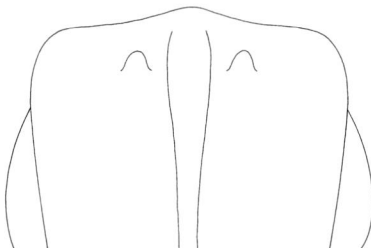

Schmales Becken.

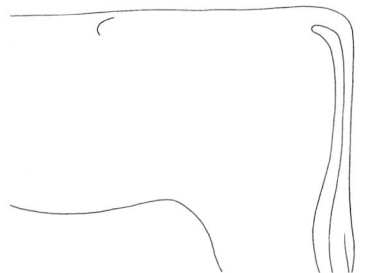

Korrektes, leicht abfallendes Becken.

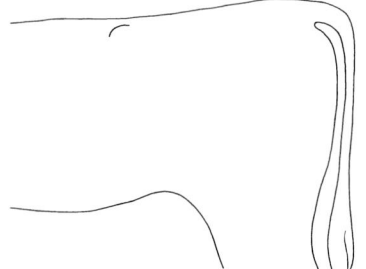

Ansteigendes Becken: Geburtsschwierigkeiten sind vorprogrammiert.

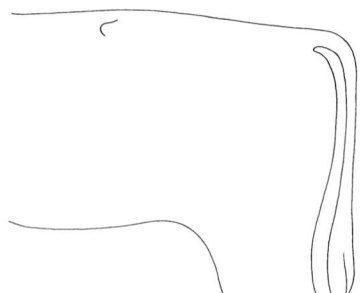

Abfallendes Becken, oft eine Folge von hoher Leistungsbeanspruchung und Mineralstoffverarmung.

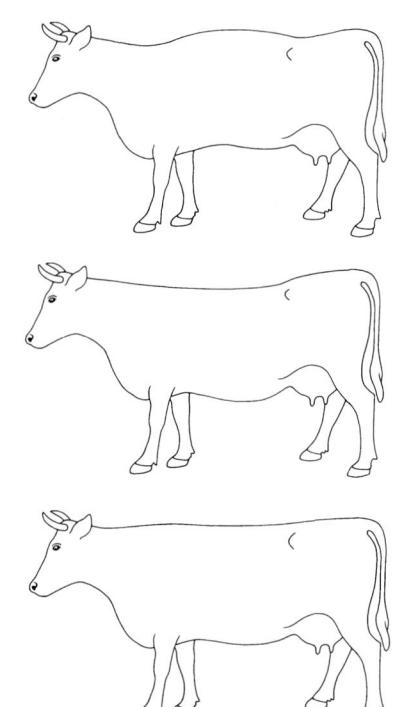

Fehlerhafte Rückenlinie:
Karpfenrücken (oben)
Senkrücken (Mitte)
Korrekte Rückenlinie (unten)

gen, schlanken, mit dünner gefältelter Haut bedeckten Hals. Bullen, besonders die fleischbetonten, haben einen deutlichen Nackenwulst.

Rücken und Becken. Die Rückenlinie ist im Idealfall gerade. Senkrücken und aufgebogene „Karpfenrücken" sind unerwünscht, weil sie die gesamte Statik des Körpers durcheinanderbringen. Das daran anschließende Becken wird durch die beiden Hüfthöcker und die beiden Sitzbeinhöcker begrenzt. Es soll leicht nach hinten abfallen, weil ein gerades oder gar ansteigendes Becken den Geburtsweg in die falsche Richtung lenkt und zu Kalbeschwierigkeiten führen kann. Ein zu stark abfallendes Becken beeinflußt die Statik der Hinterhand negativ.

Brust, Schulter, Bauch. Die Brust des Rindes liegt zwischen den Vorderbeinen. Bei Mastrassen liegt sie tiefer als bei Milchrassen. Der Abstand vom tiefsten Punkt zum Widerrist soll etwa 55 % der Gesamthöhe des Tieres an dieser Stelle ausmachen. Das Schulterblatt, „die Schulter", wie der Tierzüchter sagt, soll schräg und am Körper fest anliegend sein, ebenfalls wegen der Statik. Die Rippen wünscht man sich gut gewölbt und schräg verlaufend, um ausreichend Platz für die inneren Organe zu haben. Wo die Rippen aufhören, findet sich die „Hungergrube", eine dreieckige Vertiefung zwischen Lende, Rippe und Hüfthöcker. Bei abgemagerten Tieren ist sie tief eingefallen. In der linken Hungergrube wird bei lebensbedrohenden Gasansammlungen im Pansen der „Pansenstich" angesetzt. Darunter liegt der Bauch. Er soll voluminös sein, um Platz für Rauhfutter zu bieten.

Fundament. Wie manche Männer bei Damen, schaut auch der Tierzüchter bei der Kuh auf die Beine. Im Fachjargon spricht man vom „Fundament".

Die Vorderbeine sitzen ohne Schlüsselbein direkt am Schulterblatt. Das Rind ist, wie auch Schwein und Pferd, ein „Zehengänger". Was am Vorderbein wie ein Knie aussieht, entspricht bereits unserem Handgelenk. Nach oben sind die Bezeichnungen der Knochen und Gelenke die gleichen wie beim Menschen. Unterarm, Ellbogengelenk, Oberarmbein, Schultergelenk. Das Vorderknie heißt richtig Vorderfußwurzelgelenk. Dann folgen: Röhrbein, Fesselgelenk, Fesselbein, Krongelenk, Kronbein, Klauengelenk, Klauenbein. Beim Pferd sind übrigens die Bezeichnungen dieselben, nur daß es statt Klauengelenk und Klauenbein Hufgelenk und Hufbein heißt. Das Klauenbein steckt in den aus Horn bestehenden Klauen. Sie spreizen sich beim Auftreten und geben dem Tier in sumpfigem Gelände einen gesicherten Halt. Hinter den Klauen sitzen die Afterklauen, die im Morast zusätzlichen Schutz gegen tiefes Einsinken geben. Die Vorderbeine sollen gerade sein, die Klauen genau in Längsrichtung des Tieres stehen. Jede andere Stellung führt zu falscher Belastung der Gelenke und damit auf die Dauer zu Schwierigkeiten.

Das Hinterbein beginnt da, wo man noch gar kein Bein vermutet, nämlich im Körper. Hüftgelenk, Oberschenkelbein, auch Umdreher genannt, und Kniegelenk sind in der großen Muskelmasse der Keule verborgen. Erst das Unterschenkelbein ist äußerlich sichtbar. Es endet am Sprunggelenk, welches unserer Ferse entspricht.

31

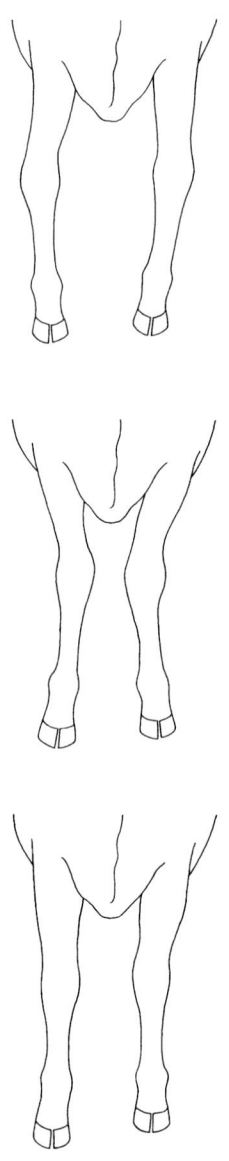
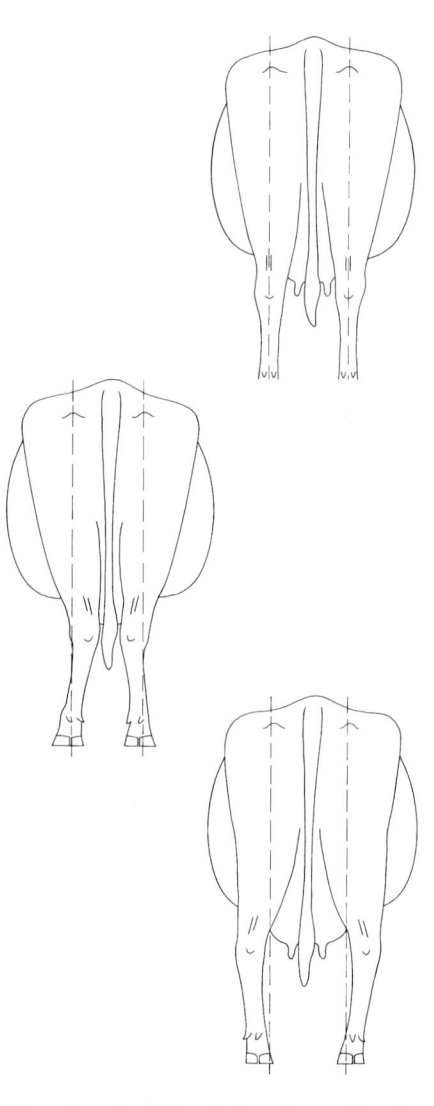

Vorderhand des Rindes. Oben knieweite Stellung (oft rachitisch bedingt), in der Mitte knieenge, unten korrekte Stellung.

Oben: korrekte Hinterbeinstellung. Man kann eine gerade Linie vom Sitzbeinhöcker durch das Sprunggelenk zur Klauenmitte ziehen.
Mitte: kuhhessige Stellung.
Unten: faßbeinige oder o-beinige Stellung.

Von hier ab sind die Bezeichnungen dieselben wie vorn, nur jeweils mit dem Zusatz „hinteres". Unterschenkel und hinteres Röhrbein sollen einen deutlichen Winkel bilden. Nähert dieser sich 180°, also einer geraden Linie, spricht man von steiler Stellung. Ein steiles Hinterbein hindert stark in der Fortbewegung. Ist das Sprunggelenk weitgehend steif, kann es sich um einen Erbfehler, die spastische Parese handeln. Bullen werden dadurch zuchtuntauglich. Von hinten gesehen sollen Sitzbeinhöcker, Sprunggelenk und Klauenmitte eine gerade Linie bilden. O-Beinigkeit oder X-Beinigkeit können auf die Dauer zu Klauenschäden führen, die die Nutzungsdauer der Kuh stark herabsetzen.

Das Euter

Aus dem zum Körperbau Gesagten dürfte klargeworden sein, daß die Beurteilung des Äußeren nicht nur dem Schönheitssinn dient, sondern durchaus praktische Hintergründe hat. Dasselbe gilt, wenn es um die Beurteilung des Euters geht. Doch zunächst zum Aufbau des Euters. Dieses große Drüsenorgan ist mit dem Euterband am Bauchfell aufgehängt. Das Euterband teilt die rechte und linke Euterhälfte und ist als Längsrinne an der Unterseite zu erkennen. Bei älteren Kühen kann es zum Abreißen des Bandes vom Bauchfell und damit zum „Durchsacken" des Euters kommen. Solche Tiere kann man dann mit der Waschschüssel melken. Das Euter ist in vier Viertel aufgeteilt, die praktisch keine Verbindung miteinander haben. Deshalb beschränkt sich eine Erkrankung oft auf ein einzelnes Viertel. Rötungen und Schwellungen sind daher gut zu erkennen.

Feinbau des Euters. Das Euter besteht aus kleinen, zwischen 0,1 und 0,25 mm großen Drüsenbläschen, den Alveolen, die mit Drüsenzellen ausgekleidet sind. Um die Alveolen herum liegt ein Geflecht von Muskelzellen, die sich beim Melken unter dem Einfluß eines Hormons zusammenziehen und die Milch herauspressen. Die Alveolen sind zu Drüsenläppchen zusammengefaßt. Ihre Ausführungsgänge vereinigen sich zu immer größeren Kanälen, welche schließlich in einem Hohlraum, der Zisterne münden. Die Zisterne befindet sich über der Zitze und dient als Milchspeicher. Die Zitze selbst ist ein hohles, fleischiges Gebilde mit einer Ausführung am unteren Ende, dem Strichkanal. Dieser kann eng oder weit sein. Wie überall ist auch hier der goldene Mittelweg der beste. Ein zu enger erschwert das Melken bzw. verlängert die Melkzeit, ein zu weiter führt zum Abtropfen der Milch und bietet Keimen leichten Einlaß.

Melkeignung. Beim Maschinenmelken sollen alle vier Viertel möglichst zu gleicher Zeit ausgemolken sein. Andernfalls pumpt die Maschine am leeren Viertel herum. Dieses „Blindmelken" ist die häufigste Ursache für Eutererkrankungen. Aus diesem Grunde wünscht man sich die Viertel gleichmäßig groß. Die Vorderviertel, die meist etwas kleiner sind, sollen mindestens 40%, die Hinterviertel höchstens 60% der ermolkenen Milch geben. Die Zitzen, auch Striche genannt, sollen etwa 6 cm lang und 4 cm dick sein. An zu kurzen Zitzen hält die Melkmaschine schlecht; Handmelken an solchen Strichen wird zur Daumen-Zeigefinger-Angelegenheit.

Zu lange Striche ragen zu weit in die Zitzenbecher der Melkmaschine, werden stark gereizt und neigen zur Entzündung. Die Zitzen sollen möglichst senkrecht stehen. Euter mit abgespreizten Zitzen passen sich schlecht der Maschine an und zeigen häufiger Euterentzündungen.

Die Euterform wünscht man sich als geräumiges „Kasteneuter". Es soll hinten möglichst hoch, etwa eine Handbreit unter der Scham beginnen. Die alten Landwirte sprechen vom Milchspiegel. Dieser ist von hinten gesehen deutlich am Haarstrich zu erkennen. Normalerweise läuft die Haarrichtung von oben nach unten. Auf dem Hintereuter jedoch läuft er, deutlich abgesetzt, von unten nach oben. Das als Milchspiegel beginnende Hintereuter soll möglichst breit sein. Eine stark entwickelte Muskulatur an den Innenschenkeln wirkt dem naturgemäß entgegen, so daß mehr fleischbetonte Kühe weniger gute Voraussetzungen für ein Idealeuter haben als schlanke, milchbetonte. Das Hintereuter läuft im Bogen in den Euterboden aus. Dieser tiefste Teil des Euters sollte etwa 5 cm über der gedachten Linie durch den Sprunggelenkshöcker liegen. Der Abstand vom Boden sollte mindestens 50 cm betragen, um ein problemloses Melken zu ermöglichen. Es soll vorn ein Stückchen hinter dem Nabel beginnen. Ist es zu kurz, ist der Anteil der Vorderviertel an der Gesamt-Milchmenge zu niedrig.

Fehlerhafte Euter. Idealeuter gibt es nur wenige. Viel häufiger sind solche mit fehlerhafter Strichstellung oder unerwünschter Form. Das ist um so bedeutsamer, als die Erblichkeit der Euterform ziemlich hoch ist. Die Bezeichnungen für fehlerhafte Euterformen sind recht anschaulich. Das „Kugeleuter" ist, wie der Name sagt, eine oben abgeplattete Kugel. Seine Ansatzfläche am Bauch ist zu klein, es neigt dazu, sich zum „Hängeeuter" zu entwickeln. Dies ist ein Euter, dessen Euterboden durch Dehnung oder Abreißen des Aufhängebandes zu tief durchhängt. Beim „Stufeneuter" liegen die Vorderviertel erheblich höher als die Hinterviertel. Das „Ziegeneuter" hat sehr kleine Vorderviertel und fast verkümmerte vordere Striche. Auch äußerlich korrekte Euter können ihre Macken haben. Ist das stützende Bindegewebe übermäßig entwickelt, bleibt wenig Platz für Drüsengewebe, und die Milchproduktion ist bescheiden. Man spricht von „Fleischeuter", und man erkennt es daran, daß es nach dem Ausmelken nicht zusammenfällt. Das Pech ist, daß einem beim Kauf die Kuh immer mit vollem Euter vorgestellt wird.

Bei vielen Kühen beobachtet man zusätzliche, kleine Zitzen, sogenannte Bei- oder Afterzitzen. Sie sind zwar unerwünscht, aber meistens nicht von Bedeutung. Manchmal aber haben sie auch Drüsengewebe und geben etwas Milch. Dann können sie sich entzünden und Probleme bereiten.

Viele Kühe zeigen nach dem Kalben eine starke Schwellung des Euters, die bis in den Nabelbereich reichen kann. Es handelt sich um das sogenannte Geburtsödem, eine starke Ansammlung von Gewebsflüssigkeit. Das Ödem ist normalerweise harmlos und bildet sich nach einiger Zeit zurück.

Die Verdauungsorgane

Herz und Lunge der Kuh sind so beschaffen wie die des Menschen, sie liegen nur waagerecht und sind viel größer. Völlig

Zum Wiederkäuen machen die Kühe es sich gemütlich.

anders dagegen sind die Verdauungsorgane gebaut. Ihre Funktion ist erstaunlich und befähigt die Kuh, selbst Futtermittel, die ein Schwein nur noch als Einstreu benutzen würde, in Milch und Fleisch umzusetzen. Folgen wir dem Weg des Futters und schauen uns Bau und Funktion der beteiligten Organe an:

Es beginnt mit dem eigenartigen Gebiß der Kuh. Die beliebte Scherz-Prüfungsfrage: „Wieviele obere Schneidezähne hat die Kuh?" muß beantwortet werden: „Keine!" Eine Hornplatte bildet das Widerlager für die acht unteren Schneidezähne. Damit kann sie zwar keinen Zwirnsfaden durchbeißen, aber ein Grasbüschel kann sie, nachdem sie es mit der langen, rauhen Zunge herangeleckt hat, fassen und ab-

reißen. Ein Pferd kann mit seinem Doppelgebiß natürlich gründlicher zupacken. Daher sind Pferdeweiden viel kürzer abgeweidet als Rinderweiden. Die Kuh rupft so lange, bis sie einen Bissen von etwa 100 g zusammenhat. Viel gekaut wird nicht, zuerst wird gefressen. Das abgeschluckte Futter gelangt über die Speiseröhre nicht in den Magen, sondern wird erst vorbehandelt. Die Speiseröhre hat nämlich gewaltige Ausstülpungen, die sogenannten Vormägen: Pansen, Netzmagen oder Haube und Blättermagen oder Psalter.

Der Pansen ist im Grunde eine mächtige Gärkammer. Er liegt an der linken Seite und hat das erstaunliche Volumen von

150–180 l. Er ist durch Einschnürungen in mehrere Abteilungen aufgeteilt und kann immerhin 50–60 kg Futter aufnehmen. Nur, Drüsen wie in Magen und Darm enthält der Pansen nicht. Die Kuh bedient sich einfach anderer Lebewesen, um die schwerverdauliche Pflanzenmasse aufzuschließen. Milliarden von Bakterien und Einzellern bevölkern den Pansen. Damit sie effektiv arbeiten können, erleichtert die Kuh ihnen die Sache. Da sie beim Fressen wenig Zeit zum Kauen hatte, legt sie sich erst einmal zur Ruhe. Sie schaut einen Augenblick träumerisch in die Gegend und ... glups, plötzlich hat sie dicke Backen und beginnt zu kauen: sie käut wieder. Bereits von Bakterien angegriffene Pflanzenteile werden durch einen Reflex ins Maul zurückgefördert und eingehend gekaut. Die kräftigen Mahlzähne zerreiben das Futter zu einem feinen Brei. Dabei fließt Speichel in gewaltigen Mengen, viel mehr noch als schon beim Fressen. Eine Kuh mit richtiger Fütterung produziert pro Tag die unglaubliche Menge von 200 l Speichel. Dieser hat nicht nur die Aufgabe, das Futter gut rutschen zu lassen; er ist auch stark alkalisch (pH 8–8,5) und neutralisiert die von den Bakterien produzierten Säuren im Pansen. Deshalb ist Futter, auf dem sie ordentlich kauen muß, strukturiertes Futter, wie der Fachmann sagt, für die Kuh lebenswichtig.

Wiederkäuen. Nach 50 bis 60 Kauschlägen in etwa einer Minute wird das Futter wieder abgeschluckt, derselbe träumerische Blick, und wieder sind die Backen voll. Weniger als die angegebene Zahl von Kauschlägen deutet auf eine Störung der Pansentätigkeit hin. Das Wiederkäuen macht immerhin ein Drittel des Tageslaufes der Kuh aus, etwa dieselbe Zeit, die sie auch zum Fressen braucht. Lärm, Schlagen und Aufregung hemmen das Wiederkäuen und damit die Verdauung und senken letztendlich die von der Energieversorgung abhängige Milchleistung.

Vorgänge im Pansen. Im Pansen unterdessen sind die Bakterien fleißig bei der Arbeit. Ein Großteil der Nahrung, bei Stroh sogar 40 %, bestehen aus der für Nichtwiederkäuer weitgehend unverdaulichen Zellulose. Kein Verdauungsferment ist in der Lage, Zellulose zu spalten und damit verdaulich zu machen. Nur Bakterien haben solche Fermente. Auch Termiten, die fast ausschließlich von Zellulose leben, benötigen für den Aufschluß Bakterien. Das Futter bildet im Pansen im Idealfall eine Schwimmdecke. Diese schwimmt auf dem Pansensaft. Im Abstand von etwa einer Minute läuft eine wellenförmige Zusammenziehung über den Pansen. Der Panseninhalt stürzt über die unteren Einschnürungsleisten und wird gründlich durchmischt. Mit dem Stethoskop hört es sich an, als würde ein altes Klo abgezogen. Fehlende Pansenbewegungen deuten ebenso wie fehlendes Wiederkäuen auf eine ernsthafte Störung hin und machen tierärztliche Hilfe notwendig.

Die Zellulose, die ja eigentlich ein Kohlenhydrat ist, ist durch ihre langen Molekülketten besonders widerstandsfähig gegen Verdauungsbemühungen. Auch den Bakterien gelingt es nur, 50–60 % davon abzubauen. Endprodukt des Abbaues ist die Essigsäure, die im Stoffwechsel zu einem erheblichen Teil zu Milchfett umgebaut wird. Deshalb ist ein bestimmter Anteil Zellulose, „Rohfaser" sagt der Tierernährer, wichtig für einen ordentlichen Milchfettgehalt.

Eine andere Gruppe Bakterien stürzt sich auf die Kohlenhydrate Stärke und Zucker. Nur wenig davon entkommt bis in den Darm. Die meisten werden zu Propionsäure und etwas Buttersäure abgebaut. Besonders die Propionsäure – das ist die Säure, die einem beim Rhabarber die Zähne stumpf werden läßt – dient der Energieversorgung der Kuh. Sie wird im Stoffwechsel wieder zu Zucker – zu Blutzucker. Und da die Kuh von Natur aus einen niedrigen Blutzuckerspiegel hat, ist sie auf ständige Zufuhr von Kohlenhydraten angewiesen. Die beiden Säuren Essigsäure und Propionsäure müssen im Pansen in einem richtigen Verhältnis stehen. Zuwenig Essigsäure – zuwenig Milchfett, zuwenig Propionsäure – zuwenig Blutzucker, folglich Abfall der Milchleistung.

Eiweißsynthese. Schließlich läuft im Pansen noch ein dritter bakteriell gesteuerter Vorgang ab, der neben der Rohfasernutzung vielleicht den bedeutsamsten für die menschliche Ernährung darstellt. Es handelt sich um die Eiweißsynthese. In pflanzlichen Futtermitteln ist zum Teil eine recht große Menge Eiweiß. Nur ist seine Zusammensetzung für die Ernährung des Körpers nicht ideal. Eiweiß besteht aus verschiedenen Bausteinen, den Aminosäuren. Es gibt etwa zwanzig davon, und jeder Eiweißstoff ist nach einem ganz bestimmten Muster aus einer Reihe von Aminosäuren zusammengesetzt. Einen Teil dieser Aminosäuren kann der Körper in andere umbauen. Sind zehn bestimmte Aminosäuren in der Nahrung vorhanden, kann der Körper jedes beliebige Eiweiß daraus aufbauen. Ist nur eine dieser zehn lebensnotwendigen, „essentiellen", zuwenig oder gar nicht vorhanden, kommt es zu Mangelsituationen. Beim Nutztier läßt meist der Zuwachs zu wünschen übrig. Beim pflanzlichen Eiweiß ist das Fehlen von einzelnen oder mehreren essentiellen Aminosäuren häufig. Schweine und Hühner brauchen daher tierisches Eiweiß oder wenigstens das hochwertige Sojaeiweiß. Kühe und andere Wiederkäuer haben es da leichter.

Zunächst machen die Bakterien auch vor dem Eiweiß nicht halt. Sie bauen etwa 70 % davon ab, so daß nur noch Ammoniak übrigbleibt. Aber dann benutzen die Bakterien diesen Ammoniak als Stickstoffquelle für ihren Körpereiweißaufbau. Sie fressen Kohlehydrate und Ammoniak, und sie wachsen prächtig dabei – wenn ausreichend Kohlenhydrate vorhanden sind. Und dieses Bakterieneiweiß enthält im Gegensatz zu dem gerade konsumierten pflanzlichen alle lebensnotwendigen Aminosäuren. Die Bakterien können es noch besser: Sie können sogar Nichteiweißstickstoff wie z. B. Harnstoff, zu hochwertigem Eiweiß aufbauen. Der finnische Wissenschaftler Prof. Virtanen fütterte Kühe in seinem berühmten Experiment nur mit Harnstoff und Zellulose. Sie gaben sogar noch etwas Milch. Ist einmal in der Nahrung nicht genug Eiweiß vorhanden, kann die Kuh den Harnstoff, statt ihn über die Niere auszuscheiden, über den Speichel in den Pansen zurückführen und ihn für die Bakterienproteinsynthese nutzen.

Sogar bei den Vitaminen ist die Kuh weitgehend Selbstversorger. Vitamin B wird im Pansen aufgebaut, Vitamin C in der Leber und Vitamin D in der Haut, sofern die Kuh in der Sonne herumläuft.

Verdauungsstörungen. Man sollte meinen, bei einem solch feinen Apparat könnte nichts schiefgehen. Es kann schon. Wie erwähnt, produzieren die Bakterien eine Menge Säuren. Säuren hemmen aber die Bakterientätigkeit. So wie Gärungsbakterien in der Brennerei an ihrem eigenen Schnaps zugrunde gehen, können manche Bakterienarten solange Säuren produzieren, bis sie eingehen. Die Pansensäuren müssen also so abgepuffert werden, daß der Säuregrad im Pansen fast neutral ist. Dies geschieht durch den stark alkalischen Speichel. Bei hochverdaulichen, schnell abbaubaren Futtermitteln, wie Getreide und Kraftfutter, geschieht die Säureproduktion sehr schnell. Gleichzeitig muß die Kuh bei diesen Futtermitteln wenig kauen, so daß wenig Speichel produziert wird. Es kommt zur Pansenübersäuerung, zur „Pansenacidose". Deshalb müssen große Mengen Kraftfutter in kleinen Portionen und in Abwechslung mit Strukturfutter, wie z. B. Heu, verfüttert werden.

Ist gleichzeitig zuviel Eiweiß in der Futterration, kann die Hemmung der ammoniakverbrauchenden Bakterien zu einer hohen Ammoniakkonzentration im Panseninhalt führen. Der Ammoniak aber ist hoch alkalisch und die Reaktion kann in den alkalischen Bereich umschlagen. Hier können nun überhaupt keine Bakterien mehr existieren. Sie sterben ab, der Pansen ist ohne Kleinlebewesen, die Pansenalkalose wird zur Pansenfäule. Nur ein operatives Ausräumen des Pansens und anschließendes Auffüllen mit Pansensaft von einer Schlachtkuh kann ihr Leben retten. Das Einfüllen einiger Flaschen Pansensaft, den man sich auf dem Schlachthof auffangen läßt, kann bei Pansenstörungen überhaupt Wunder wirken.

Manchmal kommt es bei der Verfütterung großer Mengen von Klee, zu jungem Gras oder Leguminosen zur Ansammlung von Gärgasen, eingeschlossen in kleine Schaumbläschen. Dadurch kann die Kuh nicht mehr anständig rülpsen, und sie bläht auf. Die sonst deutlich sichtbare Hungergrube ist wie eine Bongotrommel. Hausrezepte, wie das Eingeben von Speiseöl zur Schaumbremsung, können helfen. Der Tierarzt kann es aber sicherer. Auch bei gestörten Pansenbewegungen kann es zum Aufblähen kommen, aber ohne Schaumbildung. Das größte Problem beim Aufblähen ist der Druck aufs Zwerchfell. Die Atmung wird erschwert, es droht die Gefahr des Erstickens. Die gleiche Erscheinung findet sich, wenn die Kuh flach auf der Seite liegt, etwa bei einem Fall von Weidetetanie (s. Seite 43). Das Tier muß bis zum Eintreffen des Tierarztes auf die Brust gerollt werden, also in die Haltung, die es normalerweise beim Ruhen einnimmt.

Der Netzmagen. Von den unerfreulichen Dingen, die bei richtiger Fütterung praktisch nicht vorkommen, wieder zum Normalen. Ist das Futter lange genug von Bakterien zersetzt, und das dauert ein bis drei Tage, verläßt es schluckweise den Pansen. Die Säuren sind zum großen Teil schon durch die Pansenwand in die Blutbahn abgegeben. Der nächste Vormagen ist der Netzmagen. Er spielt verdauungsmäßig eine untergeordnete Rolle. Allerdings finden sich hier oft Gegenstände, die die Kuh gegen jede Vernunft gefressen hat. Hier landen spitze Drahtstücke oder Nägel und verfangen sich in der netzartigen Schleimhaut. Und weil der Netzmagen direkt am Zwerchfell gegenüber dem Herzen liegt, führt ein hier eingedrungener Fremdkörper zur Herzbeutelentzündung. Nur eine Operation kann dann noch helfen.

Der Blättermagen oder Psalter ist der letzte Vormagen. Psalter heißt er, weil er von innen aussieht, als blättere man ein altes Buch mit dicken Seiten auseinander. Der Blättermagen siebt praktisch die Nahrung und läßt nur das durch, was fein genug ist. Auch hier werden Säuren resorbiert und Futterpartikel weiter von Kleinlebewesen abgebaut. Da seine tiefen Falten voller Grünfutter stecken, welches vorverdaut und mit B-Vitaminen angereichert ist, ist Blättermagen von Schlachttieren für Hunde ein besseres Futter, als es Fertigfutter je sein kann.

Der Labmagen. Endlich gelangt das Futter in den eigentlichen Magen, den Labmagen. Seinen Namen hat er vom Ferment Lab, welches bei Kälbern die getrunkene Milch zum Gerinnen bringt. Im Labmagen laufen die gleichen Vorgänge ab, wie im Magen des Nichtwiederkäuers. Salzsäure löst die noch vorhandene Struktur der Nahrungsbestandteile, und Pepsin nimmt den ersten Schritt der Eiweißverdauung vor. Es knackt das Eiweiß zu Bruchstücken, den Peptonen. Das Eiweiß stammt, wie erwähnt, zum großen Teil von Bakterien. Was hier noch lebt, geht bei dem tiefen pH-Wert von 1,5 bis 2 zugrunde. Wenn man an eigenes Sodbrennen denkt, kann man sich vorstellen, daß die Säure alles zerfrißt, was ihr ausgesetzt wird.

Beim Kalb ist bei der Geburt an Vormägen noch nicht viel vorhanden. Zwei Drittel des gesamten Magensystemvolumens entfällt auf den Labmagen. Mit der Aufnahme der ersten festen Nahrung, meist Ende der zweiten Lebenswoche, beginnt die Entwicklung der Vormägen und die Besiedlung mit Mikroorganismen. Damit die Milch nicht in den kleinen Pansen läuft, was zu Verdauungsstörungen führen würde, hat das Kalb einen Umleitungsmechanismus. Zwei muskulöse Schleimhautlippen bilden die sogenannte Schlundrinne, die von der Speiseröhre zum Labmagen führt. Durch den Saugvorgang und die Reize der Milchsalze schließt sich diese Rinne zu einem Rohr und leitet die Milch direkt in den Labmagen. Mit der Bildung der ersten Gärsäuren im Pansen wird die Vormagenentwicklung stark angeregt. Die Hauptentwicklungsphase ist mit etwa 13 Wochen abgeschlossen. Das Kalb braucht jetzt eigentlich keine Milch mehr. Bestimmte Tränkverfahren können die Vormagenentwicklung beim Kalb beschleunigen, Fehlen von Rauhfutter, wie etwa bei der Kälbermast, verzögern sie.

Aufbau und Funktion des Darmbereiches der Kuh entsprechen im wesentlichen denen beim Nichtwiederkäuer. Der Magenpförtner entläßt den Mageninhalt langsam in den Dünndarm. Hier findet der wesentliche Teil von Verdauung und Resorption statt.

Die Dünndarmverdauung läuft mit Hilfe von Fermenten ab. Alle Fermente, auch Enzyme genannt, zu behandeln und ihre Wirkungsweise im einzelnen zu beschreiben, würde eine prächtige Bücherwand füllen. Deshalb sollen auch nur einige erwähnt werden. Das Eiweiß ist im Labmagen bereits zu Eiweißbruchstücken gespalten worden. Diese Peptone werden im Dünndarm vom Ferment Trypsin bis zu den einzelnen Aminsoäuren abgebaut. Nur in dieser Form sind sie klein genug, um durch die Darmwand ins Blut gehen zu können. Von hier aus gehen sie in die Gewebe, wo sie in den Zellen nach dem Bauplan des Zellkerns in der richtigen Reihenfolge zum gewünschten Eiweiß verknüpft werden. Das Fett wird von der Lipase in seine Bestandteile Glyzerin und Fettsäuren gespalten. Nun ist das Fett gegenüber wässeriger Umgebung ziemlich ablehnend. Das Trypsin könnte gar nicht an die einzelnen Fettmoleküle heran, gäbe es nicht die Gallensäuren. Sie werden in der Leber gebildet, in der Gallenblase gespeichert und über den Gallengang in den ersten Teil des Dünndarms, den Zwölffingerdarm, abgegeben. Sie bewirken, daß das Fett in feinste Tröpfchen emulgiert wird, so daß es praktisch wasserlöslich ist. Die Fettbestandteile vereinigen sich bereits in der Darmwand wieder zu Fett, und dieses geht über Blut und Lymphe in Richtung Leber zur Weiterverarbeitung. Die Kohlehydrate werden von verschiedenen Enzymen (Amylase u. a.) zu Einfachzuckern gespalten und gehen als Fruchtzucker und Traubenzucker über das Blut zur Leber, wo sie entweder als Mehrfachzucker (Glykogen) gespeichert werden oder von dort aus als Blutzucker den Kraftstoff des Körpers bilden. Die Dünndarmschleimhaut ist mit kleinen Verlängerungen versehen, den Darmzotten. Sie pumpen unermüdlich vor sich hin und befördern die aufgeschlossenen Nährstoffe in ihre Blutgefäße. Starker Schmutzgehalt im Futter verursacht Schleimhautentzündungen. Man sagt zwar, Dreck scheuert den Magen, aber bei der Kuh führt er zu Durchfällen und verschlechterter Nährstoff- und Mineralstoffresorption.

Der Dickdarm. Der Dünndarm ist im Normalfall bakterienfrei. Der anschließende Dickdarm hingegen wimmelt von Bakterien, die ähnlich wie im Pansen die Verdauung der noch vorhandenen Nährstoffe vornehmen. Besonders der bei der Kuh mächtig entwickelte Blinddarm ist nochmals eine wirkungsvolle Gärkammer. Leider sind im Dickdarmbereich die Resorptionsverhältnisse nicht optimal, so daß sein Anteil an der Gesamtresorption eine untergeordnete Rolle spielt.

Der letzte Dickdarmabschnitt ist der Mastdarm oder Enddarm. Mit starken Blutgefäßen versehen, hat er die Aufgabe, dem Kot Wasser zu entziehen. Bei Tieren, die aus Trockengebieten stammen, wie Pferd und Goldhamster, wird dem Körper viel Wasser wieder zugeführt. Der Kot ist trocken. Die Kuh brauchte in ihrer Urheimat mit Wasser nicht zu sparen. Demgemäß ist ihr Kot ziemlich wasserreich.

Bei diesem Prozeß gibt es natürlich große Verluste. Bei Stroh bleiben von der Gesamtenergie z. B. nur 20 % als Nettoenergie übrig, Nettoenergie, die für den Erhaltungsbedarf, das Wachstum und für Milchleistung zur Verfügung steht. 20 % sind zugegebenermaßen nicht viel, aber wer wollte ein Schwein oder ein Huhn nur mit Stroh ernähren. Für diese Tiere ist der Nährwert von Stroh genauso hoch wie der von Sägemehl, nämlich gleich Null. Das erstaunliche Verdauungssystem befähigt die Kuh dagegen, aus Stoffen, die für Mensch und nichtwiederkäuende Tiere unbrauchbar sind, hochwertige Nahrungsmittel, Milch und Fleisch zu produzieren. Deshalb stellen gerade in Gebieten mit Ernährungsproblemen Wiederkäuer, ob Rind, Schaf, Ziege oder Kamel, die Lebensgrundlage der Bevölkerung dar.

Gesundheit und Krankheit

Ein Buch über Rinderkrankheiten, womöglich farbig bebildert, liest sich wie Frankensteins Hauspostille. Man möchte meinen, es gäbe überhaupt kaum ein gesundes Tier, so viele Krankheiten sind möglich. In Wirklichkeit ist das Rind ein relativ widerstandsfähiges Haustier, und Gesundheit ist der Normalzustand.

Die größte Schwierigkeit für den Anfänger ist, Abweichungen vom Normalzustand zu erkennen, zu beurteilen, ob ein Tier apathisch ist, oder nur blöd guckt, ob sein Haarkleid struppig ist, oder ob es wegen kalter Haltung einen dicken Pelz hat. Das gesunde Tier nimmt lebhaft an der Umwelt teil. Es stellt die Ohren nach Geräuschen und schaut sich um. Das Haarkleid ist glatt und glänzend (besonders, wenn es ab und zu einmal geputzt wird), die Schleimhäute in Augen und Maul sind rosa. Puls und Atem sind regelmäßig und entsprechend den Richtwerten. Der Puls liegt zwischen 40 und 60 pro Minute, die Atmung zwischen 10 und 30. Die Körpertemperatur liegt zwischen 38 und 39 °C. Junge Tiere zeigen jeweils die höheren Werte. Der Puls wird an der rechten Unterkieferseite gefühlt. Da man der Kuh kein Thermometer unter den Arm stecken kann, muß man im After messen.

Als Krankheitsanzeichen kann man nennen: Appetitlosigkeit, Fieber, Apathie, struppiges Fell, Abmagern, aufgebogener Rücken, Festliegen, d. h. Unfähigkeit aufzustehen, starker Durchfall, Hautveränderungen, Versiegen der Milchleistung. Da manche Veränderungen sich langsam entwickeln, muß man seinen Blick für Alarmzeichen schulen.

Krankheiten der Verdauungsorgane

Ein Großteil der Krankheiten beim Rindvieh ist auf Mängel in der Fütterung und Fütterungshygiene zurückzuführen.

Die Pansenacidose wurde im vorigen Kapitel behandelt. Diese Pansenübersäuerung kann bis zur nachhaltigen Schädigung der Pansenflora, der Bakterien und Einzeller, führen. Eine Heudiät, bei schweren Fällen kombiniert mit dem Eingeben einiger Flaschen Pansensaft vom Schlachthof, kann die schwere Krise wieder beseitigen. Man nimmt eine Weinflasche voll Pansensaft, faßt die Kuh in die Nase, zieht den Kopf hoch, steckt die Flasche seitlich ins Maul und schiebt sie dann ziemlich weit hinein.

Schaumige Gärung. Akuter als bei Fällen von Pansenacidose sind heftige Gärungen bei Fütterung von hochverdaulichem Grünfutter, das sich im großen Haufen liegend erhitzt hatte. Dabei kann es zum Aufblähen kommen, wie auf Seite 38 über die Verdauungsorgane schon geschildert wurde. Die lebensbedrohende Blähung des Pansens kann als freie Gasblase oder als sogenannte schaumige Gärung auftreten. Erstere resultiert aus Störungen der Pansenbewegungen, meist durch sehr rohfaserarmes Futter. Die schaumige Gärung findet sich gehäuft bei problematischen Futtermitteln wie Raps u. a. Während die freie Gasblase bei Lebensgefahr mit einem Pansenstich abgelassen werden kann, hilft diese Maßnahme bei schaumiger Gärung nicht allzuviel.

Der Pansenstich ist wirklich die letzte Rettung „vor dem Halsabschneiden". Dazu braucht man einen Trokar, einen dreikan-

Die Naturtränke sieht nach heiler Welt aus, ist aber wegen Parasitengefahr nicht unbedenklich.

tigen Dolch mit Hülse, die nach dem Eingriff in der Wunde bleibt. Die richtige Stelle muß man kennen, sonst kann man ebensogut vorher den Hals abschneiden. Besser ist das frühzeitige Hinzuziehen des Tierarztes, der schaumige Gärung mit Schaumbremsern bekämpft und das Gas mit einem Schlundrohr abläßt. In leichten Fällen hilft es, das Tier vorn hochzustellen und eventuell an einem durch das Maul gezogenen Strohseil kauen zu lassen.

Fremdkörper im Netzmagen, wie auf Seite 38 beschrieben, erkennt man an Futterverweigerung, aufgebogenem Rücken und Schmerzäußerungen. Manchmal hilft das Einlegen eines Magnetkorbes, meist aber nur Operation. Ein solcher Magnetkorb kann auch vorbeugend sinnvoll sein, wenn fremdkörpergefährdete Weiden genutzt werden sollen, z. B. wo alte Drahtseile als Abtrennung benutzt wurden. Alles, was klein und spitz ist, sollte sorgfältig vom Rindvieh ferngehalten werden.

Stoffwechselstörungen

Ernährungsfehler äußern sich nicht immer so schnell und dramatisch wie Pansenstillstand und Aufblähen. Manche beginnen schleichend und können sich dann dramatisch zuspitzen.

Acetonämie. Diese Krankheit wird auch Ketose, Acetonurie oder fälschlich auch schleichendes Milchfieber genannt. (Mit dem eigentlichen Milchfieber, der Gebärparese, hat es nämlich nicht das geringste zu tun.) Acetonämie kann unterschwellig oder akut auftreten. Der Besitzer ist stolz, daß seine Kuh einige Zeit nach dem Kalben hohen Milchfettgehalt hat. Gleichzeitig wundert er sich, daß sie das Kraftfutter nicht so recht mag. In ihrem Innern sieht es gar nicht so gut aus. Der Körper versucht, aus den Reserven die Energie zu gewinnen, die er über das Futter nicht bekommt. Einziger Reservestoff aber ist das Körperfett, und zu dessen Verbrennung sind Kohlenhydrate notwendig. Bekommt er davon nicht genug, bleiben Zwischenstufen des Fettabbaus übrig, unter anderem Aceton, dasselbe, das die Damen als Nagellackentferner benutzen. Das aber ist ausgesprochen giftig und greift die Leber an. Eine vorgeschädigte Leber wird beim nächsten Kalben bei erneuter Acetonämie weiter geschädigt und kann ihre Entgiftungsaufgaben nicht mehr richtig ausführen. Es kommt zur akuten Form mit rapider Gewichtsabnahme, oft 50 kg in einer Woche. Dann kann nur noch der Tierarzt mit Traubenzuckerinfusionen die Krankheit stoppen; gleichzeitig müssen energiereiche Futtermittel, wie Getreideschrot oder besser Schrotsuppe den Energiehaushalt wieder regulieren. Man versteht, daß Energiemangel besonders bei Leistungskühen auftritt und daß Fettabbau besonders bei fetten Kühen stattfindet. Besonders gefährdet sind also Tiere, die beim Kalben zu fett sind und bei einsetzender Laktation nicht leistungsgerecht ernährt werden. Hoher Eiweißgehalt in der Ration belastet die Leber zusätzlich und erhöht das Risiko. Vorbeuge ist also, Kühe schlank zum Kalben zu bringen und sie hinterher leistungsgerecht zu füttern. Die Ansicht, die Kuh müsse „etwas zuzusetzen haben", ist der erste Schritt zur Acetonämie. Auch fettreiche Kraftfutter, also solche mit 5 % oder mehr Rohfett, besonders in Grünlandrationen, die (wenn man es auch nicht glaubt) schon etwa 4 % Fett in der Trockenmasse enthalten, sind riskant. Eigenartigerweise tritt diese Krankheit auf der Weide so gut wie nie auf.

Weidetetanie. Sie wird auch Weidefieber oder Hypomagnesämie genannt. Wenn das Gras kräftig anfängt zu wachsen (und das kann auch nach einer Dürreperiode im Sommer sein, wenn keiner mehr an etwas Böses denkt), kann es zu Störungen im Magnesiumhaushalt kommen. Besonders hoher Kaligehalt im Gras mindert die Magnesiumausnutzung und der Mg-Spiegel im Blut fällt ab. Da das Mg aber im Nerv-Muskel-Zusammenspiel eine Rolle spielt, liegt das Tier plötzlich auf der Seite und kann nicht mehr aufstehen. Der Kopf ist zurückgebogen, auf Pieksen ins Hinterbein erfolgt keine Bewegungsreaktion. Es droht die Gefahr der Erstickung wie beim Aufblähen. Deshalb muß die Kuh auf die Brust gerollt werden, mit untergeschlagenen Vorderbeinen, so wie sie auch sonst liegt. In der Zwischenzeit sollte man die Oma ans Telefon schicken, damit sie den Tierarzt anruft. Ohne ihn kommt man hier nicht aus. Er läßt eine Magnesium-Lösung in die Vene laufen, und wie durch ein Wunder steht die Kuh nach einigen Minuten auf. Die Krankheit kündigt sich durch steifen Gang, starren Blick und Muskelzittern an. Schon dann ist tierärztliche Hilfe angezeigt.

Vorbeugen besteht im sparsamen Einsatz kaliumreicher Dünger, was bei Stalldünger und Jauche (sie enthalten viel Kalium) nicht einfach ist. Bei Gefahr, das heißt, wenn in früheren Jahren schon Fälle aufgetreten sind, sollte man spezielle

Mineralfutter mit hohem Mg-Gehalt zur Tetanie-Vorbeuge geben.

Milchfieber. Kalbefieber, Gebärparese, Gebärlähmung oder auch Hypocalcämie sind die verschiedenen Namen für ein und dieselbe Krankheit. Die Erscheinungen sind denen der Weidetetanie nicht unähnlich, aber doch etwas anders. Die Kuh hat Untertemperatur (also kein Fieber) und liegt mit seitlich zurückgebogenem Kopf in Ruhelage. Nur bei schweren Fällen liegt sie auf der Seite. Sie kann nicht aufstehen und zeigt manchmal narkoseähnliche Zustände. Die Krankheit tritt kurz vor bis drei Tage nach dem Kalben auf und hängt mit der Störung des Kalziumhaushaltes zusammen. Der Kalziumspiegel sinkt ab, und das Kalzium kann seine Aufgaben bei der Reizübertragung vom Nerv zum Muskel nicht mehr ausführen. Das Tier ist gelähmt. Schon vorher zeigen sich Unsicherheiten beim Gehen und Stehen.

Die Ursache liegt in der gestörten Mobilisierung des Kalziums aus dem Skelett. In einigen Gegenden liegt dies an echtem Kalziummangel im Grundfutter, so in den norddeutschen Weidegebieten. In anderen Gegenden kann eine langdauernde Kalziumüberversorgung das Mobilisierungssystem einschlafen lassen. Wird mit dem Einschießen der Milch plötzlich Kalzium gebraucht (immerhin 12 g Rein-Kalzium auf 10 l Milch), bricht das Tier zusammen. Jetzt muß der Tierarzt Kalzium in die Vene laufen lassen, und der Besitzer erklärt den Berater im stillen für blöd, wenn er sagt, die Krankheit käme von zuviel Kalzium im Futter.

Es gibt viele Empfehlungen zur Vorbeuge, eine hundertprozentige Sicherheit gibt es nicht. Regulierung des Ca : P-Verhältnisses im Futter, verstärkte Phosphorversorgung in der Trockenstehzeit, Ca-Gaben zwei Tage vor bis zwei Tage nach dem Kalben, Vitamin-D-Gaben kurz vor dem Kalben, nur – wird das Biest auch pünktlich kalben? Erstkalbende Kühe sind weniger gefährdet als alte, Leistungskühe mehr als Tiere mit geringer Leistungsveranlagung.

Infektionskrankheiten

Als Erreger von Infektionskrankheiten kommen Bakterien, Viren und Einzeller in Frage. Glücklicherweise sind Kühe recht widerstandsfähig gegen diese Nichtsnutze, wenn man einmal von Maul- und Klauenseuche, Leukose und Rindergrippe absieht. Nur ihr empfindlichstes Organ, das Euter, hat Probleme mit einigen Bakterienarten. Auch bei den Säuglingen, den Kälbern, gibt es häufig Schwierigkeiten. Ihre speziellen Krankheiten sollen im Kapitel Aufzucht behandelt werden. Als bedeutende Infektionskrankheiten erscheinen daher nur die Euterkrankheiten.

Euterkrankheiten. Euterinfektionen spielen in der Milchviehhaltung eine so große Rolle, daß die landwirtschaftlichen Organisationen Eutergesundheitsdienste eingerichtet haben. Ungefähr 10 % aller abgehenden Kühe scheiden wegen unheilbarer Euterkrankheiten aus. Aber nicht nur die akute, sinnfällige Erkrankung ist von bedeutung. Schon die verborgene „latente Mastitis" bringt Leistungsminderungen bis zu 3 l pro Tag.

Eutererkrankungen können von verschiedenen Erregern hervorgerufen werden. Das Euterviertel schwillt binnen kurzer Zeit an, ist heiß, gerötet und schmerzhaft. Die Milch zeigt Veränderungen bis hin zur Sedimentation, d. h., daß klare Flüssigkeit und Eiweiß sich voneinander getrennt absetzen. Oft finden sich in den ersten Strahlen Flocken geronnener Milch. Die Behandlung muß schnell und massiv einsetzen, sonst können einige Erregerarten, Eitererreger, die Überhand gewinnen und bis zur allgemeinen Blutvergiftung mit Lebensgefahr führen. Bei Euterentzündungen sollte man vor Antibiotika nicht zurückschrecken. Die Dosierung muß hoch genug sein, die Wartezeiten, meist fünf Tage, müssen eingehalten werden. Antibiotika sind verschreibungspflichtig und dürfen nur vom Tierarzt verordnet werden. Er kann die Anwendung aber dem Besitzer übertragen.

Die beste Zeit zum Auskurieren der Euterentzündung ist die Trockenstehzeit. Hier kann man mit längerwirkenden Antibiotika arbeiten. Man muß allerdings aufpassen, daß nach Frühgeburten, wenn die Wartezeit noch nicht abgelaufen ist, die Milch nicht verkauft wird, sonst gibt es Ärger.

Die Holsteinische Euterseuche, örtlich mit „Fliegenstich" oder vielen anderen Namen bezeichnet, ist eine ganz üble Geschichte. Sie wird von bestimmten Eitererregern verursacht und von Insekten übertragen. Ein oder auch mehrere Viertel werden schnell dick, heiß und sind unrettbar verloren. Die Krankheit tritt nur bei Jungrindern oder manchmal bei trockenstehenden Kühen auf, meist auf der Weide.

Leichte Erkrankungen. Es gibt auch Erkrankungen ohne infektiösen Hintergrund, einfache Erkältungen. Leichte Rötung und geringe Verhärtung ist das Kennzeichen. Man muß sie nicht so massiv angehen, sondern kann sie mit Hausmitteln wie Schweineschmalz oder Kampfersalbe behandeln. Letztere sollten auch zur Unterstützung der medizinischen Maßnahmen angewandt werden. Die Salben werden äußerlich aufgetragen und gut einmassiert.

Euterverletzungen. Eine erhebliche Rolle spielen auch Euterverletzungen durch Stacheldraht, aber besonders auch Trittverletzungen. Ursache für letztere sind meist zu enge Stände im Anbindestall. Die Kühe, besonders solche mit tiefen Eutern, treten sich beim Aufstehen auf eine Zitze oder werden beim Liegen von anderen getreten. Es kann bis zum Verlust der ganzen Zitze führen. Chirurgische Hilfe ist nötig, außer bei oberflächlichen Wunden. Bis zur Abheilung ist das Melken eine rechte Plage, für den Melker und vor allem für die Kuh. Die Vorbeuge gegen Euterkrankheiten besteht in absoluter Sorgfalt bei allem, was mit dem Melken zu tun hat. Beim Handmelken müssen Euter und Hände sauber sein, und es muß schonend gemolken werden. In größeren Betrieben kommen die meisten Euterprobleme von fehlerhaften Melkmaschinen. Eine regelmäßige Überprüfung der Eutergesundheit mit Testgeräten hilft bei der Erkennung gefährdeter Tiere, so daß man sie rechtzeitig behandeln kann. Es gibt mehrere Möglichkeiten. Die einfachste ist ein Kärtchen mit vier Punkten Indikatorsubstanz, auf die man je einen Strahl Milch aus den vier Strichen melkt. Genauer ist ein Testbesteck mit Testschälchen und Indikatorflüssigkeit. Auch die Überprüfung des Zellgehalts der Milch bei den Milchleistungsprüfungen ist eine gute Methode.

Das wichtigste bei der Vorbeuge aber ist die Beachtung der Melkhygiene und die Vermeidung von Fehlern in der Melktechnik. Schließlich will man gesunde, leistungsfähige Tiere haben und produziert ein wertvolles, empfindliches Nahrungsmittel.

Parasiten sind vorwiegend bei Jungtieren von Bedeutung und werden im Kapitel Jungviehaufzucht behandelt.

Es gibt noch eine Reihe weiterer Krankheiten, die den Rahmen dieses Kapitels sprengen würden. Viele haben früher keine Bedeutung gehabt. Sie sind durch die Vergrößerung der Bestände begünstigt worden, wie eine Reihe von Viruskrankheiten. Stoffwechselstörungen und Fruchtbarkeitsprobleme wachsen mit steigender Leistung. Im Grunde kann man sagen, daß die Gesundheitsprobleme um so größer werden, je weiter man sich von den Lebensverhältnissen der Urkuh entfernt. Eine Besinnung auf die natürlichen Lebensansprüche der Kuh kann viele Probleme lösen.

Das soll keine Verteufelung des Fortschritts sein. Es soll nur dasselbe sagen, was verständige Bauern schon immer sagten: Die Kuh ist keine Maschine, sondern ein lebendes Wesen, das Überbeanspruchung oder Fehlbehandlung mit gesundheitlichen Reaktionen beantwortet.

Auch die Kuh braucht Körperpflege

Früher wurden Kühe täglich geputzt. Aber in einer Zeit, in der nicht einmal mehr Pferde ordentlich geputzt werden, kann man das bei Rindviechern wohl noch weniger erwarten. Ein Betrieb mit 60 Kühen kann es auch zeitlich einfach nicht mehr machen. Da die Kuh aber ein Bedürfnis nach Körperpflege hat, läßt man sie sich selbst putzen und bringt in Rückenhöhe einen Besen an, an dem die Kuh sich den Rücken kratzen kann.

Striegeln und Bürsten. In der Kleinhaltung sollte man sich die Zeit zum Putzen ruhig nehmen. Man benötigt einen Striegel, das ist eine Eisenblechplatte mit Griff und gezähnten Blechleisten und eine Kardätsche, das ist eine ovale, dichte Bürste mit Handschlaufe. Mit dem Striegel fährt man auf dem Fell hin und her (beim Pferd nur in Haarrichtung) und bürstet anschließend mit der Kardätsche nach. Besonders an den Unterschenkeln sollte regelmäßig geputzt werden, sonst hat man bald dicke Placken Mist daran hängen, die kaum noch zu entfernen sind.

Scheren. In kurzem Haar haftet der Kot naturgemäß schlechter als in langem. Deshalb ist es von Vorteil, wenn man Tiere, die mit langer Wolle im Herbst von der Weide kommen, mit einer Schermaschine bekanntmacht. Sie sieht aus wie eine Haarschneidemaschine beim Friseur, nur mit gröberen Zähnen. Auch der Schwanz wird geschoren. Natürlich läßt man die schöne Quaste stehen. Die kann man von Zeit zu Zeit in einem Eimer mit Seifenwasser auswaschen.

Einem Bauern mit 60 Kühen sieht man eine schmutzige Kuh in Anbetracht seiner vielen Arbeit schon einmal nach, einem Hobbyhalter nicht. Die beste Körperpflege ist eine gute, saubere Stroheinstreu. Sie kann auch gleichzeitig Rohfasermangel ausgleichen, denn Kühe fressen oft ungeahnte Mengen Stroh aus der Einstreu.

Klauenpflege. Das Putzen ist aber nicht die wichtigste Seite der Körperpflege. Echte Gesundheitsaspekte hat die Klauenpflege. In der Natur ist der Verschleiß so groß wie der Nachschub. Im Stall, besonders auf Stroh und Gummimatten, scheuert sich nichts vom Klauenhorn ab. Es kommt zu Verformungen und damit zu statischen Fehlhaltungen, die sich bis in den Beckenbereich fortsetzen können. Ungepflegte Klauen können im schlimmsten Fall wie Schnabelschuhe aussehen und kreuzförmig übereinanderwachsen. Die Kühe können kaum noch laufen, haben Schmerzen und fallen vom Fleisch oder von der Milch. Hier hilft nur eine regelmäßige Klauenpflege, je nach Bedarf ein- bis zweimal im Jahr. Es gibt gewerbsmäßige Klauenpfleger, die preiswert und fachgerecht arbeiten. Man kann es nach Anleitung auch selbst machen. Man sollte dann aber einen Klauenpflegekursus besucht haben, sonst kann man einiges falsch machen.

Die Selbsttränke, hier auf der Weide, stellt sicher, daß die Kühe ihren erstaunlich hohen Wasserbedarf decken können (s. Seite 77).

Die Kuh und die Züchtung

Einiges über Rinderrassen

Den Nichtlandwirt erstaunt es immer wieder, wie viele verschiedene Rinderrassen es gibt. Der Landwirt denkt oft gar nicht darüber nach, denn er ist mit der Tatsache aufgewachsen. Wenn er dann einmal auf eine große Landwirtschaftsausstellung kommt, etwa auf die DLG-Ausstellung, überlegt er, warum andere Gegenden andere Kühe haben und welches deren Vorteile sein mögen. Über die Frage, warum es überhaupt verschiedene Rinderrassen gibt und wie sie entstanden sind, macht er sich sicherlich keine Gedanken. Noch erstaunter ist man, sieht man die Rassenvielfalt auf der Landwirtschaftsausstellung in Paris oder gar auf der Royal Show in Coventry. Letztere bietet den tierzuchtbegeisterten Briten die Möglichkeit, Rassen zu zeigen, die auf dem Kontinent aus wirtschaftlichen Konkurrenzgründen längst verdrängt worden wären. Da steht die winzige Dexter-Kuh neben dem Longhorn-Rind mit seinem meterlangen Kopfschmuck und dem Schottischen Highland-Rind mit seiner Beatle-Frisur (Seite 52).

Auch in Deutschland gab es eine solche Rassenvielfalt. Es gab Vogelsberger, Westerwälder, Glanvieh und viele andere Rassen, die es heute nicht mehr gibt. Entstanden sind die Rassen aus Landschlägen, die sich durch Anpassung an die Umweltbedingungen gebildet hatten. Neben der Ähnlichkeit im Typ trat ziemlich schnell auch die Übereinstimmung in bezug auf Farbe und eventuelle Scheckung auf. Grund dafür ist die Tatsache, daß diese Merkmale nur durch ein oder zwei Erbanlagenpaare gesteuert werden. Ein einziges Anlagenpaar ist dafür verantwortlich, ob ein Tier rot oder schwarz ist, ein anderes dafür, ob es einfarbig oder gescheckt ist. Andererseits kann man nicht von der Übereinstimmung in Farbe und Abzeichen auch auf die Übereinstimmung in Typ und Leistung schließen. Dennoch hat sich durch die überwiegende Paarung innerhalb der Rasse eine gewisse erblich bedingte Leistungsfähigkeit herausgebildet.

Von der Naturrasse zur Kulturrasse. Anfangs handelte es sich bei der Paarung von Tieren um eine reine Zufallspaarung. Eine Auslese fand nur durch Anpassung statt. In kargen Gegenden kamen nur die am besten geeigneten Tiere zur Fortpflanzung. Das brachte eine gewisse Entwicklung der Rasse mit sich. Auf diese Weise entstandene Rassen bezeichnet man als Natur-

Die Jersey-Rasse, „das Araberpferd" unter den Kühen (s. Seite 52). Die großen, ausdrucksvollen Augen, der schmale, edle Kopf und das lebhafte Ohrenspiel deuten auf einen hohen Grad von Leistungsbereitschaft hin. Die Rasse hält den Weltrekord beim Milchfettgehalt.

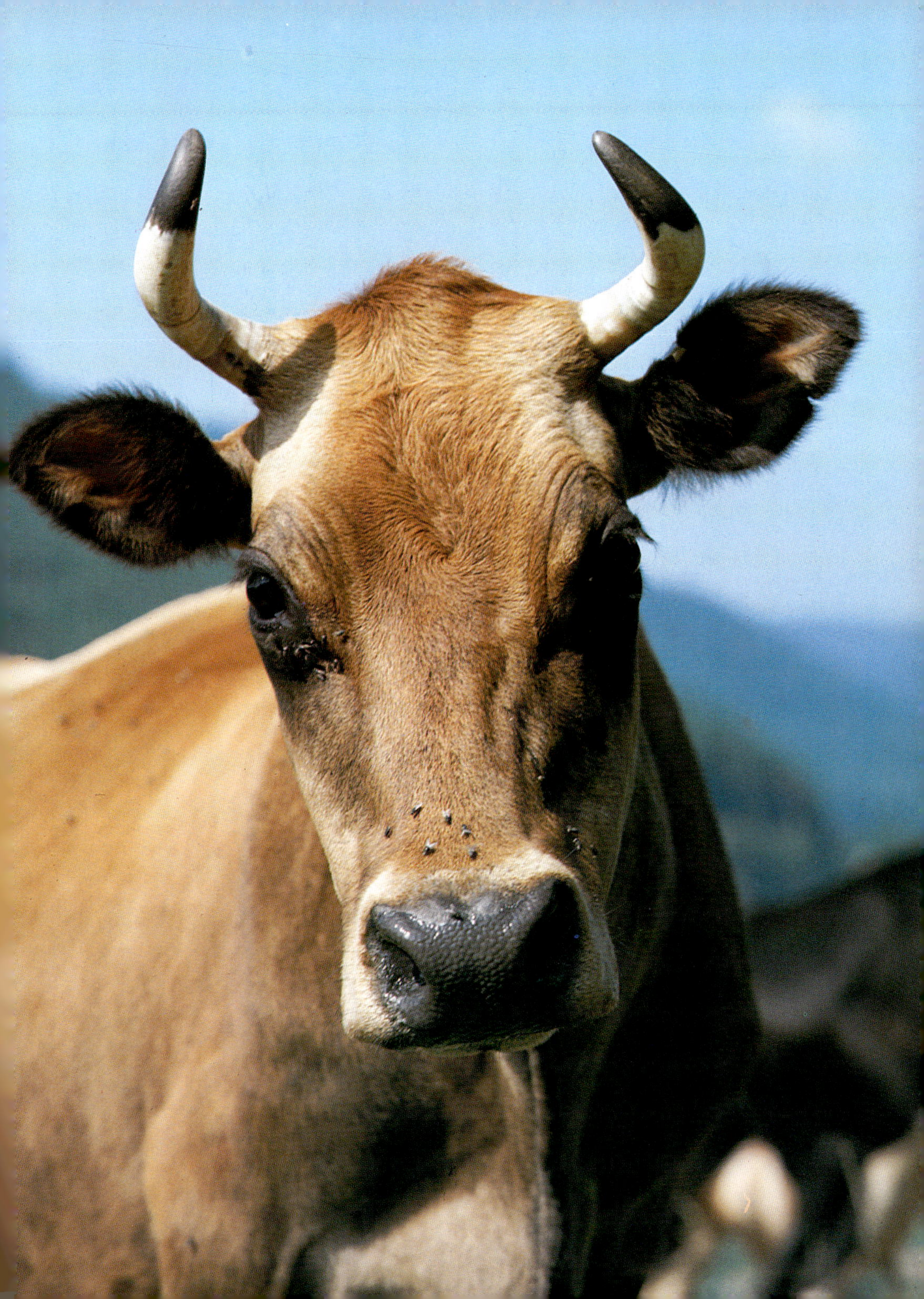

rassen oder Landrassen. Ende des vorigen Jahrhunderts begann man mit der systematischen Selektion. Es wurden Leistungsprüfungen eingeführt und Register über die Tiere und deren Abstammung geführt, die sogenannten „Herdbücher". Damit war der Weg zur „Kulturrasse" beschritten.

Zuchtziele. Durch gezielte Auslese und Paarung entwickelten sich die einzelnen Rassen in Richtung des gesetzten Zuchtzieles. Dieses Zuchtziel steht am Ausgangspunkt jeder planmäßigen Zucht. Übrigens – Zucht ist nicht, wie oft in Zeitung und Fernsehen zu finden, einfach Tierhaltung. Wenn Kälbermäster als Kälberzüchter bezeichnet werden, sträuben sich jedem echten Tierzüchter die Haare. Zucht ist Auswahl und Paarung derjenigen Tiere, die dem Zuchtziel am besten entsprechen. Dieses Zuchtziel sieht je nach Rasse verschieden aus. Demgemäß entwickeln sich auch die Rassen in verschiedene Richtungen.

Rinder für die Fleischproduktion strotzen im Idealfall vor Muskulatur, wahre Body-Building-Figuren. Ihre Milchleistung allerdings reicht gerade für ihr Kälbchen. Werden einmal Zwillinge geboren, sind diese auf Beifütterung angewiesen, sonst läßt ihre Entwicklung sehr zu wünschen übrig. Diese Rassen setzen fast die gesamte Nettoenergie in Körpersubstanz um. Man spricht daher vom Ansatztyp, auch Verdauungstyp oder „typus digestivus" genannt – letzteres auch eine beliebte Frotzelei gegenüber rundlichen Tierzuchtbeamten. Zu diesem Typ gehören im Grunde alle Fleischrassen. In Deutschland sind dies ausschließlich importierte Rassen, zum Beispiel Charolais aus Frankreich (s. Seite 52), Piemontese aus Italien und viele andere. Ursprünglich wurden diese Rassen auch gemolken, aber ihre mäßige Milchleistung und ihr guter Fleischansatz ließen sie mit schärfer werdendem Wind auf dem Markt schnell zu reinen Fleischrassen werden.

Milchrassen. Andere Rassen bekommen auch bei bester Fütterung nichts auf die Rippen. Diese Typen bezeichnet man als Umsatztyp, auch Atmungstyp oder „typus respiratoris" genannt. Sie setzen den überwiegenden Teil der Nahrung in Milch um. Ein extremer Vertreter dieses Typs ist die Jerseykuh, von der im folgenden noch zu lesen ist.

Zweinutzungsrassen. Zwischen Umsatztyp und Ansatztyp stehen die sogenannten Zweinutzungsrassen. Je nach Rasse neigen sie mehr dem einen oder mehr dem anderen Typ zu. Leider kann man nicht alles haben. Fleischbetonte Zweinutzungstypen geben weniger Milch, milchbetonte haben weniger Fleisch. Die berühmte „eierlegende Wollmilchsau" gibt es nicht. Und mit steigender Leistung werden auch die gut bemuskelten Rassen schlanker und edler. „Leistung bricht den Typ" sagten die Tierzüchter schon vor Jahrzehnten.

Oben: Pinzgauer Kuh mit typischer Zeichnung. Die Rasse ist durch den Zwang zur Wirtschaftlichkeit stark bedroht.
Unten: Limousinmutter mit Kalb. Limousins werden nur zur Fleischproduktion genutzt.

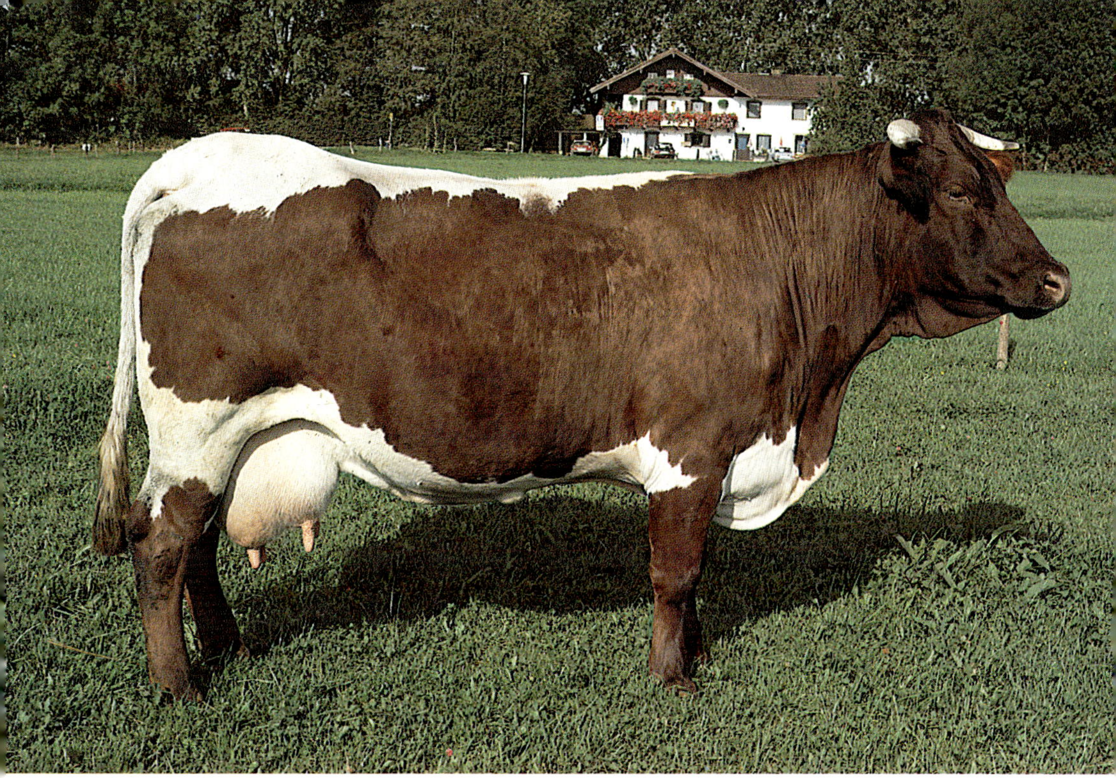
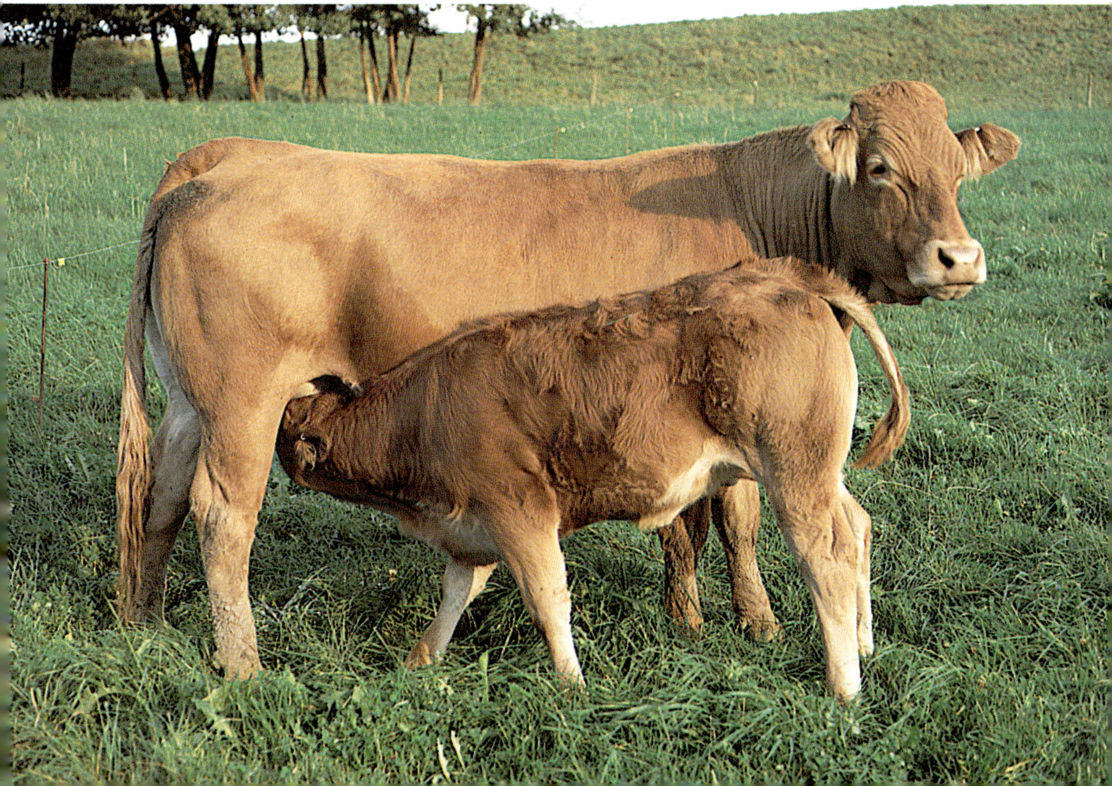

Durchschnittsleistungen aller geprüften Herdbuchkühe in Deutschland (1992)

Rasse	Anzahl Kühe	Milch-kg	Fett %	Eiweiß %
Schwarzbunt	786 151	7 020	4,28	3,32
Schwarzbunt SMR*	427 354	5 248	4,45	3,44
Rotbunt	179 768	6 332	4,18	3,37
Rotvieh	14 960	5 873	5,11	3,62
Jersey	1 907	4 361	6,13	4,12
Fleckvieh	601 555	5 523	4,10	3,44
Braunvieh	167 921	5 787	4,13	3,49
Gelbvieh	14 749	4 919	4,10	3,49
Vorderwälder	5 486	4 942	4,05	3,32
Hinterwälder	549	3 165	4,06	3,40
Pinzgauer	356	4 302	3,83	3,35
Murnau-Werdenfelser	135	4 556	3,69	3,34

* SMR = Schwarzbuntes Milchrind aus Kreuzungsprogrammen der ehem. DDR

Welches Zuchtziel wirklich das richtige ist, ist nicht vorauszusehen. Es hängt letzten Endes von der langfristigen Marktentwicklung ab. Mit Zweinutzungsrassen steht man immerhin auf zwei Beinen, die allerdings recht unterschiedlich stark entwickelt sein können. In Zeiten mit schwierigen Marktverhältnissen kann mancher ganz schön ins Hinken kommen.

Alle Rassen können hier nicht behandelt werden. Zum einen sind es zu viele und zum anderen ist ihre zahlenmäßige Bedeutung zu unterschiedlich. In der Tabelle oben eine Übersicht über die deutschen Milchrassen und deren Leistungen.

Die Fleischleistung sieht ganz anders aus. Die früher allgemein durchgeführten Mastleistungsprüfungen für Bullen, bei denen Zunahme und Futterverwertung geprüft wurden, werden heute aus wirtschaftlichen Gründen durch die Gewichtskontrolle der Auktionsbullen ersetzt. Dabei liegt bei den Zweinutzungsrassen das Gelbvieh an der Spitze, gefolgt vom Fleckvieh.

Jersey

Die einzige Rasse, die in Deutschland als einseitige Milchrasse zu bezeichnen ist, ist die Jersey-Rasse. Sie stammt von der englischen Kanalinsel Jersey vor der französischen Küste. Im 18. Jahrhundert wurde aus veterinärpolizeilichen Gründen der Import von Rindvieh nach Jersey verboten. So entwickelte sich eine von Einkreuzungen unbeeinflußte Rasse. Da Jersey wenig Trinkmilchabsatz hatte und auf den Export von Butter angewiesen war, wurde besonders auf den Fettgehalt der Milch Wert gelegt. So wurden die Jerseys mit etwa 6 % die Rasse mit dem höchsten Milchfettgehalt von allen. Dafür gehört sie aber auch zu den leichtesten Rassen. Ausge-

Oben: Exoten in Deutschland: Schottische Hochlandrinder, eine reine Mastrasse, leicht, aber langlebig.
Unten: Die Charolaisrasse ist wegen ihrer hohen Zunahmen in der Mast geschätzt.

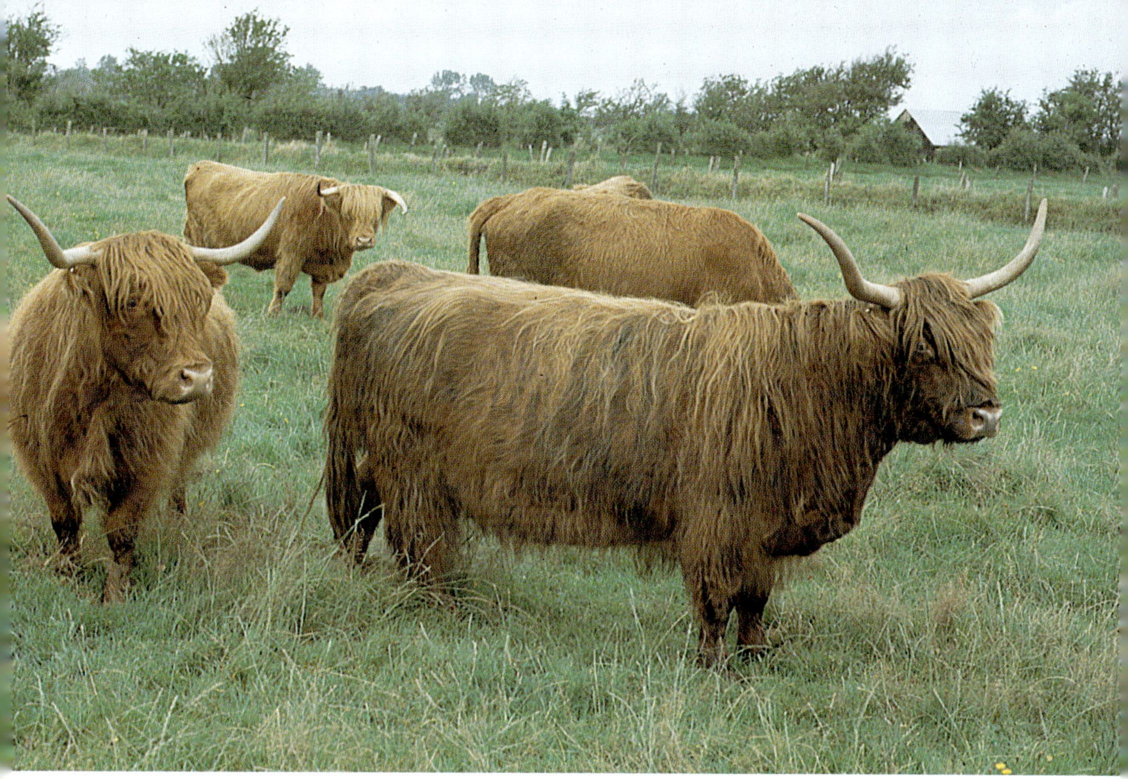

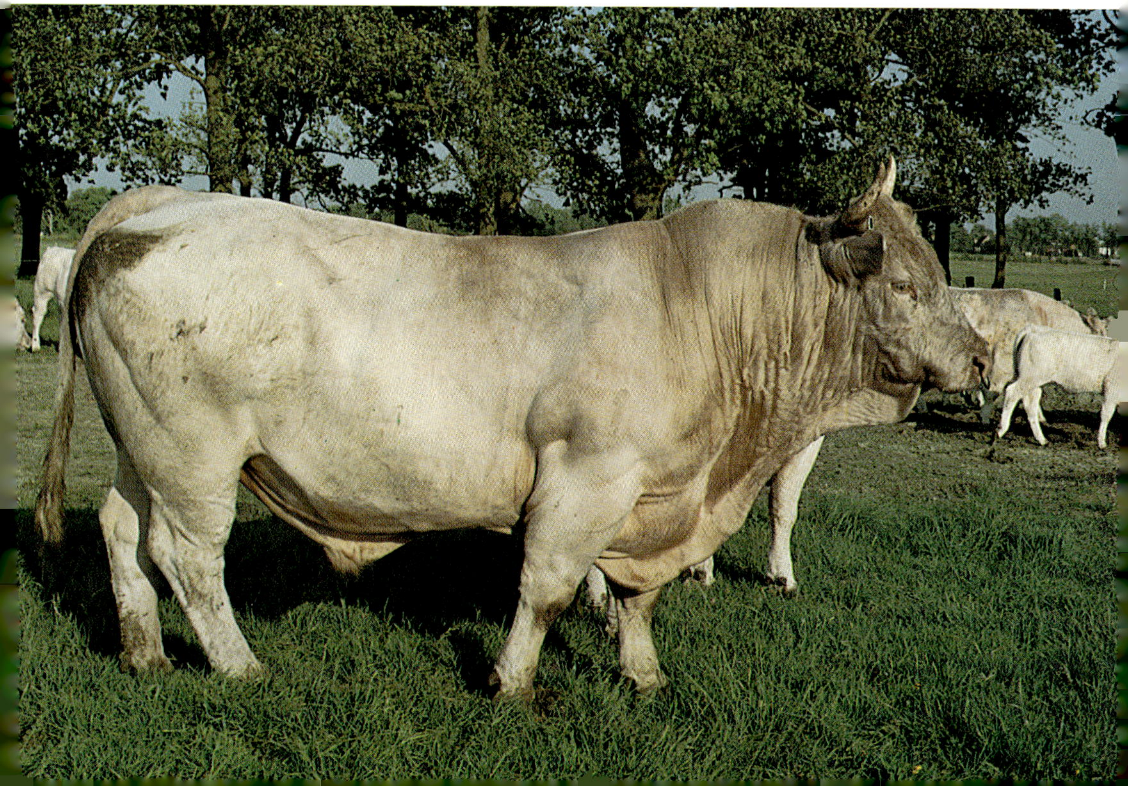

wachsene Kühe wiegen nur 350–400 kg, und die Kälbchen sind ausgesprochene Minis von 15–25 kg. Etwas netteres als Jersey-Kälber gibt es kaum.

Jerseys sind meist gelbbraun, am Widerrist etwa 115–120 cm hoch und sehr wenig bemuskelt, ja, auf viele trifft die Bezeichnung „Kleiderständer" zu. Trotzdem haben sie feste Klauen und ein fest angesetztes Euter. Sie kalben leicht, so daß man außer zur ersten Kalbung Jersey-Kühe zur Verbesserung der Fleischleistung mit Fleischrinder-Bullen kreuzen kann.

Ihr geringes Körpergewicht bedeutet allerdings auch Genügsamkeit in bezug auf die Ernährung. Für die gleiche Leistung brauchen sie 1–2 kg Kraftfutter weniger als die großgewachsenen Zweinutzungsrassen. Da auch ihre Grundfutteraufnahme geringer ist, kann diese Rasse für den Kleinhalter interessant sein. Der Profi legt gesteigerten Wert auf Milchmenge. Daher läßt das Interesse an Jersey nach. Im Schwarzbunten Milchrind, das zu DDR-Zeiten mittels eines Kreuzungsprogrammes gezüchtet wurde, ist ca. 25 % Jersey-Blutanteil enthalten.

Rotvieh

In Deutschland gab es vor 150 Jahren eine Menge einfarbig roter Landschläge, die aber bis auf wenige von anderen Rassen verdrängt wurden. In den Mittelgebirgen wurden die Kühe außer zur Milch- und Fleischproduktion auch zur Arbeit als Zugtier genutzt, waren also „Dreinutzungstiere". Demgemäß war auch die rassemäßige Entwicklung eine andere als in den Weidegebieten Norddeutschlands. Mit der Einführung des Traktors war auch die Zeit der arbeitsbetonten Landschläge im Vogelsberg, in der Oberpfalz, im Odenwald und Taunus und im Siegerland zu Ende. Übrig blieben das Harzer Rotvieh und vor allem das Angler Rotvieh in Nordschleswig. Das Rotvieh ist, wie der Name sagt, einfarbig rot, ist mittel bis flach bemuskelt und wird in Angeln als milchbetontes Zweinutzungsrind gezüchtet, während die übrigen Rotviehzüchter auch auf Fleischbildung Wert legen. In Angeln hat man sich 6000 kg Milch mit 5 % Fett und 4 % Milcheiweiß als Ziel gesetzt.

Fleckvieh

Schon im Mittelalter berichten die Chronisten von einer roten, gescheckten Rasse, die in der Schweiz gehalten wurde. Milchreichtum und hohes Körpergewicht waren die hervorstechendsten Merkmale dieser Tiere aus dem Berner Oberland, wo sie vor allem im Simmental gezüchtet wurden. Daher stammt auch der Name Simmentaler, der vor allem im Ausland gebräuchlich ist. Die guten Eigenschaften führten zur Einfuhr von Simmentaler Bullen nach Süddeutschland, wo sie durch ständiges Einkreuzen die alten Landschläge verdrängten. Auch beim Fleckvieh wurde auf Arbeitsleistung Wert gelegt. Seine Größe machte es besonders für die Produktion von Zugochsen gut geeignet. Diese wachsen ja bekanntlich durch das Fehlen der männlichen Geschlechtshormone noch größer als Bullen (sogenannter eunuchoider Hochwuchs), so daß man Zugtiere erhielt, die einerseits stark wie Pferde waren, andererseits gemütlich wie eine Kuh (aber auch ebenso stur), und wenn sie älter waren, konnte man sie als vollwertiges Schlachttier verkaufen.

Das Fleckvieh zeigt Merkmale von Milchergiebigkeit und gutem Fleischansatz. Es stellt damit den Typ des fleischbetonten Zweinutzungsrindes dar.

Das Fleckvieh ist heute mit Abstand die verbreitetste Rasse in Bayern und Baden-Württemberg, aber auch in Hessen, Rheinland-Pfalz und im Saarland gibt es größere Bestände.

Typisch für das Fleckvieh ist die rote Farbe mit weißer Zeichnung und dem komplett weißen Kopf, der sich auch in Kreuzungen dominant vererbt. Die Bemuskelung ist sehr stark entwickelt, so daß im ganzen Bundesgebiet Fleckviehbullen für die Mast geschätzt sind. Ausgewachsene Kühe wiegen zwischen 650 und 750 kg, erwachsene Bullen zwischen 1100 und 1200 kg. In den fünfziger Jahren züchtete man vorübergehend auf kleinere Typen, um die Futteransprüche zu senken, aber als man merkte, daß damit Milch- und Fleischleistung zurückgingen, warf man das Ruder wieder herum. Die Größe der Tiere hat allerdings die von vor hundert Jahren noch nicht wieder erreicht.

Bei der hohen Fleischleistung ist es zu verstehen, daß die Milchleistung nicht die der stark milchbetonten Zweinutzungsrassen erreicht. In der Milchmenge liegt das Fleckvieh an vierter Stelle, in der Fettmengenleistung an sechster Stelle der deutschen Rassen. Dafür wird die Fleischleistung nur vom Gelbvieh geschlagen.

Wäldervieh

Die Chance dieser kleinen Rassengruppe zum Überleben liegt vielleicht nur in der Liebhaberzucht. Deshalb soll sie hier auch behandelt werden, obwohl sie zahlmäßig kaum ins Gewicht fällt.

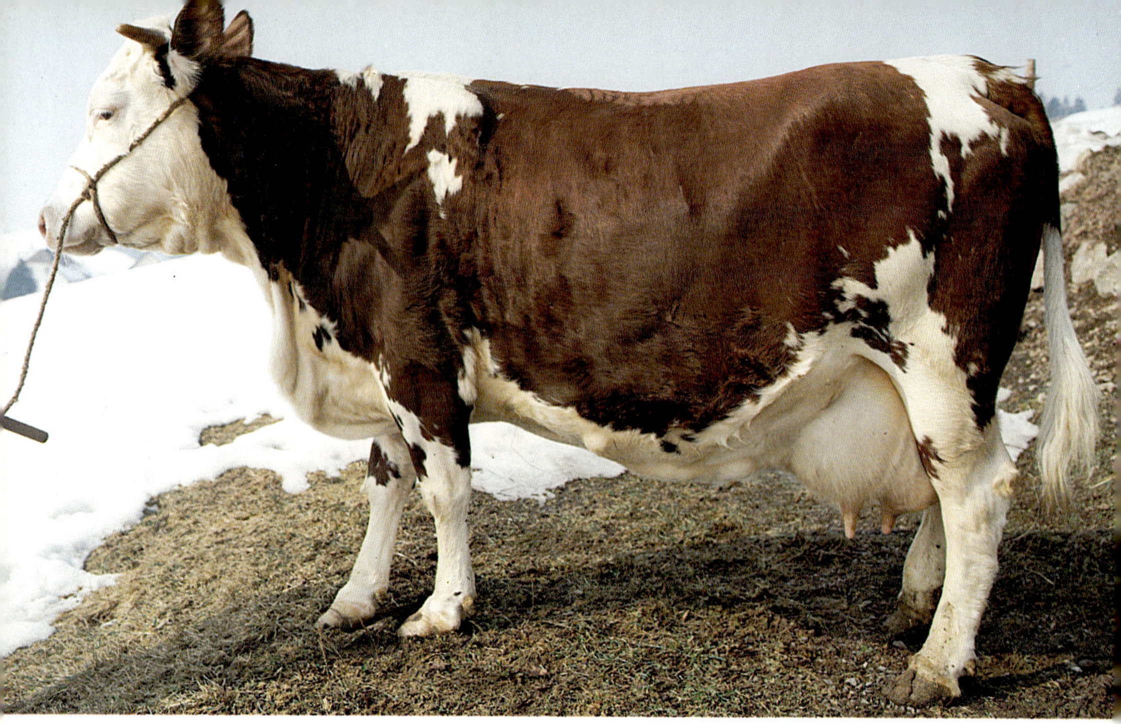
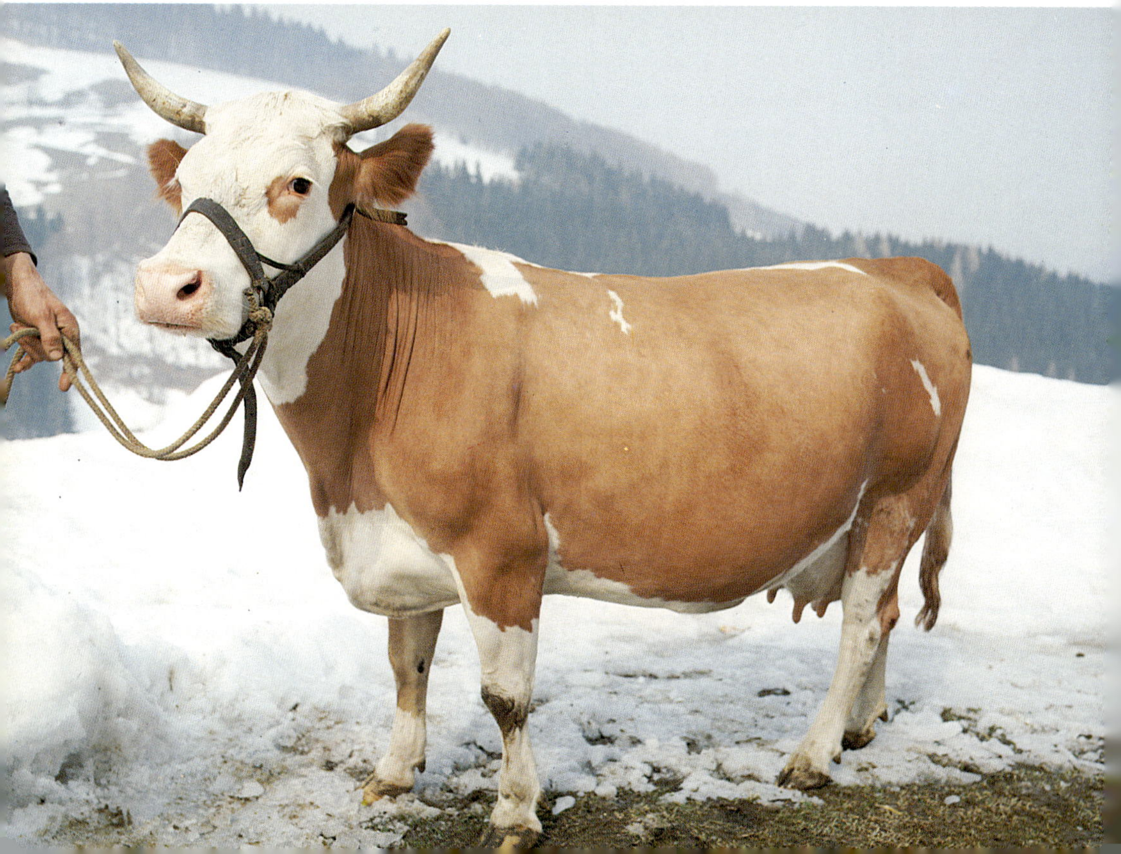

Unter Wäldervieh werden zwei Rassen zusammengefaßt: die Vorderwälder und die Hinterwälder. Beide Rassen werden im südlichen Schwarzwald gehalten, die Vorderwälder in tieferen Lagen, die Hinterwälder in Lagen bis 1500 m. Das Wäldervieh stammt wahrscheinlich vom sehr kleinen Keltenrind ab, welches nach der Völkerwanderung mit einem größeren nordischen Rind gekreuzt wurde. Die Vorderwälder wurden später mit Fleckvieh gekreuzt, während die Hinterwälder eine genetisch völlig eigenständige Rasse darstellen, wie Blutgruppenanalysen ergaben.

Beide Rassen entsprechen in Farbe und Zeichnung dem Fleckvieh. Vorderwälderkühe sollen ein Gewicht von 550–600 kg erreichen bei einer Widerristhöhe von 125–130 m. Sie entsprechen damit etwa klein geratenen Kühen anderer Zweinutzungsrassen. Die Hinterwälder sind mit 115–120 cm Widerristhöhe die kleinste deutsche Rasse. Das durchschnittliche Kuhgewicht liegt bei 400 kg. Sie sind außerordentlich genügsam, dabei sehr edel und widerstandsfähig. Ihre Milchleistung ist mit durchschnittlich etwa 2500 Litern nicht gerade berauschend. Das ist auch der Grund dafür, daß der Fortbestand der Rasse bedroht ist. Um sie zu erhalten, zahlt das Land Baden-Württemberg Haltungsprämien.

Wäldervieh. Oben: Vorderwälder, unten: Hinterwälder. Die Hinterwälder sind die kleinste deutsche Rinderrasse.

Braunvieh

Das Braunvieh (s. Seite 58) ist eine alte Rasse, die sich aus dem Torfrind ohne Einkreuzung fremden Blutes zum heutigen Typ entwickelte. Es kommt im gesamten Alpenraum vor, wurde aber auch in die USA exportiert, wo es unter dem Namen Brown Swiss durch rigorose Selektion zu einem sehr milchbetonten Zweinutzungstyp wurde. Brown-Swiss-Bullen werden heute stark in der deutschen Braunviehzucht eingesetzt und wirken an einer Typumstellung in Richtung Milch mit.

Das Braunvieh herkömmlichen Typs ist eine große, stark bemuskelte Rasse mit graubrauner Farbe und einem hellen Saum um das dunkle Flotzmaul. Das amerikanische Braunvieh ist viel flacher bemuskelt und liegt höher in der Milchleistung. Als Zuchtziel wird das Zehnfache des Körpergewichts an Milch gerechnet. 600-kg-Kühe sollen also 6000 kg Milch geben können. Obwohl Braunvieh heute eine milchbetonte Rasse ist, wird die Mastleistung nicht außer acht gelassen und in der Selektion mit berücksichtigt.

Gelbvieh

Das Gelbvieh hat eine wechselvolle Geschichte hinter sich. Ursprünglich gab es mehrere gelbe Rassen, so das Glanvieh in Eifel und Hunsrück und das Limpurgervieh in Baden-Württemberg. Diese Rassen wurden jedoch nach dem Zweiten Weltkrieg von anderen Rassen verdrängt. Das heutige Gelbvieh stammt überwiegend vom gelben Frankenvieh ab, welches in Nordbayern, Hessen und Thüringen heimisch war. Es ist einfarbig gelb mit hellem Flotzmaul. Lange Zeit wurde eine Reihe

Braunvieh. Diese früher stark bemuskelte Rasse wurde durch amerikanischen Einfluß in eine milchbetonte Zweinutzungsrasse umgezüchtet.

anderer Rassen eingekreuzt. Zuchtziel war neben Milch und Fleisch die Eignung für die Produktion von Zugochsen. Das bedingte großrahmige, gut bemuskelte Kühe. Nach Wegfall der Ochsenproduktion blieb als Lohn für die Zuchtarbeit ein fleischbetontes Rind mit guter Eignung für die Mast. Eine ähnliche Entwicklung haben übrigens auch die heute als Fleischrinder gehaltenen Rassen, z. B. Charolais, Limousin und andere hinter sich.

Heute ist das Gelbvieh die am stärksten fleischbetonte Zweinutzungsrasse Deutschlands. Ausgewachsene Kühe sollen zwischen 650 und 800 kg wiegen, Bullen zwischen 1150 und 1300 kg. Die Milchleistung liegt allerdings nur bei durchschnittlich 4300 kg. Zuchtziel ist 5000 Liter Milch mit 4 % Fett. Die hohe wirtschaftliche Bedeutung der Milchproduktion ließ den Bestand an Gelbvieh nach dem Zweiten Weltkrieg stark zurückgehen. Ein Problem ist die Neigung zu Schwergeburten, eine Tatsache, die bei den meisten sehr fleischreichen Rassen beobachtet wird.

Deutsche Rotbunte

Das rotbunte Rind stammt, wie auch das schwarzbunte, aus den Küstengebieten der Nordsee. Die Marschen, wo der Herrgott für die Bauern düngt, waren seit Ur-

Oben: Murnau-Werdenfelser, eine selten gewordene Rasse.
Unten: Aus alten Landrassen entstanden: Das Angler Rotvieh, eine milchbetonte Rasse mit hohen Milchinhaltsstoffen.

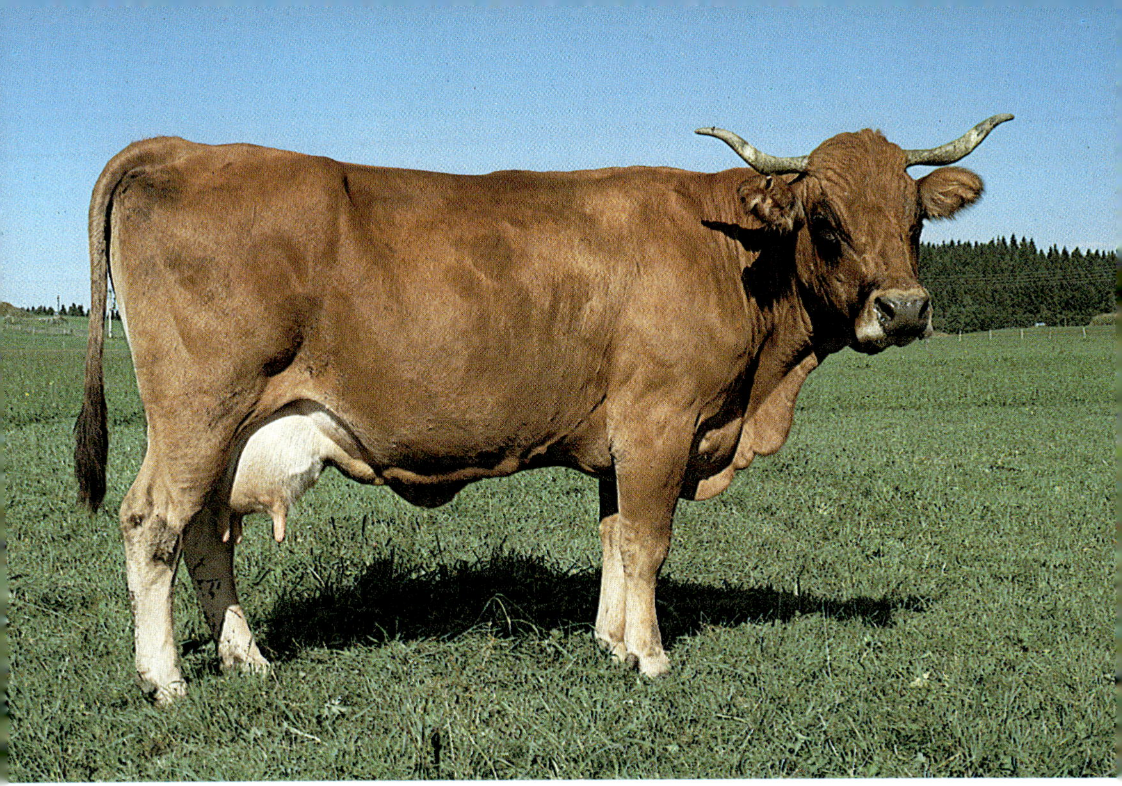

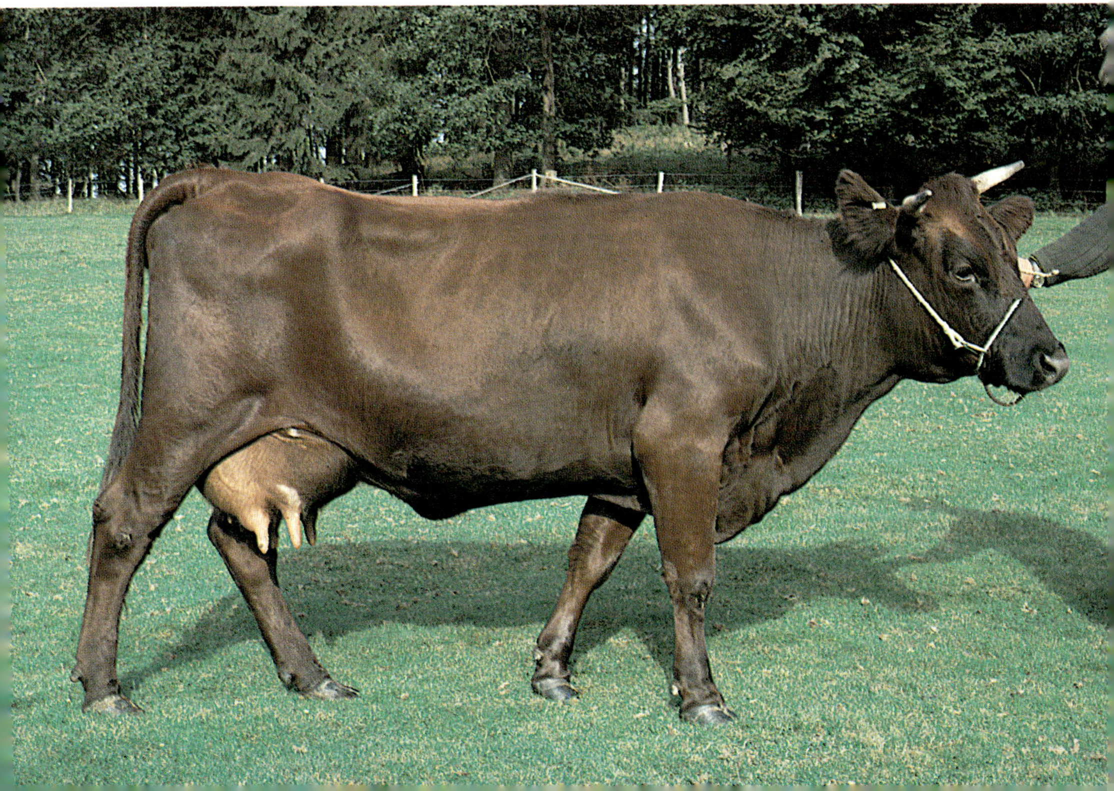

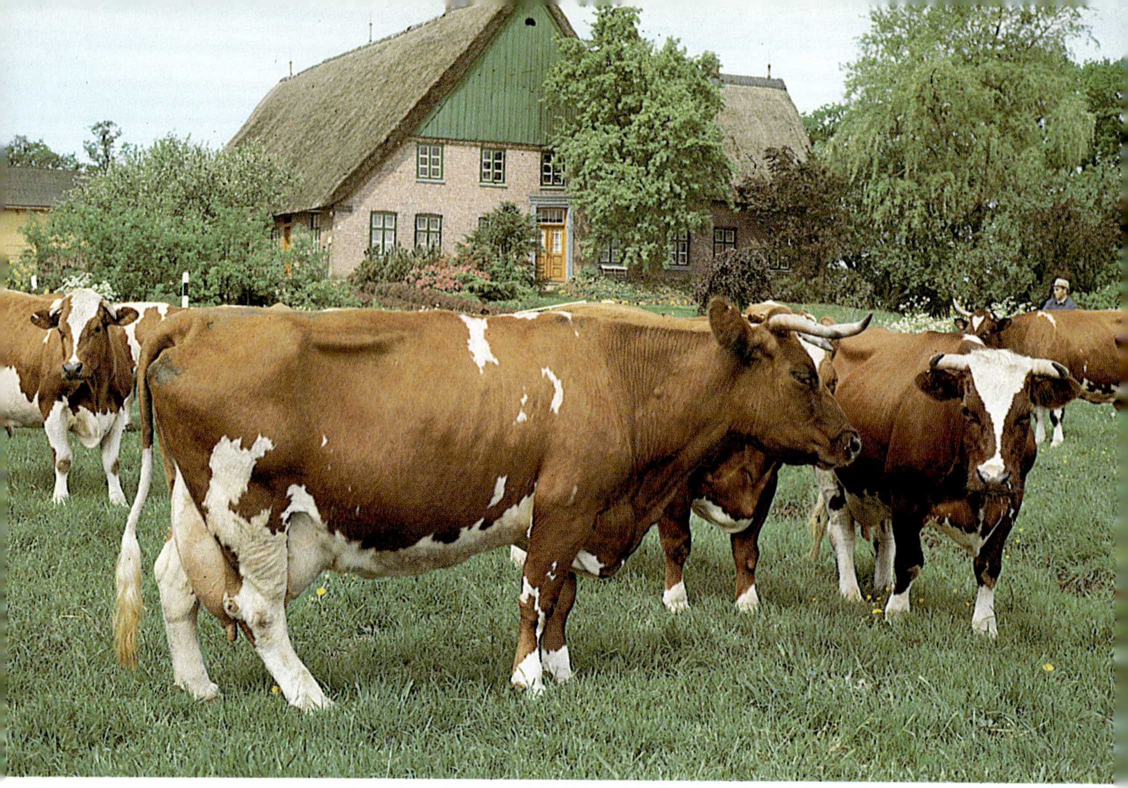

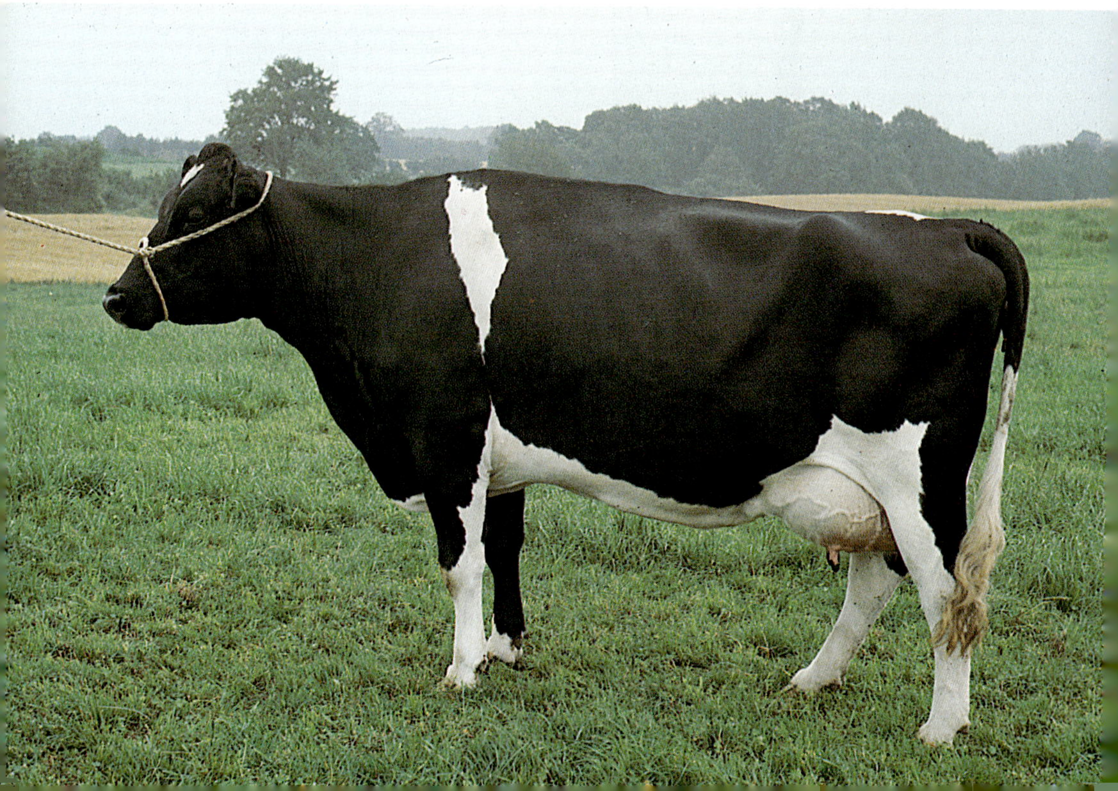

zeiten fette, ergiebige Weidegebiete. Hier wuchsen anspruchsvolle Kühe mit guter Milchleistung, ohne Chance auf den kargen Mittelgebirgshöhen mit ihren Hungerwintern. Als aber diese Gebiete durch verbesserte Düngung ertragreicher wurden, konnten die Küstenrassen auch in die Mittelgebirge vordringen und die anspruchslosen Landrassen mit ihrer geringen Leistung verdrängen.

Bis in die dreißiger Jahre bestand keine Einigkeit unter den Züchtern über das Zuchtziel. Besonders der anzustrebende Grad der Fleischwüchsigkeit war der große Streitpunkt innerhalb und zwischen den Zuchtverbänden. Damals verlor die Rotbuntzucht große Gebiete an die Schwarzbunten. Dennoch findet man heute Rotbunte in allen Bundesländern, vor allem im Rheinland, in Westfalen und in Schleswig-Holstein. Besonders in den Höhenlagen dieser Gebiete (außer Schleswig-Holstein natürlich) haben sich die Rotbunten durchgesetzt.

Das rotbunte Rind ist dunkelrot gescheckt, hat einen roten Kopf mit weißen Abzeichen. Es ist kräftig bemuskelt und soll ein echtes Zweinutzungsrind mit gleicher Betonung von Milch und Fleisch sein. Auch in den USA wurden Rotbunte gezüchtet. Ähnlich wie beim Braunvieh machte man daraus das „Red Holstein" mit starker Betonung der Milchleistung und flacher Muskulatur. Red-Holstein-Bullen werden auch in Deutschland eingesetzt, sollen aber nicht den gesamten Typ umkrempeln, sondern nur eine Verbesserung von Milchleistung, Euterform und Klauengesundheit bringen. Da die Bauern aber bisher von der Milch und weniger vom Fleisch gelebt haben, wurden die amerikanischen Rotbunten stark angenommen, und es gibt heute schon ganze Herden im amerikanischen Leistungstyp, bei denen das bestehende Zuchtziel von 6000 Litern Milch weit überschritten ist.

Deutsche Schwarzbunte

Die Schwarzbunten stammen ursprünglich aus derselben Population wie die Rotbunten. Die Rinder der Küstengebiete wurden wegen ihrer Leistungsfähigkeit gerühmt und in viele Länder exportiert. Die Einkreuzung von Shorthorn-Bullen aus England, bei Rotbunten zeitweise mit Begeisterung zur Steigerung der Fleischleistung betrieben, wurde schnell eingestellt, als man merkte, daß diese Maßnahme die Milchleistung senkte. Seitdem wird konsequent (mit Ausnahme in den zwanziger Jahren in Oldenburg) ein milchbetontes Zweinutzungsrind gezüchtet. Schon in der zweiten Hälfte des vorigen Jahrhunderts begann mit der Gründung von Züchtervereinigungen und später auch Leistungskontrollorganisationen die planmäßige Zuchtarbeit. Als Holstein-Friesian wurden Schwarzbunte in Kanada und den USA zu stark milchbetonten Zweinutzungsrindern. „Kanadier", wie die Bauern sagen, sind wesentlich größer als Schwarzbunte des herkömmlichen Typs. Dabei ist die Muskulatur flacher, was zur Verschlechterung der Schlachtqualität führt. Die Überlegenheit in der Milchleistung führte aber zu einem star-

Oben: Herde von Deutschen Rotbunten. Sie stellen den echten Zweinutzungstyp dar.
Unten: Deutsche Schwarzbunte, die verbreitetste deutsche Rasse, ein milchbetontes Zweinutzungsrind.

ken Einkreuzungsgrad von Holstein-Friesian, so daß es heute nur noch wenige Schwarzbunte rein europäischer Herkunft gibt. Die Kanadier haben ein geräumiges, fest angesetztes Euter und harte, gesunde Klauen. Auch das ist ein Grund für ihre Einkreuzung.

Die Schwarzbunten sind, wie der Name sagt, schwarzweiß gescheckt mit schwarzem Kopf und weißen Abzeichen. Mit steigendem HF-Anteil (HF = Holstein-Friesian) steigt der Anteil der weißen Farbe an Kopf und Körper. Früher sahen die Züchter zuviel Weiß nicht gern, so daß reine Europäer meist ziemlich viel Schwarz aufweisen.

Im Zuchtziel wird der Fleischleistung weiterhin Beachtung geschenkt. Man will ein Tier mit guten Tiefen- und Breitenmaßen, also keine „Milchziegen", wie es manche den Schwarzbunten vorwerfen. Die Milchleistung ist mit dem 10fachen des Körpergewichts angesetzt. Das Ziel ist jedoch in vielen Fällen bereits überschritten.

Die schwarze Farbe ist nicht immer reinerbig vorhanden. Haben beide Elternteile einen Rotfaktor, so fällt mit 25%iger Wahrscheinlichkeit ein rotbuntes Kalb. Diese „ausgemendelten" Rotbunten werden in der Rotbuntzucht dankend angenommen.

Welche Rasse halten?

Die Frage, welche Rasse man hält, ist in der Regel von der Betriebstradition bestimmt. Der Wechsel der Rasse kommt oft einem Konfessionswechsel gleich. Sei es wie es sei, jede Rasse hat ihre Vorteile und ist erhaltenswert. Sie bildet ein bestimmtes Reservoir an Erbanlagen, auf das man bei Bedarf zurückgreifen kann. Ist eine Rasse verschwunden, macht kein Weinen sie mehr lebendig. Viele verdrängte Rassen hätte man heute zur Fleischproduktion gern wieder. Statt dessen muß man aus dem Ausland Rassen hereinholen, wo durch andere wirtschaftliche Bedingungen, aber auch durch züchterische Passion bedrohte Rassen erhalten geblieben sind.

Als Anfänger sollte man sich nicht zu weit vom ortsüblichen Rindviehbestand entfernen. Zum einen gilt man schnell als Spinner, und zum anderen ist es bei Kauf, Verkauf und Besamung gut, wenn man keine ausgesprochenen Exoten hält. Die Geschäftsführer der Besamungsgenossenschaften brechen immer in Begeisterungsrufe aus, wenn sie in Bayern Anglersperma oder in Schleswig-Holstein Murnau-Werdenfelser-Sperma besorgen sollen. Es ist wie mit dem Auto: der Kundendienst um die Ecke ersetzt viele Vorzüge eines Fabrikats, das nur zwei Werkstätten im Bundesgebiet hat.

Leistungsvermögen und seine Beeinflussung

Die Urkuh gab so viel Milch, daß dem Kälbchen über die Zeit hinweggeholfen wurde, in der es sich noch nicht selbständig ernähren konnte. Das mögen zu Anfang vielleicht 6 bis 8 l Milch pro Tag gewesen sein. Mit zunehmendem Alter des Kalbes ging die Leistung dann zurück und versiegte, wenn das nächste Kalb im Mutterleib größer wude. Gute Kühe geben heute in der Leistungsspitze 35 l pro Tag, die Weltrekordkuh sogar 80 l am Tag. Solche Höchstleistungen werden natürlich mit allerlei Tricks herausgekitzelt, aber trotzdem muß die Veranlagung dafür vorhanden sein. Der Urkuh hätte man Zucker hinten hineinblasen können, sie hätte trotzdem keine 15 Liter gegeben. Umgekehrt gibt auch eine bestens veranlagte Kuh bei schlechter Haltung und Fütterung nur wenig Milch. Die erbliche Veranlagung muß also durch optimale Umweltbedingungen ergänzt werden, wenn man hohe Leistungen erzielen will.

Selektion in der Reinzucht

Die heutigen Leistungen sind das Ergebnis langer Zuchtarbeit. Die planmäßige Zuchtarbeit begann mit der Einführung von Aufzeichnungen über die Zuchttiere. Vorbild war die englische Vollblutpferdezucht, bei der seit 1791 im General Stud Book die Abstammung der Vollblüter festgehalten wurde. Ebenfalls in England folgte 1822 ein Register über Shorthorn-Kühe. In Deutschland entstand das erste Herdbuch (= Herdenbuch) in Oldenburg, welches sich damals noch mit einer Beschreibung der Eigenschaften der Kühe begnügte. Aber schon die Stammzuchtgenossenschaft Fischbek, östlich von Hamburg, verpflichtete ihre Mitglieder zu Leistungsmessungen für Milch und entschied, welche Kuh würdig war, in das Adelsregister aufgenommen zu werden. Zwischen 1890 und 1900 entstanden fast alle heute noch tätigen Zuchtverbände.

Die Verbände legten erstmals ein Zuchtziel fest. Diesem Zuchtziel entsprach ein bestimmter Idealtyp. Die Kühe wurden (und werden noch heute) nach ihrer Übereinstimmung mit dem „Standardtyp" benotet. Dieses Verfahren brachte sicher Fortschritte, barg aber auch die Gefahr in sich, daß Schönheit vor wirtschaftlich wichtigen Merkmalen rangierte, ähnlich wie heute in der Hunde- und Katzenzucht. So durften schwarzbunte Bullen keinen schwarzen Hodensack haben, weil es nicht rassetypisch war; schwarze Flecken am Klauenhorn durften nicht sein. Bei Sauen durfte das Ohr nicht länger sein als die Rüsselspitze. Dennoch hat die Selektion nach dem Exterieur, also die Auswahl nach dem äußeren Erscheinungsbild, dazu geführt, daß die Rassen typmäßig vereinheitlicht wurden. Von Zeit zu Zeit wurde dem Züchter auf Schauen, deren größte deutsche die Wanderausstellung der Deutschen Landwirtschaftsgesellschaft (DLG) war, vorgeführt, wie der Idealtyp auszusehen hatte, und wo er züchterisch mit seinen Tieren stand. Noch heute finden zu diesem Zweck große regionale Schauen statt.

Leistungsprüfungen

Mit dieser Form der Selektion und ihrer starken Beeinflussung durch die persönliche Auffassung der beurteilenden Personen war man von Anfang an unzufrieden. Schließlich war es nicht das schöne, sanft gebogene Horn, mit dem man Geld verdiente, sondern die Milch. Und so kam es, daß schon 1895 die nüchtern denkenden Dänen den ersten Verein für Milchleistungsprüfungen gründeten. 1897 folgte die Gründung eines Kontrollvereins in Nordschleswig. Ansätze für die Leistungskontrolle in Bayern gab es schon 1893. In der Folge bildeten sich überall solche Vereine, die sich noch heute unter der Bezeichnung Landeskontrollverband mit der Leistungsprüfung befassen.

1936 wurde die Vernunft zur Pflicht. Die Körung, also die Zulassung von Jungbullen zur Zucht, wurde staatlich geregelt, Zuchtbullen durften nur von Herdbuchtieren abstammen, und diese mußten ohne Ausnahme unter Leistungskontrolle stehen. Für die Körung wurden Mindestleistungen festgelegt. Damit wurde sichergestellt, daß auch im kleinsten und abgelegensten Betrieb ein Bulle eingesetzt wurde, der, wie das Gesetz sagte, geeignet war, die Landestierzucht zu verbessern. Die rigorose Reglementierung der Vatertierhaltung, die übrigens auch für Eber und Schaf- und Ziegenböcke galt, ist erst im Zuge der Harmonisierung des EG-Rechts gelockert worden.

Der nächste große, vielleicht der größte Schritt nach vorn war die Einführung der künstlichen Besamung, besonders nachdem es gelang, Sperma durch Tiefgefrieren zu konservieren. Plötzlich stieg die Bedeutung der Leistungsvererbung der Bullen um ein Vielfaches. Die Gefahr, daß ein miserabler Vererber Tausende schlechter Töchter in die Welt setzte, war ebenso groß wie die Chance, daß ein Spitzenvererber Tausende guter Töchter hervorbrachte. Gleichzeitig sank der Bedarf an Jungbullen, so daß eine wesentlich schärfere Selektion möglich war.

Es war also ein langer Weg bis zum heutigen System der Zuchtwahl. Die Grundlage der züchterischen Arbeit ist die Leistungsprüfung. Bei der Milchleistungsprüfung, der alle Herdbuchbetriebe angeschlossen sein müssen, an der aber auch Nichtherdbuchbestände freiwillig teilnehmen können, kommt mindestens elfmal pro Jahr ein Kontrollassistent des Landeskontrollverbands in den Betrieb, mißt die Milchmenge und entnimmt Milchproben von jeder Kuh. Die Proben werden auf Fettgehalt, Milcheiweißgehalt und auf den Gehalt an somatischen Zellen untersucht. Letzterer gibt Hinweise auf eventuelle Eutererkrankungen. Die Ergebnisse werden hochgerechnet und ergeben die Jahresleistung der Kuh.

Nun wäre es einfach, die Töchter eines Bullen zusammenzurechnen und aus ihrem Durchschnitt den Erbwert des Bullen abzuleiten. Leider sind dabei eine ganze Reihe von Umwelteinflüssen im Spiel, so daß ein Bulle, dessen Töchter optimalen Verhältnissen unterliegen, wesentliche Vorteile gegenüber einem anderen hätte, dessen Töchter zufällig vom Schicksal benachteiligt wurden. Umwelteinflüsse sind nicht nur Fütterung und Haltung, wenn diese auch sehr bedeutsam sind. Einen großen Einfluß übt das Alter der Töchter aus. Tiere geben beim ersten Kalben wesentlich weniger Milch als beim zweiten oder gar dritten Kalb. Tiere, die sehr jung kalben, haben Nachteile gegenüber späten Mädchen, die sich voll entwickeln konnten. Tiere, die im Herbst kalben, geben wegen der besseren Kontrolle der Fütterung im Stall mehr Milch als solche, die im Frühjahr kalben. Für die Bewertung des Bullen ist aber die genetische Leistung zu ermitteln; man muß also versuchen, alle Umwelteinflüsse so gut wie möglich auszuschalten. Das heute angewandte Verfahren der Zuchtwertschätzung nennt sich BLUP (Best Linear Unbiased Prediction). Die Bezeichnung erinnert entfernt an Spinatwerbung, das damit bezeichnete Verfahren ist hochkompliziert und kann nur mit Hilfe der EDV durchgeführt werden. Die Erläuterung der Methode wird dadurch erschwert, daß das Verfahren bei den verschiedenen Rassen unterschiedlich gehandhabt werden muß. Bei Schwarz- und Rotbunten spielt beispielsweise, im Gegensatz zum Fleckvieh, der Anteil an Holstein-Friesian-Blut eine große Rolle und muß in der Korrektur der Einflüsse berücksichtigt werden.

Von mindestens 20 Töchtern aus mindestens 5 Betrieben (in der Praxis viel mehr), werden Teilleistungen ausgewertet. Sie werden nur mit Tieren verglichen, die im gleichen Jahr in einer Herde der gleichen Leistungsklasse im gleichen Monat gekalbt haben. Das Erstkalbealter wird ebenfalls als Einfluß ausgeschaltet. Die Berechnungen werden getrennt für Milchkg, Fett-% und Eiweiß-% durchgeführt und münden in einer Formel, die aussagt, um wieviel der Zuchtwert des Bullen über oder unter dem Durchschnitt liegt. Außerdem wird noch ein Relativzuchtwert angegeben, der sich auf die Fett- und Eiweißmenge bezieht und der angibt, um wieviel der Bulle über oder unter dem Durchschnitt der 3 letzten Bullenjahrgänge (= 100) liegt. Die beispielsweise in einem Auktionskatalog veröffentlichte Formel sieht folgendermaßen aus:

$$\frac{\text{RZW } 126 + 942 + 0{,}07 + 45 + 0{,}02 + 33}{1 \qquad 2 \qquad 3 \qquad 4 \qquad 5 \qquad 6}$$

Es bedeuten:
1 = Relativzuchtwert
2 = erblich bedingte Abweichung Milch-kg
3 = erblich bedingte Abweichung Fett-%
4 = erblich bedingte Abweichung Fett-kg
5 = erblich bedingte Abweichung Eiweiß-%
6 = erblich bedingte Abweichung Eiweiß-kg

Das ganze nennt sich Mehrabschnitts-Tiermodell. Zwei Entwicklungen waren Voraussetzung für die moderne Zuchtwertschätzung: die Datenverarbeitung und das Tiefgefrierverfahren für Bullensperma.

Kauft eine Besamungsgenossenschaft einen Bullen im Alter von einem Jahr, so vergehen bis zum Vorliegen des Zuchtwertschätzungsergebnisses etwa viereinhalb Jahre. Der Bulle ist dann schon ein recht würdiger Knabe. Damit er in der Zwischenzeit nicht zuviel Schaden anrichtet, falls er ein genetischer Versager ist, wird sein Einsatz auf 2000 Besamungen beschränkt. Das hört sich viel an, aber etwa 1000 davon ergeben Bullenkälber und der Rest verteilt sich so, daß gerade eine genügende Anzahl Töchter übrigbleibt, um ein ausreichend genaues Ergebnis zu gewährleisten. Bis zum endgültigen Ergebnis entnimmt man in einigen Gebieten fleißig weiter Spermaportionen von ihm und friert sie ein; er ist schließlich im besten Jünglingsalter.

Alle Genossenschaften können sich dies nicht leisten, denn Gewinnung und Aufbewahrung sind nicht billig. Ist das Ergebnis positiv, was höchstens bei jedem zehnten Bullen der Fall ist, kann er unbeschränkt eingesetzt werden, ist es negativ, wandert der ganze Vorrat in den Mülleimer, und die Arbeit ist umsonst gewesen. Viele Betriebe scheuen sich, solche ungeprüften Testbullen einzusetzen, sondern wollen nur geprüfte Vererber. Das zwingt manche Verbände zu der Vorschrift, daß bei Kühen, die für die zweite Kalbung besamt werden, ein Testbulle zum Einsatz kommen muß.

Man fragt sich vielleicht, ob dieser ganze Aufwand die Mühe lohnt. Schließlich gibt es doch sowieso überall zuviel Milch, und es gibt mittlerweile sogar Produktionsbeschränkungen. Auch in Kanada gibt es eine Milchkontingentierung, und trotzdem wird weiter auf höchste Leistungen gezüchtet. Das ganze ist eine betriebswirtschaftliche Frage. Zwei Kühe mit 3500 l Jahresleistung verursachen einfach mehr Kosten als eine mit 7000 l. Deshalb muß der Landwirt weiter nach hohen Leistungen streben.

Man fragt sich weiter, ob die Zuchtwertschätzung nicht billiger zu machen ist. Schließlich kennt man beim Bullen die Leistungen der Vorfahren und könnte sich nach ihnen richten. Das tut man beim Kauf, aber sie sagen nur aus, wie er sich möglicherweise vererben könnte, während die Zuchtwertschätzung aussagt, wie er sich wirklich vererbt.

Nun darf man nicht in den Fehler verfallen und glauben, bei der Paarung eines Bullen mit + 1000 l mit einer Kuh gebe die Tochter 1000 l Milch mehr als die Mutter. Die Merkmale, die wir als Leistungsmerkmale oder quantitative Merkmale bezeichnen, sind leider durch eine Vielzahl von Erbanlagen gesteuert, die jede einen bestimmten Beitrag zur Leistung bringen. Man spricht von additiver Genwirkung. Ein Teil dieser Leistungsgene kann auch negativ wirken. Jedes einzelne vererbt sich zwar auch nach den Regeln von Altvater Mendel, aber die Mendelschen Regeln sprechen auch von einer Unabhängigkeit der Vererbung der einzelnen Gene (außer bei gekoppelten). Jedes Tier bekommt von Vater und Mutter eine Zufallsauswahl der Leistungsgene, so daß auch aus Spitzentieren einmal ein ausgesprochener Blindgänger hervorgehen kann. Das sind dann die Montagsautos der Tierzucht.

Kreuzungszucht

Vergleicht man Zuchtfortschritt in der Reinzucht mit einer mühsamen Bergwanderung, so ist Kreuzung gleichsam, als ob man sich ein Auto leiht. Aber Geliehenes kann man nicht behalten, und schon in der nächsten Generation geht bei Kreuzungsprodukten alles durcheinander, wenn sie nicht bedacht und mit System gemacht werden. Der Systeme gibt es so viele, daß hier nur einiges angedeutet werden kann.

Grundsätzlich bezeichnet man die Elterngeneration mit P, die erste Kreuzungsgeneration mit F_1, die zweite mit F_2. Rückkreuzungen, also $F_1 \times P$ werden R_1, $R_1 \times P$ R_2 usw. genannt. In der F_1-Generation tritt eine Erscheinung auf, die man als Heterosis bezeichnet. Dieser Effekt besagt, daß die F_1-Generation den Ausgangsrassen überlegen ist. Er zeigt sich aber nur bei Merkmalen, die nicht auf additiver Genwirkung beruhen. Dazu gehören vor allem Merkmale der Gesundheit und Vitalität, nicht aber die Milchleistung.

Gebrauchskreuzung. Dieses einfachste Verfahren wird in der Tierhaltung recht häufig verwandt. Man paart zwei Tiere verschiedener Rassen und erhält ein Kreuzungsprodukt, welches das Endprodukt darstellt. In der Rinderzucht kann man beispielsweise Milchkühe mit Fleischrinderbullen paaren, wenn man die weibliche Nachzucht nicht für die Milchproduktion benötigt. Der Aufwand hierbei ist gering, die Bezahlung für das Kreuzungskalb in der Regel wesentlich höher als bei Kälbern von milchbetonten Rassen. Dieses Verfahren kann mit Hilfe der künstlichen Besamung auch der Kleinhalter anwenden. Die Kreuzung von F_1-Tieren ergibt oft absonderliche und unerwünschte Aufspaltungen, so daß man tunlichst die Finger davon lassen sollte.

Eine Sonderform der Gebrauchskreuzung ist die Dreirassenkreuzung. Die F_1-Generation wird mit einer dritten Rasse gekreuzt, das Kreuzungsprodukt wird nicht weiter vermehrt. Diese Form erfordert schon erheblichen Aufwand, weil man eine ständige F_1-Herde erhalten muß. Beispiel aus der Vergangenheit ist die Kreuzung von schwarzbunten Kühen mit einem Bullen der kleinen, leichtkalbenden, schottischen Mastrasse Aberdeen Angus. Auf die weiblichen F_1-Kühe wurde ein Charolais-Bulle gesetzt. Die Idee war bestechend, nur fielen auch 50 % F_1-Bullen an, die kein Metzger mit der Kneifzange anfaßte, weil sie so früh fett wurden.

Kombinationskreuzung. Hier versucht man, die Eigenschaften zweier oder mehrerer Rassen in einer neuen Rasse zu vereinigen. Das Verfahren erfordert scharfe Selektion und viel Zeit. Viele Hunderassen sind so entstanden, und der Haflinger ist ein Beispiel für eine gelungene Kombinationskreuzung bei Pferden. In der DDR ist vor einigen Jahren der Versuch einer Kombinationskreuzung zwischen Schwarzbunten und Jersey danebengegangen. Man wollte aus dem großen, milchergiebigen schwarzbunten Rind und dem kleinen Jerseyrind mit seinem superhohen Milchfettgehalt ein großes, milchergiebiges Rind mit hohem Fettgehalt kombinieren. Die Aufspaltungen waren so erheblich, daß man das Projekt fallenließ. Ein großer Teil der Tiere war nämlich klein, gab wenig Milch und hatte einen niedrigen Fettgehalt. Auch alle anderen denkbaren Kombinationen kamen vor. Heute wird statt dessen ein Rückkreuzungsprogramm durchgeführt. Von einer Kombinationskreuzung kann man in gewisser Weise bei der Einkreuzung von Red Holstein in die Rotbuntpopulation sprechen. Man will damit Milchleistung, Euterform und Klauengesundheit verbessern, aber nicht die Fleischwüchsigkeit beeinträchtigen. Ob es gelingt, ist eine Frage der Selektion, die die Verbände nicht komplett in der Hand haben, weil sie vom einzelnen Landwirt betrieben wird.

Verdrängungskreuzung. Hier kreuzt man ständig eine bestimmte andere Rasse in die Population ein, so daß der Blutanteil der alten Rasse immer geringer wird und schließlich verschwindet. Auf diese Weise sind die alten Landrassen von den heutigen verdrängt worden. Man kann auf diese Weise, nur durch Einsatz von Bullen der neuen Rasse, ohne großen Aufwand und in wenigen Generationen eine Rasse total umstellen.

Es gibt noch eine Reihe anderer Kreuzungsverfahren. Voraussetzung ist immer die Existenz von Rassen mit erwünschten Eigenschaften. Deshalb war das Prinzip der Reinzucht, bei der man bestimmte Leistungsmerkmale in einer Rasse festigte, richtig, und ist es auch noch heute. Andere Systeme als Gebrauchskreuzungen erfordern sehr viel Aufwand, der bei der geringen Vermehrungsrate und dem langen Generationsintervall beim Rind die finanziellen und organisatorischen Möglichkeiten in der Praxis meist übersteigt.

Die Kuh und ihre Ernährung

Leistungsveranlagung ohne entsprechende Fütterung ist wie ein begabter Musiker, dem man das Instrument gestohlen hat. Milch, Milchfett und Fleisch sind Nahrungsmittel mit hohem Energiegehalt. Das Gesetz von der Erhaltung der Energie gilt aber auch in der Tierernährung: Kein Produkt kann ohne entsprechende Energiezufuhr aufgebaut werden. Da unsere Milchrassen eigentlich alle eine gewisse Grundausstattung an Leistungsveranlagung haben, ist das Kapitel Fütterung wohl das wichtigste für eine rentable Milchproduktion.

Pansenphysiologische Grundlagen

Im Gegensatz zu nicht wiederkauenden Haustieren erfordert die Fütterung von Rindvieh und besonders von Milchkühen gewisse Grundkenntnisse im Ablauf des Verdauungsprozesses. Wie im Kapitel „Die Kuh und ihr Körper" bereits geschildert, werden die einzelnen Nährstoffe im Vormagensystem einem intensiven Fermentationsvorgang unterworfen. Die Zellulose oder „Rohfaser" wird zu Essigsäure, die Kohlehydrate zu Propionsäure und das Eiweiß zu etwa 70 % zu Ammoniak abgebaut und im Idealfall zu Bakterieneiweiß wieder aufgebaut. Die Säuren werden vom alkalischen Speichel neutralisiert, so daß der Säuregrad fast neutral ist (pH 6,5–6,8). Nur so können Bakterien einwandfrei arbeiten. Die Essigsäure wird im Stoffwechsel überwiegend zu Milchfett, die Propionsäure überwiegend zu Blutzucker umgebaut. Der große Vorteil der Wiederkäuer ist, daß sie für andere Tierarten unverdauliche Rohfaser zu wertvollen tierischen Produkten verarbeiten können. Die Lebensansprüche der Bakterien aber bedingen, daß der Wiederkäuer gleichzeitig auf die Rohfaser angewiesen ist. Dabei ist es nicht gleichgültig, in welcher Form die Rohfaser angeboten wird. So wie beim Menschen kräftiges Schwarzbrot eine intensive Speichelbildung bewirkt, muß der Wiederkäuer zwischendurch immer einmal etwas zwischen die Zähne bekommen. Die Rohfaser muß „strukturiert" sein, etwa wie bei Heu, dann wird reichlich Speichel gebildet, und die im Pansen entstandenen Säuren werden neutralisiert. Andernfalls bekommt die Kuh Sodbrennen, die Futteraufnahme läßt nach, die Bakterien können nicht mehr richtig arbeiten, Milchfettgehalt und auch Milchmenge gehen zurück, die Kuh ist sauer. Ob dem so ist, kann man an der Wiederkautätigkeit ablesen. Die normale Wiederkauzeit ist jeweils etwa eine Minute mit 40 bis 60 Kauschlägen. Ist es weniger, liegt eine Störung vor, und man sollte dem Tier durch gesteigerte Heugaben helfen. Vor allem darf man diesen Zustand nicht einreißen lassen. Die erste Verweigerung von Kraftfutter ist ein Alarmsignal und sollte ernst genommen werden. Die Beachtung der richtigen Verhältnisse im Pansen „ist die halbe Miete" bei der Rindviehfütterung.

Energiebewertung

Neben der Beachtung der pansenphysiologischen Erfordernisse will die Kuh auch genügend Energie für ihre Leistungsansprüche haben. Der Mensch kümmert sich um seine Energiezufuhr nur, wenn er abnehmen will. Energiemangel ist oft das Ziel von Ernährungs- und Diätempfehlungen. Die Kuh beantwortet Energiemangel mit Leistungsminderung. Deswegen versuchen die Landwirte seit über hundert Jahren, den Energiebedarf ihrer Kühe zu berechnen und anhand der Ergebnisse die Futterration zusammenzustellen.

Das Stärkewertsystem. Zu Anfang dieses Jahrhunderts schuf Oskar Kellner sein „Stärkewertsystem", bei dem der Energiegehalt aller Nährstoffe auf den von Stärke umgerechnet wude. Man fragte: Wieviel g reiner verdaulicher Stärke müßte man geben, um 1 kg eines bestimmten Futters zu ersetzen? Dabei ergab sich beispielsweise, daß 1 kg Heu durch 330 g Stärke energiemäßig zu ersetzen wäre. Man sagt demnach, Heu hat 330 Stärkeeinheiten. Dieses System wird in der Rindermast teilweise noch heute verwendet. Auch für betriebswirtschaftliche Überschlagsrechnungen für Futterertrag und -bedarf wird das Stärkewertsystem benutzt. Hierbei rechnet man in Kilostärkeeinheiten (1 KStE = 1000 Stärkeeinheiten oder etwa 3 kg Heu).

Das NEL-System. Da das Stärkewertsystem sich eigentlich auf das Fettbildungsvermögen von ausgewachsenen Ochsen gründet, ist es für Milchkühe nicht genau genug. 1982 wurde deshalb das NEL-System für Milchkühe eingeführt, welches auf die Arbeiten von Nehring aus Rostock zurückgeht. NEL heißt Netto-Energie-Laktation. Die Recheneinheit ist das Joule, und damit man bei den gewaltigen Energiemengen der Kühe nicht so viele Nullen zu bewältigen hat, nimmt man das Megajoule = 1 Mio Joule.

Was aber heißt Nettoenergie? Die Kalorien oder Kilojoule, die man bei der Nährstoffberechnung des Menschen benutzt, umfassen die gesamte in der Nahrung enthaltene Energie, also die Bruttoenergie. Da die menschliche Nahrung in der Regel hochverdaulich ist, ist der Fehler dieser Berechnung nicht allzu groß. Beim Rind hat man sehr unterschiedlich verdauliche Futtermittel. Getreideschrot hat fast 90 % Verdaulichkeit, Stroh nur etwa 50 %. Der unverdauliche Anteil bleibt im Kot zurück. Daß Rinderkot noch viel Energie enthält, zeigt die Tatsache, daß in indischen Dörfern viele Hausfrauen mit getrocknetem Kuhmist ihren Reis kochen. Das genannte Beispiel von Getreideschrot und Stroh zeigt schon, daß die Bruttoenergie beim Rind nicht sehr aussagekräftig ist. Nach Abzug der unverdaulichen Bestandteile bleibt die verdauliche Energie übrig. Von dieser geht wiederum ein recht unterschiedlicher Teil in Form von Gärgasen (Methan) und Harnenergie verloren. Übrig bleibt die umsetzbare Energie, also der Teil, der tatsächlich in den Stoffwechsel übergeht. Etwa 60 % dieser umsetzbaren Energie bleibt schließlich für Leistung und Erhaltungsbedarf übrig. Dies ist die

Nettoenergie, mit der bei der Rinderfütterung zu rechnen ist. Bei Stroh bleiben von 17 MJ Bruttoenergie 3,1 MJ übrig. Getreide hat etwa die gleiche Bruttoenergie, es bleiben aber übrig 7 MJ Nettoenergie.

Zur Veranschaulichung hier noch einmal eine Übersicht der Energieverteilung:

Von der Bruttoenergie zur Nettoenergie

	Bruttoenergie
−	Brennwert Kot
=	verdauliche Energie
−	Brennwert Harn und Methan
=	umsetzbare Energie
−	thermische Energie
=	Nettoenergie

Da die Umsetzbarkeit gut verdaulicher Futtermittel ziemlich einheitlich ist, lohnt es sich bei der Futterbewertung für Mastbullen nicht, den Schritt bis zur Nettoenergie zu gehen. Man rechnet bei ihnen in Megajoule umsetzbare Energie (MJ ME). Selbstverständlich braucht man dafür extra Tabellen, aber für den Hausgebrauch kann man MJ NEL : 0,6 teilen und kommt dann ungefähr auf MJ ME.

Zusammensetzung der Futtermittel

Der Energiegehalt eines Futters setzt sich aus dem Energiegehalt der einzelnen Nährstoffe zusammen. Wegen der besonderen Verhältnisse im Verdauungssystem der Kuh ist es von Vorteil, sich über die Zusammensetzung der Futtermittel ein Bild zu machen. Wichtig ist auch, sich über den unterschiedlichen Wassergehalt der Futtermittel klarzuwerden. Die Kuh hat in beschränktem Umfang auch ein Meldesystem über ihre Sättigung, das dem des Menschen ähnlich ist, nämlich über Blutzucker und -fettgehalt. Der Hauptanteil der Futteraufnahmegrenzen entfällt aber auf mechanische Grenzen. Der Mensch ist satt, wenn sein Meldesystem ihm sagt, daß sein Nährstoffbedarf gedeckt ist. Schon wenige Stücke Torte genügen, um ihn rundherum zu sättigen. Die Kuh ist satt, wenn ihr Pansen voll ist. Nur in wenigen Fällen, beispielsweise wenn sie aufgrund von Energiemangel bei hohen Milchleistungen Körperfett einschmelzen muß, signalisiert der hohe Blutfettgehalt Sättigung. Und gerade da ist diese Meldung falsch. Im Regelfall wird die Sättigung von der Futtermenge bestimmt, jedoch nicht einfach in kg Futter, sondern sie zieht automatisch das aufgenommene Wasser ab. Futter ohne das enthaltene Wasser bezeichnen wir als Trockensubstanz oder Trockenmasse. Eine Kuh von 600 kg Körpergewicht nimmt aus dem Grundfutter, also Heu, Rüben, Silage und ähnlichem etwa 11 kg Trockenmasse auf. Zudem frißt sie noch eine erhebliche Menge Kraftfutter, also Getreide oder Mischfutter. Die Kenntnis des Wassergehalts der Futtermittel ist also von großer Wichtigkeit und geht in die Bedarfsberechnung mit ein.

Die Trockensubstanz enthält die Nährstoffe Kohlenhydrate (Stärke und Zucker sowie sogenannte Hemizellulosen, also kurzkettige, hochverdauliche Polysaccharide), Rohfaser (d. h. Zellulose, die zwar zu den Kohlenhydraten gehören, aber nur bakteriell verdaulich sind und beim Wiederkäuer gesondert behandelt werden), Fett und das Rohprotein, welches alle

```
                        ┌─────────┐
                        │ Futter  │
                        └────┬────┘
              ┌──────────────┴──────────────┐
         ┌────┴────┐                ┌───────┴───────┐
         │ Wasser  │                │ Trockensubstanz│
         └─────────┘                └───────┬───────┘
                              ┌─────────────┴─────────────┐
                          ┌───┴───┐              ┌────────┴────────┐
                          │ Asche │              │ Organische Substanz│
                          └───┬───┘              └────────┬────────┘
```

Zusammensetzung der Futtermittel

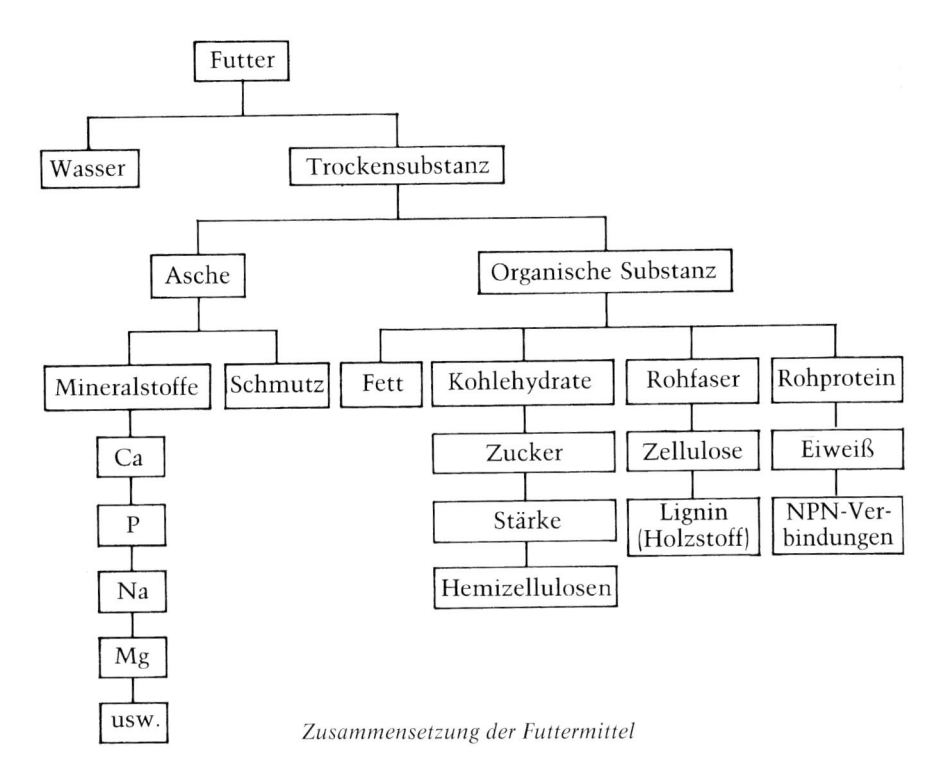

Tree structure (Asche): Mineralstoffe (Ca, P, Na, Mg, usw.), Schmutz

Tree structure (Organische Substanz): Fett, Kohlehydrate (Zucker, Stärke, Hemizellulosen), Rohfaser (Zellulose, Lignin (Holzstoff)), Rohprotein (Eiweiß, NPN-Verbindungen)

stickstoffhaltigen Bestandteile umfaßt. Dazu gehören echte Eiweißstoffe, aber auch unfertige Eiweiße bis hin zu Nicht-Protein-Stickstoffverbindungen (NPN) wie z. B. Harnstoff. Neben diesen vier Nährstoffgruppen, die zusammen mit den Vitaminen die organische Substanz bilden, enthält die Trockensubstanz die anorganische Substanz oder Asche, also den Bestandteil, der beim Verbrennen übrigbleibt. Darin enthalten sind die Mineralstoffe und Spurenelemente und außerdem der Schmutzanteil des Futters, der bei einigen Futtermitteln ganz erheblich sein kann. Stark verschmutzte Rübenblattsilage kann bis über 50 % Asche in der Trockensubstanz haben. Wo Asche ist, ist keine organische Substanz, so daß der Aschegehalt erheblichen Einfluß auf den Nährstoffgehalt der Futtermittel hat. Die Tabelle auf Seite 72 gibt eine Übersicht über die Zusammensetzung der Futtermittel.

Nährstoff- und Energiegehalt der Futtermittel

Für die Berechnung von Futterrationen genügt es nicht, allein die Deckung des Energiebedarfs zu ermitteln. Für die Beurteilung der Sättigung ist, wie schon gesagt, der Trockensubstanzgehalt wichtig.

Nährstoffgehalte einiger wichtiger Futtermittel in g/kg

Futtermittel	Trockensubstanz	in Frischsubstanz			in Trockensubstanz		
		Rohprotein	Rohfaser	MJ NEL	Rohprotein	Rohfaser	MJ NEL
Heu mittel	850	81	264	4,2	95	310	4,9
Heu gut	850	94	230	4,7	110	270	5,5
Massenrüben	110	10	10	0,8	90	80	7,4
Gehaltsrüben	140	11	10	1,1	80	70	7,9
Grassilage mäßig	300	33	96	1,5	110	320	5,0
Grassilage mittel	300	45	84	1,7	150	280	5,6
Grassilage gut	300	51	72	1,8	170	240	6,1
Grassilage mäßig	450	50	144	2,3	110	320	5,0
Grassilage mittel	450	68	126	2,5	150	280	5,6
Grassilage gut	450	77	108	2,7	170	240	6,1
Maissilage milchreif	250	24	58	1,6	95	230	6,2
Maissilage teigreich	310	26	59	2,0	85	190	6,6
Weidegras weidereif	160	29	35	1,1	180	280	7,0
Stroh	860	30	387	3,0	35	450	3,5
Gerste	870	103	57	7,7	118	65	8,8
Hafer	870	113	104	6,2	130	120	7,1
Trockenschnitzel	900	108	153	6,9	120	170	7,7
Weizenkleie	880	143	113	5,4	162	128	6,1
Sojaschrot	860	443	58	7,0	516	67	8,1

Wegen der Ansprüche der Pansenbakterien muß auch der Rohfasergehalt berechnet werden. Einen ganz wichtigen Punkt in der Berechnung stellt der Eiweißgehalt der Ration dar. Eiweiß hat im Stoffwechsel eine besondere Stellung, weil es, anders als andere Nährstoffe, nicht ersetzt werden kann. Seit 1982 wird in Rohprotein gerechnet. Ältere Tabellen geben das verdauliche Eiweiß an. Hier muß man aufpassen. Schließlich braucht man zur Berechnung der Energiebilanz den Gehalt an Energieeinheiten, also Megajoule Netto-Energie-Laktation, MJ NEL.

Will man Futtermittel miteinander vergleichen, sind Angaben über Frischsubstanz irreführend. Danach hat mittleres Heu 4,2 MJ/kg, Rüben haben nur 0,8 MJ/kg. Auf den ersten Blick würde man glauben, Heu sei energiereicher. Heu hat aber nur 14 % Wasser, Rüben haben 89 %. In der Trockensubstanz hat Heu 4,9 MJ NEL, Rüben 7,3 MJ. Ebenso verhält es sich mit Rohprotein und Rohfaser. Ein Vergleich ist immer nur mit den Werten bezogen auf Trockensubstanz möglich. Auch bei gleichartigen Futtermitteln ist dies oft notwendig, wenn Trockensubstanzgehalte, wie beispielsweise bei Grassilagen, stark schwanken.

Bedarfsnormen für Milchkühe

Der Nährstoffbedarf der Milchkühe setzt sich aus zwei Komponenten zusammen: aus dem Erhaltungsbedarf und dem Leistungsbedarf. Der Erhaltungsbedarf dient

Nährstoffgehalt aus der Futterwerttabelle

	g TrS/kg	g Rohfaser/kg	g Rohprotein kg	MJ NEL/kg
Heu	860	264	81	4,2
Rüben	110	10	10	0,8

Nach dem Ausmultiplizieren ergibt sich für eine 600-kg-Kuh folgende Rechnung:

Futter	kg	g TrS	g Rohfaser	g Rohprotein	MJ NEL
Heu	9	7 740	2 376	729	37,8
Rüben	20	2 200	200	200	16,0
Summe		9 940	2 576	929	53,8
Erhaltungsbedarf				475	35,5
Leistungsbedarf				454	18,3
reicht für kg Milch				5,3	5,7

zur Deckung des Energiebedarfs für die Aufrechterhaltung der Körperfunktionen. Auch der Mensch muß essen, auch wenn er nicht arbeitet und nicht zunimmt. Dieser Erhaltungsbedarf ist abhängig vom Körpergewicht. Wer es genau in MJ NEL errechnen will, kann es nach der Formel $W^{0,75} \times 0,293$ tun. Auch eine gewisse Menge Eiweiß ist für die Erhaltung notwendig. Schließlich sind Blutkörperchen, Haare, Hörner usw. alles Eiweißstoffe, die ersetzt werden müssen. Wie man sieht, brauchen leichtere Kühe je 50 kg Körpergewicht 25 g Rohprotein und 2,2 MJ NEL weniger. Wer noch leichtere Kühe als 550 kg hat, etwa Jersey, kann sich den Bedarf leicht ausrechnen. Zum Erhaltungsbedarf kommt der Leistungsbedarf. Er beträgt je Liter Milch mit 4 % Fett 85 g Rohprotein und 3,17 MJ NEL.

Rationsberechnung

Die Kenntnis der Bedarfsnormen und der Nährstoffgehalt machen es möglich, auszurechnen, wieviel Milch aus einer bestimmten Ration produziert werden kann. Das heißt nicht, daß die Kuh bei einer bestimmten Fütterung auch die ermittelten Liter Milch gibt, das wäre phantastisch. Es ist umgekehrt: Es ist zu errechnen, ob die Ration für die Leistung der Kuh ausreicht, oder ob noch etwas zuzulegen ist. Zur Erläuterung der Rechentechnik der einfachste Fall: Eine bestehende Ration wird nach Tabellenwerten berechnet. Die einzelnen Rationsbestandteile werden gewogen und nacheinander aufgeschrieben (immer Tagesgaben): z. B. 9 kg Heu, 20 kg Massenrüben. Aus der Futterwerttabelle sind die Werte für Trockensubstanz, Rohfaser, Rohprotein und MJ NEL zu entnehmen.

Erhaltungsbedarf von Milchkühen in g bzw. MJ/Tag

Lebendgewicht kg	Rohprotein	MJ NEL
550	450	33,3
600	475	35,5
650	500	37,7
700	525	39,9

Die Energie reicht also in dieser Ration für 5,7 kg Milch aus. Was die Kuh darüber hinaus an Milch gibt, wird nicht durch das Grundfutter gedeckt. Ließe man es dabei bewenden, ginge im günstigsten Fall die Milchleistung zurück. Heutige Kühe haben aber, besonders in den ersten Wochen der Laktation, eine derartige Leistungsbereitschaft, daß sie den Energiemangel aus den Körperreserven ausgleichen. Sie schmelzen Körperfett ein, sie magern ab. Nicht selten aber münden solche Zustände in katastrophalen Stoffwechselstörungen. Deshalb ist die Deckung des Energiebedarfs ein absolutes Gebot in der Fütterung von Milchkühen. Milchmengen, die über etwa 6 kg hinausgehen, müssen durch zusätzliche Futtergaben abgedeckt werden. Also mehr Heu und mehr Rüben? Mehr Rüben würde die Kuh vielleicht fressen, aber mehr Heu in sie hineinzubringen, wäre schwierig. Die Berechnung der Trockensubstanz ergibt etwa 10 kg. Das geht nahe an die Grenze dessen, was eine Kuh aus dem Grundfutter aufnimmt. Energiereiche „Kraftfutter" nimmt sie aber noch auf. Die Deckung des Energiebedarfs über die Grundfutterleistung hinaus kann also nur mit solchen Konzentraten erfolgen. Ob das nun Mischfutter oder Getreideschrot oder Ähnliches ist, hängt von der Betriebssituation ab und auch vom Ergebnis der Rationsberechnung.

Nicht umsonst haben wir auch ausgerechnet, für wieviel kg Milch das Rohprotein reicht. In der obigen Rechnung sind es 5,3 kg. Die beiden Werte zur Bedarfsdeckung aus Protein und Energie liegen sehr dicht beieinander. Die Ration ist „ausgeglichen". Liegt der Wert für Protein wesentlich höher, also bei mehr als 2–3 l, so muß ein Teil des Kraftfutters so beschaffen sein, daß es Energie liefert, ohne viel Protein in die Ration zu bringen; Getreide oder Trockenschnitzel sind gut geeignet. Bei Eiweißmangel gibt man ein eiweißreiches Futter, etwa Sojaschrot. Eiweißüberschuß kann zu gesundheitlichen Störungen führen. Eiweißmangel senkt die Milchleistung und läßt die Kühe fett werden. Die obige, ausgeglichene Ration müßte mit einem Futter ergänzt werden, das an Energie und Protein für die gleiche Milchmenge reicht. Bei den schon genannten Bedarfswerten von 85 g Rohprotein und 3,17 MJ für einen Liter Milch wäre beispielsweise ein Mischfutter mit 180 g Rohprotein und 6,9 MJ/kg passend.

Eine gute Ration besteht also aus folgenden Futtermittelgruppen:

1. Grundfutter
2. Ausgleichsfutter
3. Leistungsfutter

Das Ausgleichsfutter sollte so gewählt werden, daß 1–2 kg nicht überschritten werden. Andernfalls wird in größeren Beständen die Fütterungstechnik zu kompliziert, weil Tiere mit niedrigen Leistungen gegen Ende der Laktation mit der Ausgleichfuttergabe überversorgt sind, zu fett werden und daher gesondert bedient werden müssen. Das Leistungsfutter ist das teuerste und bringt bei hohen Tagesgaben Probleme mit dem Pansen mit sich. Die Leistung soll aber energiemäßig abgedeckt sein. Logische Konsequenz ist also die alte Forderung der Tierernährer wie der Betriebswirtschaftler: möglichst viel Milch aus dem Grundfutter. Dem Landwirt geht es gut im Portemonnaie und der Kuh geht es gut im Pansen.

Grundsätze der Milchviehfütterung

Möglichst viel Milch aus dem Grundfutter, das heißt möglichst energiereiches Grundfutter. Das aber bedeutet Einsatz von Futtermitteln, die gewisse Probleme mit sich bringen. Energiereiche Futtermittel haben oft einen hohen Stärkegehalt und damit einen niedrigen Rohfasergehalt. Das bedeutet, wie schon gesagt, Gefahr von Pansenacidose und niedrigem Milchfettgehalt. Oft ist auch ihre Struktur nicht optimal. Die Kühe müssen zu wenig kauen, es fließt zu wenig Speichel, die Säuren werden ungenügend abgepuffert, und wieder droht Pansenacidose.

Man muß sich immer vorstellen, man fülle neues Material in einen Gärbottich und dürfe dabei den Gärvorgang nicht stören. „Wir füttern nicht die Kuh, sondern den Pansen", so drückt es ein namhafter Wissenschaftler aus. Um alles im Gleichgewicht zu halten, sollte die Gesamtration 18 bis 20 % Rohfaser in der Trockensubstanz enthalten. In der obengenannten Ration beträgt der Rohfasergehalt

$$2576 : 9850 \times 100 = 26{,}1\,\%$$

Gibt man energiereiches, rohfaserarmes Kraftfutter dazu, kommt die Ration in die Nähe der gewünschten 20 % Rohfaser. Dazu wird gefordert, daß etwa 65 % der Rohfaser aus Strukturfutter kommen soll, also aus Heu oder gut angewelkter Grassilage. Sind diese Forderungen erfüllt, spricht man von einer „wiederkäuergerechten Fütterung".

Ohne großen Griff in die Trickkiste kommt man dazu, wenn man regelmäßig 4–5 kg nicht zu feines Heu in die Ration einplant. Dann können sehr wasserreiche Futtermittel, wie Zwischenfrüchte (Raps, Stoppelrüben u. ä.) oder sehr stärkereiche, wie Maissilage, keinen großen Schaden mehr anrichten.

An Futterwechsel müssen die Bakterien im Pansen sich erst in Art und Menge anpassen. Diese Übergangszeit dauert durchschnittlich drei Wochen. Um Schwierigkeiten zu vermeiden, muß der Übergang allmählich vorgenommen werden. Auch Kraftfuttermengen dürfen nicht abrupt, sondern mit etwa 0,5 kg pro Tag gesteigert werden.

Je mehr Komponenten eine Ration enthält, desto günstiger sind die Verhältnisse. Also gilt als erster Grundsatz: vielseitig füttern, aber möglichst gleichmäßig. Das Verdauungssystem der Kuh erlaubt es nicht, wie beim Menschen, jeden Tag etwas anderes zu sich zu nehmen. Abwechslung ist schädlich!

Der zweite Grundsatz der Milchviehfütterung wird unter dem Begriff „leistungsgerechte Fütterung" zusammengefaßt. Das bedeutet nichts anderes, als daß die Kuh für ihre jeweilige Leistung ausreichend (aber eben auch nicht mehr) Energie und Protein bekommen soll. Während der normalen Laktation ist diese Forderung durch Anpassung der Kraftfuttergabe leicht zu erfüllen. Leistungen über 25 kg führen in Bereiche, wo die Grenze der Trockensubstanzaufnahme erreicht wird. Die Vorliebe der Kuh für Kraftfutter führt dazu, daß sie weniger Grundfutter frißt und das angebotene Kraftfutter bevorzugt. Das Grundfutter wird „verdrängt". Damit geht der Rohfasergehalt der Gesamtration zurück, und man muß aufpassen, daß die Ration wiederkäuergerecht bleibt.

Gegen Ende der Laktation geht die Milchleistung stark zurück. Jetzt ist darauf zu achten, daß die Kuh nicht zuviel Energie bekommt. Oft ist sie schon mit dem Grundfutter energetisch überversorgt. Es kann dann nötig sein, energiereiche Futtermittel, wie Rüben oder Maissilage, aus der Ration herauszunehmen. Anderenfalls setzt die Kuh Fett an, und fette Kühe haben Probleme beim Kalben und bei der folgenden Laktation. Das Argument, wenn etwas mit der Kuh passiert, bekomme man wenigstens noch etwas für die Schlachtkuh (weil sie viel wiegt), zieht nicht. Gerade bei fetten Kühen treten am häufigsten Schwierigkeiten auf. Die Kälber werden schwerer bei gutgenährten Kühen, und das Fett setzt sich mit Vorliebe in der Beckenhöhle ab, so daß Schwerkalbungen vorprogrammiert sind. „Sportlich füttern" oder „fit, aber nicht fett" sagt Prof. Lotthammer. Außerdem bekommen fette Kühe nach dem Kalben leicht Stoffwechselprobleme. Die Gefahr der Verfettung besteht besonders, wenn die Laktation beendet ist und die Kuh in Erwartung des nächsten Kalbes keine Milch mehr gibt, also trockensteht. Diese Zeit dauert in der Regel zwei Monate, und der Energiebedarf ist so, als gäbe die Kuh 4–5 Liter Milch. Für diese Milchmenge ist aber genug Energie im Grundfutter. Wie bei den altmelkenden wird man Rüben oder Maissilage oder andere energiereiche Futtermittel aus der Ration herauslassen.

Jetzt kommt in der Fütterung eine Klippe: das Abkalben und damit die beginnende Laktation. Schlagartig steigt der Energiebedarf. Die Milchmenge ist noch nicht so hoch wie vielleicht nach vier Wochen, aber die Milch ist zu Anfang viel nährstoffreicher und erfordert daher auch mehr Energieaufwand je Liter. Jetzt muß auch das Grundfutter wieder energiereicher sein, und auch Kraftfutter muß gegeben werden. Eine schlagartige Umstellung würde die Kuh aber nicht verkraften. Zwei Streßfaktoren sind sowieso schon vorhanden: die Kalbung und die beginnende Laktation. Eine Futterumstellung als dritter Streßfaktor kann die Kuh überfordern. Deshalb empfiehlt man heute, schon drei Wochen vor dem Kalbetermin die Ration allmählich so zu gestalten, wie sie nach dem Kalben aussehen soll, nicht in den Mengen, aber in der Zusammenstellung. Man beginnt wieder beispielsweise mit Rüben und auch mit etwas Kraftfutter. Nach dem Kalben steigert man die Kraftfuttermenge mit 500 g pro Tag auf die Menge, die nach der zu erwartenden Milchmenge nötig ist. Man fährt also dem Ansteigen der Laktationskurve vorweg.

Die Futtermittel

Wasser

Mancher wird sich wundern, daß Wasser hier als Futtermittel aufgeführt wird. Schließlich enthält es keine Nährstoffe. Dennoch ist eine ausreichende Wasserversorgung gerade bei der Milchkuh außerordentlich wichtig. Wie schon gesagt, brauchte die Kuh in ihrer Urheimat nicht mit Wasser zu sparen. Ihr Kot ist wasserreich und ihr Harn wenig konzentriert. Sie scheidet bei saftreicher Fütterung bis 40 l Harn pro Tag aus. Außerdem besteht die Milch zu etwa 88 % aus Wasser, so daß leicht ein täglicher Wasserbedarf von über 50 l entsteht. Das Wasser muß immer frisch und sauber sein. Tränken an Gräben und Bächen sind nicht ideal. Besonders bei Jungvieh besteht bei solchen Tränken die Gefahr der Parasitenübertragung. Unterversorgung beantwortet die Kuh mit Abfallen der Milchleistung.

Um dem schweißtreibenden Wasserschleppen abzuhelfen, hat die Industrie Selbsttränken entwickelt. Die Kuh drückt mit ihrer Nase eine Platte herunter, und Wasser fließt aus der Leitung in eine Tränkschale. Im Anbindestall bringt man solch eine Selbsttränke jeweils zwischen zwei Kühen an. Im Laufstall bevorzugt man ein großes Tränkebecken mit Schwimmerventil.

Heu

Heu ist das klassische Futter für alle Pflanzenfresser und zugleich die älteste Futterkonserve. Es ist natürlich getrocknetes Gras, je nach Herkunft Wiesenheu, Mähweiden- oder Feldgrasheu. Daneben gibt es, heute nur noch selten, Kleeheu und Luzerneheu.

Zur Heubereitung wird das Gras zu Beginn der Blüte geschnitten. Späterer Schnitt erhöht den Rohfasergehalt und senkt den Nährstoffgehalt. Wird es als Strukturfutter zu energiereichen Komponenten gegeben, ist das nicht ganz so wichtig.

Heutrocknung. Das Trockungsverfahren macht mindestens drei Tage schönes Wetter erforderlich. Spielt Petrus nicht mit, ist es keine Katastrophe, wenn das Heu ein- oder zweimal naß wird. Aber wenn durch längere Nässe das Heu zu schimmeln beginnt und in trockenem Zustand muffig-schimmelig riecht, ist es zur Verfütterung nicht mehr geeignet. Es ist also besser, das Heu später zu schneiden als bei unsicherer Witterung.

Im landwirtschaftlichen Betrieb wird das Heu am Boden getrocknet. Nach dem Mähen wird es aufgelockert, „gezettet", und wenn die obere Seite des Schwads trocken ist, gewendet. Allzu häufiges Wenden führt, besonders wenn das Heu schon ziemlich trocken ist, zum Abbrechen der zarten Blättchen und damit zur Verschlechterung des Nährstoffgehaltes. Der Profi preßt das Heu in der Regel direkt vom Boden und muß daher die vollständige Trocknung abwarten.

Es ist wichtig, daß das Heu beim Einfahren wirklich trocken ist, vor allem keine grünen Anteile mehr enthält. Durch die Pflanzenatmung und den Hitzestau kann es sich bis zur Selbstentzündung erhitzen. Bei Verdacht sollte man die Feuerwehr benachrichtigen. Diese hat für solche Fälle lange Thermometer. Liegt die Temperatur über 70°, wird das Heu mit Schlauch bei Fuß vorsichtig abgeräumt.

Heubelüftung. In Grünlandgebieten mit hohen Niederschlagsmengen haben einige Landwirte Heubelüftungsanlagen. Das Heu liegt auf einem Lattenrost, durch den mit einem starken Gebläse Luft geblasen wird. Sie können das Heu dann mit höherem Wassergehalt einfahren, allerdings ist es ungepreßt und damit schwieriger zu handhaben.

Reutertrocknung. Für kleine Heumengen kann der Hobbylandwirt das alte Verfahren der Reutertrocknung anwenden. Dabei wird das Heu auf Trockengestelle aufgehängt und erst nach einigen Wochen eingefahren. Die Verluste sind wesentlich

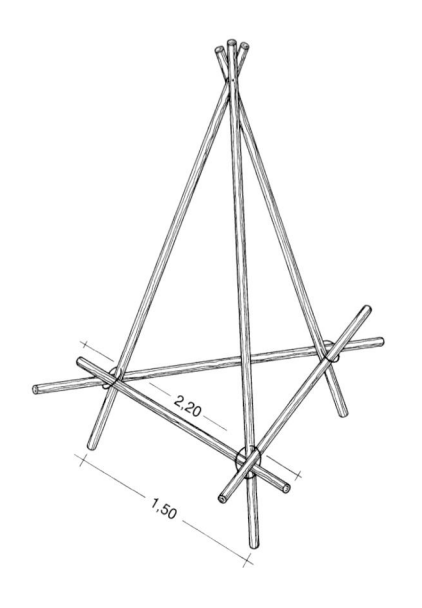

Dreibockreuter.

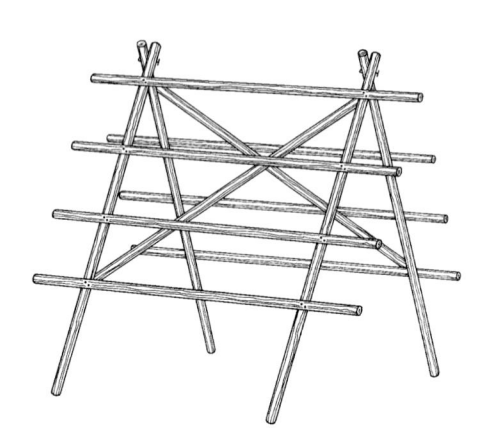

Allgäuer Heuhütte.

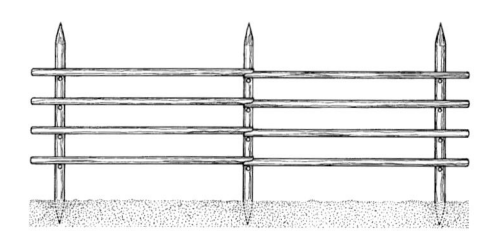

Schwedenreuter mit Holzstangen. Sind die unteren Enden abgefault, werden die Auflagepflöcke von der anderen Seite eingeschlagen und der Pfahl andersherum verwendet.

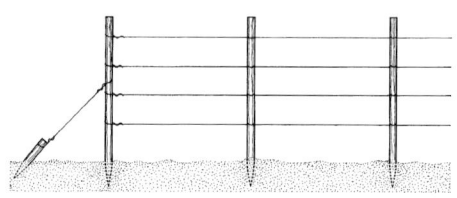

Schwedenreuter mit Draht. Unten bringt man am besten zwei Drähte an.

geringer als bei der Bodentrocknung, die Mühe allerdings nicht unbeträchtlich, zumal es dabei meist schön heiß ist. Es gibt drei Arten Reuter: Dreibockreuter, Heuhütten und Schwedenreuter.

Der Dreibockreuter erfordert die beste Vortrocknung, weil er nicht so gut durchlüftet ist. Mit dem Aufreutern beginnt man bei den Ecken. Auf jede Ecke, wo die Querstangen sich kreuzen, werden zwei anständige Gabeln Heu gelegt, dann kommt je eine große Gabel voll zwischen die bereits bepackten Ecken, dann wieder je eine auf die Ecken, dann wieder je eine dazwischen. Ab Augenhöhe kann man nur noch auf die Ecken packen. Ist man oben angekommen, nimmt man eine gewaltige Gabel Heu und hängt sie oben auf die Mitte, so daß der Reuter ein Dach bekommt, von dem der Regen nach außen abläuft. Nun harkt man den Reuter mit der Gabel, Zinken nach unten, schön sauber ab, damit der Wind nichts zu fassen bekommt und man selbst ein Erfolgserlebnis hat. Wegen der schon genannten schlechten Durchlüftung sollte man bei feinem Material die Mitten nicht zu voll packen. Bei Klee und Luzerne packt man nur die Ecken hoch und tut nichts dazwischen. Anderenfalls fault oder schimmelt das Futter. Diese Futterarten läßt man vor dem Aufreutern nicht so weit trocknen, sonst brechen die wertvollen Blättchen ab.

Die Heuhütte sieht aus wie ein Satteldach ohne Haus darunter. Sie hat an jeder Seite vier parallele waagerechte Stangen. Die unteren Stangen werden dick mit Heu behängt, dann folgen die mittleren, die oberen, und schließlich wird eine Dachlage auf den First gehängt, so daß der Regen abläuft. Das Gras muß bei der Heuhütte nicht so stark angetrocknet sein wie beim Dreibockreuter.

Fast grün darf es beim Schwedenreuter sein. Er wurde vor langer Zeit für die in Schweden üblichen Kleegrasgemenge entwickelt. Sie sind in Deutschland als Pfahlreihe mit dazwischengespannten Drähten bekannt, in Nordschweden gibt es sie auch mit Holzstangen, was ich wesentlich praktischer finde.

Der Schwedenreuter mit Draht besteht aus einer Reihe von etwa 2 m hohen, in die Erde geschlagenen Pfählen mit einem Abstand von 1,5–2 m. Die Länge des Reuters richtet sich nach der Heumenge. 50 cm über dem Boden werden zwei Drähte nebeneinander gespannt. Geeignet ist ein Draht, wie er für Elektrozäune benutzt wird. Die Drähte werden jeweils einmal um den Pfahl geschlungen und dann zum nächsten gezogen. Die unteren Drähte werden mit dem zu trocknenden Material behängt, und dann wird 40 cm darüber ein weiterer Draht gespannt. Jetzt reicht ein einzelner Draht. So geht es weiter, bis vier Reihen Heu übereinander hängen. Zwischendurch wird wegen der steigenden Zugbelastung an jedem Ende ein Spanndraht angebracht.

Schwedenreuter mit Holzstangen sind in der Vorbereitung schwieriger, aber dann viel einfacher zu beschicken und einzufahren. Die Pfähle haben bei diesem System etwa 2,5 cm große Löcher in den gleichen Abständen wie die Drähte beim Drahtreuter, also das untere 50 cm über dem Erdboden, darüber weitere drei bis vier im Abstand von 40 cm. In die leicht schräg verlaufenden Löcher werden 20 cm lange Holzpflöcke geschlagen, auf die Holzstangen gelegt werden. Die Pfähle stehen etwa 3 m auseinander. Man beginnt, wie beim Drahtreuter, mit der untersten Etage. Ist sie vollgepackt, legt man die nächste Stange auf. Zum Einfahren zieht man einfach die Stangen heraus und kann das Heu auf den Wagen packen.

Laden. Weite Wege mit losem Heu erfordern sorgfältiges Laden. Im Heimatfilm liegen Bub und Mädel oben auf dem Fuder. Ist es nicht sorgfältig gepackt, kann es ein unsanftes Ende der Romanze geben. Man muß erst am Rand vorbeipacken, dann in die Mitte, dann wieder am Rand, dann wieder in die Mitte, und so weiter, bis das Fuder hoch genug ist. Zum Schluß kann man eine lange Holzstange, den „Wiesbaum" längs darüberbinden und gut nach unten festzurren. Preßballen stapelt man so auf den Wagen, daß keine durchgehenden senkrechten Lücken im Fuder auftreten, sonst fällt die ganze Fuhre in der nächsten Kurve auseinander.

Die Heuqualität bemißt sich nach dem Schnittzeitpunkt und nach dem Gelingen des Trockenvorgangs. Es gibt Heu, welches regenfrei gewonnen, aber spät geschnitten ist. Es duftet herrlich, ist aber als Energielieferant wenig geeignet. Je höher der Heuanteil in der Ration ist, desto wichtiger ist früher Schnitt. Heu kann als alleiniges Grundfutter eingesetzt werden, gehört aber nicht zu den großen Energielieferanten. Die Kuh nimmt etwa 12 kg bei alleiniger Heufütterung auf. Das reicht für knapp 5 l und macht bei höheren Leistungen hohe Kraftfuttermengen erforderlich. Deshalb ist eine Kombination mit energiereichen Grundfuttermitteln

vorzuziehen. Mit zunehmender Lagerdauer wird der Carotin- und Vitamin-A-Gehalt immer geringer. Heu vom vorigen Jahr hat davon kaum noch etwas übrig. Dann muß die Vitamin-A-Versorgung über geeignete Vitamin-Präparate sichergestellt werden.

Je nach Düngung und Bodenqualität kann man zwischen 40 und 60 dt Heu vom Hektar ernten. Zukauf tätigt man am besten direkt nach der Ernte bei Bauern in der Grünlandregion. Am besten fragt man Bauern in der Nachbarschaft, wo die besten Quellen liegen.

Stroh

Stroh ist zu energiearm, um als alleiniges Futtermittel eingesetzt zu werden. In Notzeiten kann es schon einmal das Heu ersetzen, erfordert dann aber noch höhere Kraftfuttermengen. Als Ergänzungsfutter zur Strukturverbesserung der Ration kann es gute Dienste leisten. Vor allem zur Weide eignet sich Stroh als Beifutter recht gut. Die Tiere müssen allerdings an ständige Strohgaben gewöhnt sein, sonst packen sie es im Bedarfsfall nicht an. Gut geeignet sind Gersten-, Weizen- oder Haferstroh.

Der Futterwert von Stroh läßt sich durch Behandlung mit Natronlauge oder Ammoniak verbessern. Auch die Futteraufnahme nimmt zu. Aber das ist etwas für Profis und kostet auch einiges, so daß behandeltes Stroh nicht viel preiswerter ist als zugekauftes Heu.

Rüben

Lange wurde die Futterrübe unter Wert gehandelt, einmal weil sie viel Arbeit macht, zum anderen, weil sie nährstoffmäßig unterbewertet wurde. Heute weiß man, daß sie für die Milchproduktion je kg Trockensubstanz soviel Energie liefert wie Kraftfutter. Dabei wird sie sehr gern gefressen und im Pansen langsam abgebaut, so daß nicht die Gefahr der Pansenübersäuerung besteht. Trotzdem liegt ihre Verdaulichkeit über 90 %. „Die Rübe ist der Apfel für die Kuh", sagen die alten Bauern.

Die Rüben werden je nach Trockensubstanz in Massen-, Mittel- und Gehaltsrüben eingeteilt. Die Massenrüben enthalten das meiste Wasser und bringen den höchsten Ertrag. Rüben lieben guten Boden mit gutem Kalkzustand. Für die Abhandlung der Anbautechnik ist hier allerdings kein Platz. Die Ernte geschieht im Kleinanbau durch Ziehen von Hand, wobei sich Massenrüben am besten ziehen lassen. Das Blatt wird mittels Haumesser oder Spaten abgeköpft. Es kann frisch verfüttert werden. 50 kg Blatt kann man täglich geben.

Die Rüben selbst werden am besten in Erdmieten aufbewahrt. Man schüttet einen Wall mit Rüben auf, deckt ihn mit Stroh ab, wobei man eine alte Plastikfolie darunterlegen kann. Oben läßt man einen Streifen offen, damit die Atmungswärme abziehen kann und die Rüben nicht faulen. Bei Gefahr von starkem Frost deckt man etwa 20 cm Erde auf das Stroh. Gefrorene Rüben läßt man vor dem Verfüttern im Stall auftauen. Rüben können ganz oder geschnitzelt verfüttert werden.

Hauptproblem bei den Rüben ist der anhaftende Schmutz. Er sollte weitgehend entfernt werden. Daneben ist zu beachten, daß Rüben sehr wenig Eiweiß enthalten. Bei hohen Rübenanteilen in der Ration muß daher ein eiweißreiches Ausgleichsfutter eingesetzt werden, sofern nicht andere, eiweißreiche Grundfuttermittel in der Ration sind.

Rüben bringen mit den höchsten Flächenertrag aller Futterpflanzen. Selbst der hochgelobte Mais muß sich gewaltig anstrengen, um die Nährstofferträge der Rüben zu übertreffen.

Kartoffeln

Diese werden in der Regel nicht für Rindvieh angebaut. Trotzdem kann man sie gut in der Milchviehfütterung einsetzen. In Gaben bis zu 10 kg pro Tag bringen sie eine erhebliche Energiemenge in die Ration. Es lohnt sich allerdings nur, wenn man so viel hat, daß man einige Wochen davon füttern kann. Sie enthalten wenig Eiweiß, aber viel Stärke und passen daher gut zu eiweißreichen Rationen.

Silagen

Der Aufwand für die Silagebereitung ist für Kleinhaltungen in der Regel zu hoch. Trotzdem sollen sie hier behandelt werden, weil sie aus der modernen Milchviehfütterung nicht mehr wegzudenken sind. Außerdem kann man Silagen durchaus käuflich erwerben.

Grundsätzlich ist gute Silage dasselbe wie Sauerkraut. Was die Silage bei Nichtlandwirten in Verruf gebracht hat, ist der bestialische Geruch von mißlungenen Silagen. Eigentlich kann man alles silieren, was mehr als 25 % Wasser enthält. Nur ist die Silierfähigkeit unterschiedlich. Vereinfacht kann man sagen: Je mehr Kohlehydrate und je weniger Eiweiß ein Material enthält, desto besser ist seine Silierfähigkeit.

Ziel der Silierung ist das Umsetzen eines Teils der Kohlehydrate zu Milchsäure. Dies geschieht durch Milchsäurebakterien, die sich ebenso wie ihre Konkurrenten überall herumtreiben. Die Konkurrenz sind Fäulnisbakterien, Essigsäurebakterien und Buttersäurebakterien. Daneben lauern noch Schimmelpilze auf Beute. Von der ganzen Gesellschaft gibt es nur zwei, die keine Luft zum Leben brauchen, die erwünschten Milchsäure- und die unerwünschten Buttersäurebakterien. Letztere sind es, die die Nachbarschaft mit ihren Stoffwechselprodukten auf die Palme bringen. Buttersäure ist einer der intensivsten Geruchsstoffe. Schweißfüße und ähnliche organische Belästigungen schöpfen ihre Hauptenergie aus der Buttersäure. Es gilt nun, die Säuerung der Silage von der Buttersäuregärung weg hin zur Milchsäuregärung zu steuern. Der einzige Unterschied in den Lebensansprüchen der beiden Gruppen ist die Temperatur. Milchsäurebakterien lieben Temperaturen um 20°, Buttersäurebakterien solche von über 30°. Die einzige wirkliche Wärmequelle im Silo ist aber die Pflanzenatmung. Jeder Landwirt weiß, daß Grünfutter auf einem großen Haufen sich stark erwärmt. Zur Atmung ist aber Sauerstoff erforderlich. Hält man Sauerstoff fern, so nimmt man einerseits den Fäulnis-, Essigsäure- und Schimmelerregern die Lebensgrundlage und verhindert andererseits die Pflanzenatmung, damit das Ansteigen der Temperatur über 30° und damit allzu munteres Wachstum der Buttersäurebakterien. In sogenannten Freigärhaufen, die man sich vom Gärungsablauf nur bei gut vergärbaren Pflanzenmaterialien wie z. B. Rübenblatt leisten kann, können die Temperaturen bis auf 50° steigen. Jubel bei den Buttersäurebakterien. Optimales Betriebsklima, optimaler Stoffwechsel. Wer Rübenblattsilagen herkömmlicher Art kennt, weiß, was gemeint ist.

Die moderne Chemie hat uns mit den Folien den Weg zur relativ sicheren Silobereitung geebnet. Man nimmt eine 0,2 mm starke Folie, vorzugsweise eine solche mit aufgedrucktem Herstellernamen, damit man ihn bei herstellungsbedingten Schäden ans Portepee fassen kann, am besten weiß eingefärbt, um das Sonnenlicht zu reflektieren. Sie wird über das ganze Silo gezogen, dicht bei dicht mit Reifen belegt oder mit Sand abgedeckt, um ein Pumpen der gespannten Folie zu vermeiden (Erde oder Mist kann man auch verwenden, nur nisten sich Mäuse gern ein) und am Rand luftdicht abgeschlossen. Bei festen Fahrsilos geschieht dies durch Sand, Sandsäckchen oder besondere Klemmvorrichtungen, bei Behelfssilos durch Bewerfen mit Erde.

Beschädigungen der Folie führen bei nassen Silagen zum Faulen, bei trockenen zum Schimmeln des Siloguts. Deshalb ist häufige Kontrolle und sofortige Reparatur mittels Klebeband (kein Tesafilm) oder DC-fix-Stückchen notwendig. Alle Welt scheint eine saubere unbeschädigte Folie zu hassen. Kühe, Hunde, Katzen, Kinder und Touristen klettern darauf herum, Krähen machen Probebohrungen, ob etwa Mais darunter liegt, Opas pieken mit Krückstöcken hinein und bewundern die Stabilität der Folie.

Mit der Folie hat man zwar den Zutritt neuer Luft abgesperrt, die Luft im Futter aber ist damit nicht beseitigt. Deshalb muß man das Grüngut vor dem Abdecken mit einem schweren Fahrzeug festwalzen.

Festes Fahrsilo.

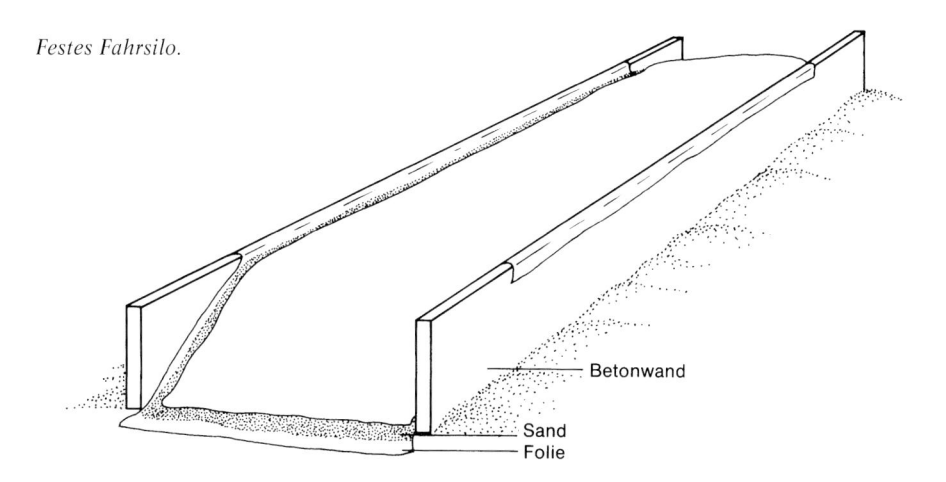

Betonwand
Sand
Folie

Bei der Gärung wird der Sauerstoff zwar verbraucht, nach dem Öffnen aber kann die Luft wieder in das lockere Material eindringen. Dann werden Hefepilze mobil, verzehren den Restzucker und erwärmen fortschreitend den Futterstock. Es entsteht eine Nachgärung, die bis 50 % der Nährstoffe vernichten kann. Besonders Mais und stark angewelkte Grassilage sind davon gefährdet.

Es gibt immer Diskussionen, welche Siloform die beste ist. Soviel sei gesagt: Mit jedem Silo kann man bei ausreichender Sorgfalt gute Silage herstellen. Schnell zusammenfahren, gut verdichten, sorgfältig abschließen – das ist das ganze Geheimnis der Silobereitung. Sogenannte Silierzusätze benötigt man nur bei schwer vergärbarem Material oder ungünstigen Bedingungen, wie z. B. regennassem Gras, sehr jungem oder kleereichem Material.

Es gibt drei Grundformen: Hochsilo, Fahrsilo und Großballensilagen.

Hochsilos findet man nur noch in kleineren Betrieben. Sie ergeben meist gute Qualität, sind aber mit hohem Arbeitsaufwand beim Befüllen und Entleeren verbunden. Ausnahmen sind große, vollmechanisierte Siloeinheiten, die aber auch eine Stange Geld kosten.

Fahrsilos, entweder mit festen Wänden oder als Behelfssilo auf der blanken Wiese sind billiger. Das Futter wird hier schichtweise verteilt und festgefahren. Die Breite sollte so bemessen sein, daß der tägliche Vorschub beim Entnehmen nicht zu gering ist. Die Profis richten die Breite nach ihren hydraulischen Entnahmegeräten aus. Höhe und Länge sind im Grund beliebig, nur sind bei langen, flachen Silos die Verluste größer. Der Mut des Schlepperfahrers setzt aber der Höhe Grenzen.

Großballensilagen – nur bei Gras gebräuchlich – werden dergestalt hergestellt, daß man das Siliergut mit der Rundballenpresse oder Großpackenpresse preßt und entweder in große Tüten steckt und diese gut zubindet oder mit einem Wickelgerät in Stretchfolie wickelt. Das Verfahren bie-

Anlegen eines Fahrsilos mit Mais. Schnell zusammenfahren, gut verdichten und schnell mit Folie abdecken, sind die Erfolgsschlüssel.

tet große Schlagkraft, aber für kleinere Kuhbestände hat es den Nachteil, daß man an einem Ballen zu lange füttert und deshalb die Gefahr der Nachgärung zu groß ist. Der hohe Folienaufwand macht außerdem, daß das Verfahren teuer und umweltmäßig etwas bedenklich ist.

Grassilage. Obwohl man fast alles silieren kann, sind in der Praxis vorwiegend Grassilagen und Maissilagen zu finden. Grassilage hat gegenüber Heu den Vorteil der etwas geringeren Wetterabhängigkeit bei der Ernte, und sie hat außerdem mehr Nährstoffe. Das Gras wird zum Silieren gut angewelkt, damit die Zuckerkonzentration höher wird, was die Gärfähigkeit verbessert, und damit weniger lebende Zellen vorhanden sind, die atmen und die Temperatur erhöhen. Außerdem fressen Kühe von angewelkter Grassilage wesentlich mehr Trockensubstanz als von nasser. Gute Anwelksilage bringt Freundschaft mit den Nachbarn. Sie riecht wie frisches Brot, während Naßsilage ihren Buttersäuregehalt selten verleugnen kann. Grassilage hat einen mittleren Energiegehalt. Der Trockensubstanzgehalt ändert sich mit dem Anwelkgrad. Deshalb sind Tabellenwerte nur bezüglich der Werte in der Trockensubstanz zu gebrauchen. Den Trockensubstanzgehalt der eigenen Silage muß man untersuchen lassen oder selbst untersuchen. Man kann es im Backofen bei 105° machen, wenn man es wagt und die Frau nicht zu Hause ist. Mit zuneh-

Bei fehlendem Lagerraum schützen straff gespannte Folien die wertvollen Futtervorräte, auch wenn sie in der Landschaft meist keine Zierde sind.

mendem Alter des Grases sinkt der Eiweißgehalt und steigt der Rohfasergehalt. Da die Rohfaser zunehmend verholzt, wird sie immer weniger verdaulich, und der Energiegehalt nimmt stark ab. Also: Grassilage früh ernten und gut anwelken.

Maissilage. Der Mais ist eine verrückte Pflanze. Während beim Gras der Rohfasergehalt mit zunehmender Reife steigt, nimmt er beim Mais ab. Das Geheimnis liegt im Kolbenzuwachs. Mindestens 60 % der Energie im Mais kommen aus den Kolben. Er gedeiht überall, wo es ausreichend warm ist. Höhenlagen über 350 m behagen ihm nicht. Nach langsamer Jugendentwicklung wachsen auf einem Maisfeld erstaunliche Futtermengen heran. Und weil er voll mechanisierbar ist, wurde er zum klassischen Energielieferanten, für Milch und Mast gleichermaßen geeignet – wenn man seine Eigenarten berücksichtigt. Seinen Vorteilen stehen nämlich einige deftige Nachteile gegenüber, die sich besonders in der Milchviehfütterung bemerkbar machen können. Da ist zunächst seine Strukturarmut. Übertreibt man die Maisfütterung, kommt es leicht zu dauernder, leichter Pansenübersäuerung, was sich in abfallendem Milchfettgehalt äußert. Das wird verstärkt durch den hohen Stärkegehalt, der das Essigsäure-Propionsäure-Verhältnis verengt. Obwohl sein Rohfasergehalt im Idealbereich liegt, muß man immer eine gute Portion Strukturfutter dazugeben.

7 kg Trockensubstanz aus Maissilage betrachtet man als Höchstgrenze. Gibt man 4–5 kg Heu dazu, ist das Problem gelöst.

Weiterhin hat der Mais sehr wenig Eiweiß. Zu einer guten Maisration gehört deshalb 1 kg Sojaschrot. Beide zusammen bringen aber soviel Energie in die Ration, daß es für altmelkende und trockenstehende Kühe zuviel wird. Sie werden fett. Daher muß für diese Tiere Mais abgezogen werden und energieärmere Futtermittel müssen dazugelegt werden.

Der dritte Mangel ist die absolute Armut an Mineralstoffen und Vitaminen. Eine Ergänzung damit ist unbedingt notwendig.

Alle diese Punkte haben dem Mais den Ruf verschafft, zwar ein gutes Mastfutter, aber ein schlechtes Milchviehfutter zu sein. Trotzdem füttern gerade Hochleistungsbetriebe viel mit Maissilage. Mais bringt eben viel Milch aus dem Grundfutter, und das ist ja beim heutigen Kostendruck in der Landwirtschaft nicht unwichtig.

Seine Silierfähigkeit ist hervorragend, allerdings neigt lose aufgeschüttete Maissilage zur Nachgärung. Sorgfältige Abdeckung ist wichtig, da sonst Schimmelstellen in großem Ausmaß auftreten. Mais bringt Erträge von über 400 dt Grünmasse, über 300 dt fertige Silage je ha. Allerdings muß er fein gehäckselt werden, damit jedes Korn angeschlagen und der Verdauung zugänglich gemacht wird. Andernfalls erscheinen die Körner wieder im Kot.

Rübenblattsilage. Auch Zuckerrübenblätter lassen sich gut silieren, so gut, daß man sich sogar eine Abdeckung sparen kann. Dann kann man aber keine wohlriechende Silage erwarten, und die Nährstoffverluste erreichen 50 %. Rübenblattsilage ist kein problemloses Futter. Hohe Schmutzanteile bewirken niedrigen Energiegehalt und Durchfälle. Die Mineralstoffverhältnisse sind durch hohen Kalzium- und niedrigen Phosphorgehalt gekennzeichnet und erfordern gezielte Mineralstoffergänzung. Obwohl höhere Gaben durchaus üblich sind, sollte man 25 kg nicht wesentlich überschreiten.

Zwischenfruchtsilagen. Zwischenfrüchte sind Futterpflanzen, die nach der Getreideernte im Sommer gesät werden und bis zum Herbst noch genügend Ertrag bringen, wie z. B. Raps, Herbstgras, Stoppelrüben und Markstammkohl. Sie werden besser frisch verfüttert. Silagen dieser Früchte sind selten geruchsfrei und bringen, genau wie Rübenblattsilos, Probleme mit austretendem Sickersaft, der zum Grundwasserschutz aufgefangen und auf dem Feld verteilt werden muß. Ihr Energiegehalt hängt vom Schmutzgehalt ab, obwohl dieser nicht so schrecklich ist wie bei manchen Rübenblattsilagen.

Kraftfutter

Kraftfutter sind keine Wundermixturen. Unter dieser Rubrik werden im Grunde alle Konzentrate zusammengefaßt, d. h. Futtermittel über 7 MJ/kg TrS. Dazu gehören vor allem Getreide, Rückstände der Ölfabrikation und Mischungen daraus.

Getreide. Die einheimischen Getreide sind als Futtermittel recht beliebt, und das mit Recht. Sie sind energiereicher als handelsübliche Mischfutter. Allerdings ist ihr Eiweißgehalt mit 10 bis 12 % nicht gerade berauschend. Deshalb sind sie besonders zum Ausgleich von eiweißreichen Rationen geeignet. Sollen sie als alleinige Kraftfuttermittel verwendet werden, müssen sie, außer zu Weidegras und sehr eiweißreichen Winterfutterrationen, mit eiweißreichen Komponenten gemischt werden. Hier bietet sich vor allem Sojaschrot mit seinem hohen Eiweißgehalt an. Da Getreide von den Pansenbakterien schnell abgebaut wird, ist die Gefahr der Pansenübersäuerung besonders hoch. Größere Tagesgaben, etwa ab 5 kg, sollten aus diesem Grunde auf mehr als zwei Mahlzeiten verteilt werden. Gequetschtes Getreide ist günstiger für die Pansenverhältnisse als gemahlenes. Die Frage taucht aber nur auf, wenn man vor der Überlegung steht, welche Art Mühle man kaufen soll. In diesem Fall ist eine Quetsche günstiger, auch wenn sie etwas teurer ist als eine Hammermühle.

Alle Getreidearten sind in der Fütterung einsetzbar. Roggen und Weizen werden besser mit Hafer oder Gerste gemischt. Gerste und Hafer können problemlos ungemischt gefüttert werden, Weizen hat einen hohen Klebergehalt, der den Kühen im Maul kleistert und deshalb gemahlen nicht immer gern gefressen wird.

Trockenschnitzel. Nach Jahrzehnten der Unterbewertung haben die Trockenschnitzel nach Einführung des neuen Energiebewertungssystems NEL eine starke Aufwertung erfahren. Mit 6,9 MJ/kg sind sie so energiereich wie ein gutes Mischfutter. Da sie nur 11 % Rohprotein enthalten, sind sie zum Ausgleich von eiweißreichen Rationen bestens geeignet. Zur Weide können sie als alleiniges Kraftfutter dienen.

Trockenschnitzel werden heute fast nur noch als melassierte Pellets angeboten. Sie brauchen nicht eingeweicht zu werden. Nur bei großen Mengen, etwa über 4 kg je Tag wäre dies zu überlegen. Sie enthalten viel Kalzium und wenig Phosphor. Auf Phosphorergänzung ist daher zu achten.

Mischfutter. Mischfutter meint der Bauer, wenn er Kraftfutter sagt. Ob sie so kräftig sind, ist nicht immer ganz sicher. Allerdings kann man gerade bei Milchviehmischfutter ziemlich sicher sein, daß die Versprechungen auch gehalten werden, was bei Fertigfutter für andere Tierarten nicht unbedingt der Fall ist. Milchviehmischfutter werden ziemlich häufig von Landwirtschaftskammern und anderen unabhängigen Organisationen überprüft, so daß kein Hersteller es sich leisten kann, irgendwelche obskuren Bestandteile einzumischen. Gute Kraftfutter bestehen zu einem großen Teil aus Rückständen der Ölfabrikation, wie Kokosschrot, Palmkernschrot, Sojaschrot, Rapsschrot u. ä. Je nach Mischung kommt dabei ein unterschiedlicher Eiweiß- und Energiegehalt heraus. Die Hersteller haben sich auf Standards geeinigt. Es gibt drei Energiestufen (siehe Tabelle unten).

Innerhalb der Energiestufen gibt es unterschiedliche Eiweißgehalte. Futter der Energiestufe 3 gibt es mit Rohproteinanteilen zwischen 12 und 18 %, Energiestufe 1 und 2 werden mit 16 bis 32 % Roh-

Standardmischfutter

Energiestufe	Energiegehalt in MJ/kg	reicht für kg Milch
1	5,9 ± 0,2	1,8
2	6,4 ± 0,2	2,0
3	6,9 ± 0,2	2,2

protein angeboten, wobei solche über 16 % zur Mischung mit Getreide gedacht sind. Das Mischungsverhältnis steht auf dem Etikett, z. B. bei 25 % Rohprotein: „Zur Mischung mit Getreide im Verhältnis 1 : 1". Dann bekommt man nämlich eine Mischung mit 17 % Rohprotein, die aus Eiweiß und Energie für zwei Liter Milch reicht und damit ausgeglichen ist.

Mischfutter ist meist pelletiert. Damit hat es eine etwas bessere Struktur als in Mehlform. Dadurch steigt auch die Freßgeschwindigkeit. Die Kuh frißt von mehligem Futter etwa 250 g pro Minute, von pelletiertem etwa 400 g. Trotzdem ist bei höheren Kraftfuttergaben immer die Gefahr der Pansenübersäuerung gegeben. Tagesgaben ab 7 kg sollten auf mindestens drei Gaben verteilt werden.

Weidegras

Das natürliche Sommerfutter ist im Regelfall gar nicht so natürlich. Die Urkuh fand nie reine Grasbestände vor, sondern ein Gemisch von trockenem vorjährigem und durchgewachsenem jungem Gras. Kennzeichnend ist die Vorliebe der Kühe für Wegränder. Sehr junges Gras ist nicht weidereif. Füttert man kein Heu oder Stroh dazu, muß man mit Durchfällen und absinkendem Milchfettgehalt rechnen. Die Weidereife ist bei etwa 20 cm Wuchshöhe erreicht. Das Gras ist dann sehr energiereich, aber nicht mehr so rohfaserarm und wässerig. Trotzdem ist es immer noch sehr eiweißreich, so daß sehr eiweißarme Kraftfutter dazu passen. Da das Gras aber ähnlich energiereich ist wie Kraftfutter, sollte man die Kraftfuttergaben nicht übertreiben. Andernfalls frißt die Kuh viel Kraftfutter und wenig Gras.

Man tauscht also billiges Futter gegen teures aus. 3 kg Kraftfutter sollten zur Weide nicht überschritten werden. Da die Kuh etwa 70 kg Gras frißt, reicht dies allein schon für 20 Liter Milch. Ab Juli geht das Wachstum zurück, und man kann nur noch mit 15 Litern rechnen. Im September und Oktober schließlich reicht die Weide bestenfalls für 8 Liter Milch. Stroh- oder Heubeifütterung, etwa 2 kg pro Tag, sollte während der ganzen Weideperiode stattfinden.

Über Weideführung wird noch zu reden sein. Die Kunst dabei ist, immer weidereifes Gras anbieten zu können. Zu junges Gras bringt die geschilderten Probleme, zu altes fängt an zu verholzen und wird schlecht gefressen. Die Kühe stehen bis zum Bauch im Gras und blasen ins Futter. Die Futteraufnahme reicht gerade für den Erhaltungsbedarf und noch etwas Milch. Weidereifes Gras ist ein vollwertiges Futter mit hohem Vitamin-A-Gehalt und ausreichend hohem Mineralstoffgehalt. Nur Natrium fehlt praktisch immer und muß über Lecksteine angeboten werden.

Einige Rationstypen

Die Zusammensetzung einer Ration hängt von den betrieblichen Verhältnissen ab. Grundsätzlich kann man alles füttern, was der Kuh schmeckt und ihr nicht schadet. Sie kann durchaus auch Abfälle wie Kartoffelschalen in größeren Mengen oder Gemüseblätter verwerten, nur muß man die besonderen Verdauungsverhältnisse beachten. Demgemäß gibt es eine Unzahl möglicher Rationen. Hier können nur einige Rationstypen dargestellt werden, die in der Praxis funktionieren. Grassilage mit anderem Trockensubstanzgehalt muß umgerechnet werden. Bei Silage mit einem Gehalt von 35 % nimmt man Menge : TrS-Gehalt × 35 und erhält die Menge bei abweichendem Trockensubstanzgehalt.

Die Hauptarbeit bei der Kuhhaltung ist die Futterbergung. Das kann man erst verstehen, wenn man berechnet, wie hoch der Winterfutterbedarf einer Kuh bei den genannten Rationen ist. Die Länge der Winterfutterperiode ist unterschiedlich. In mittleren Lagen rechnet man 200 Winterfuttertage (einschl. 20 Tage Reserve für verregnete Maitage oder Dürreperioden im Sommer). Hochgerechnet ergibt das für die aufgeführten Rationen die in den Tabellen unten aufgeführten Mengen.

Futtervoranschlag

Nichts ist schlimmer, als wenn man im Februar oder März feststellt, daß man mit seinem Futter nicht auskommt. Es gibt zwei Wege, um solche Schwierigkeiten zu vermeiden. Welchen man wählt, kommt auf den Zeitpunkt an, zu dem man sich die Frage stellt.

1. Methode: Der beste Zeitpunkt ist vor Beginn des Anbaues. Man stellt seinen Viehbestand fest, legt sich eine mögliche Ration zurecht und multipliziert die Zahl der Futtertage mit der täglichen Ration. So erhält man die Menge, die man benötigt und die man einlagern muß. Das Rechnen mit

Tagesmengen in kg bei verschiedenen Rationstypen

Ration	1	2	3	4	5
Heu mittel	12	9	4	4	5
Grassilage 30 % TrS	–	–	19	12	–
Maissilage	–	–	–	13	21
Massenrüben	–	25	15	–	–
reicht für kg Milch	4,7	7,1	8,1	8,7	8,7
Ausgleichsfutter:					
Getreide	1	–	1	–*	–
Sojaschrot	–	0,5	–	–	1
reicht zusammen für kg Milch	7,1	8,2	10,5		10,9

* Ausgleichsfutter nicht nötig. Wenn dennoch Getreide gefüttert werden soll, im Verhältnis 3 : 1 mit Sojaschrot mischen.

Gesamtmengen für 200 Winterfuttertage in dt (für Rationstypen oben)

Ration	1	2	3	4	5
Heu	24	18	8	8	10
Grassilage 30 % TrS	–	–	38	24	–
Maissilage	–	–	–	26	42
Rüben	–	50*	30	–	–
Getreide	2	–	2	–	–
Soja	–	1	–	–	2

* Rüben halten sich meist nur bis März/April.

Futtertagen, also Anzahl Tagesgaben mal Zahl der Kühe, ist bei Voranschlägen ganz hilfreich. Störend dabei ist immer das Jungvieh, einmal, weil man nie die Tagesration auf die Reihe bekommt und zweitens, weil jede Altersklasse unterschiedliche Mengen frißt. Für überschlägige Berechnungen kann man annehmen, daß Jungvieh von über zwei Jahren 0,7mal soviel frißt wie eine Kuh, Jungvieh von ein bis zwei Jahren die Hälfte einer Kuh und solches bis ein Jahr ein Drittel. Also kann man sagen: Kuhfuttertage × 1 + Futtertage des Jungviehs über zwei Jahre × 0,7 + Futtertage, Jungvieh ein bis zwei Jahre × 0,5 + Futtertage, Jungvieh bis ein Jahr × 0,35 ergibt Gesamt-Futtertage. Der ganze Bestand ist sozusagen umgerechnet auf Kühe. Aus den einzelnen Komponenten der Kuhration × Gesamt-Futtertage erhält man die Futtermenge, die zu produzieren ist.

2. Methode: Anders ist vorzugehen, wenn das Futter bereits vorrätig ist und man wissen möchte, wie die Ration aussehen kann. Der Voranschlag nach Methode eins kann bei Dürre oder Erntekatastrophen leicht danebengehen. In jedem Fall ist nach Methode zwei der Vorrat zur Sicherheit zu überprüfen. Dabei geht man von den Vorräten aus. Dazu ist das Gewicht je m^3 aus der Tabelle Seite 21 zu nehmen und dieses in Trockensubstanz umzurechnen. 1 m^3 Rüben wiegt 700 kg. Rüben haben 11 % Trockensubstanz. 700 × 11 % = 0,77 dt TrS/m^3 Rüben. Die Trockensubstanzmenge der gesamten Vorräte wird zusammengezählt und durch die Zahl der Gesamt-Futtertage geteilt. Daraus ergibt sich, wieviel Trockensubstanz pro Kuh und Tag gefüttert werden kann. Es wurde bereits gesagt, daß eine Kuh pro Tag etwa 11 kg aufnehmen kann. Liegt der Vorrat erheblich unter diesem Wert, sind geeignete Futtermittel zuzukaufen. Bei Betrieben mit viel Futterfläche kann es auch vorkommen, daß Futter verkauft werden kann. Man nimmt dann zunächst einmal solche Futtermittel aus der Ration, die marktfähig sind, wie Heu oder Rüben. Silagen kann man nur in der Nähe verkaufen. Der Trend nimmt aber zu.

Futtermittel mit hoher Energiekonzentration wie Mais oder Rüben gibt man vorzugsweise an die milchgebenden Kühe und muß dies im Voranschlag berücksichtigen.

Fütterungstechnik

Darunter versteht man nicht etwa irgendwelche Roboter, die im Stall herumturnen, sondern die Reihenfolge, in der man die Futtermittel verabreicht. Besonders bei hohen Leistungen kann davon Erfolg oder Mißerfolg abhängen. Die traditionelle Reihenfolge ist Kraftfutter – Saftfutter (Rüben, Silagen) – Heu. Bei hohen Kraftfuttermengen besteht immer Gefahr von Pansenübersäuerung. Wie auf Seite 38 beschrieben, ist die beste Vorbeugung die Förderung der Speichelabsonderung. Nasse Silagen haben aber dafür zuwenig Struktur. Heu ist wesentlich besser geeignet. Noch besser ist es, etwas Heu vor dem Kraftfutter zu geben, anschließend ein Viertel der Kraftfuttertagesgabe, wieder etwas Heu, dann ein weiteres Viertel, dann Silage oder Rüben und abends wieder dasselbe. Dieses Verfahren ist zugegebenermaßen etwas umständlich, aber es ist auch nur bei ausgesprochenen Hochleistungskühen anzuwenden. Die anderen können nach dem üblichen, alten Muster gefüttert werden.

In Beständen ab 50 Kühen lohnen sich Fütterungscomputer, die die Kühe anhand ihres Halsbandes erkennen und ihnen die Kraftfuttermenge zuteilen, die der Landwirt in den Computer eingegeben hat. Das entscheidende dabei im Hinblick auf die Pansenphysiologie ist, daß die Kuh die Tagesration in Portiönchen von z. B. 250 g bekommt, also keine großen Mengen auf einmal, die zur Pansenacidose führen. Auf diese Weise können absolute Hochleistungskühe, also solche mit Tagesmilchmengen von über 35, 40 oder gar 50 l soviel Kraftfutter bekommen, wie sie zur Deckung ihres Energiebedarfs benötigen, ohne Schwierigkeiten mit ihrem Pansen zu bekommen. Im Anbindestall gibt es eine ganz einfache Methode, um solchen Tieren große Kraftfuttermengen zukommen zu lassen, ganz ohne große Technik und großen finanziellen Aufwand, aber trotzdem funktionsfähig: Man bindet ihnen einfach einen Eimer an den Stallpfosten und füllt ihn mit Kraftfutter. Die Kuh kann fressen wann und wieviel sie will. Das ist aber erst ab 30 l Tagesleistung sinnvoll. Der Eimer darf aber erst gefüllt werden, wenn die Kuh rundherum satt ist, sonst schlägt sie sich den Wanst voll Kraftfutter und bekommt Pansenübersäuerung.

Mineralstoffe

Vielleicht ist die Mineralstofffrage in der Vergangenheit etwas überbewertet worden, aber der Bedarf muß nach wie vor gedeckt werden. Mineralstoffe sind keine Wundermittel, sondern anorganische Stoffe, von denen der Körper eine bestimmte Menge braucht. Ein Teil davon ist in den Futtermitteln enthalten, der Rest muß in Form von Mineralstoffmischung gegeben werden. Davon gibt es eine Vielzahl von Typen und Fabrikaten, und selbst der Fachmann verliert gelegentlich den Überblick. Analysen können zwar den Gehalt an bestimmten Mineralstoffen feststellen, über die Resorption, also die Aufnehmbarkeit aber geben sie keine Auskunft. Phosphor kann als hoch resorbierbares Dinatriumphosphat, aber auch als völlig wertloses Glühphosphat enthalten sein. Als Regel kann man sagen, daß man nur Mischungen von namhaften Herstellern verwenden sollte. Auskunft gibt die örtliche Beratungsstelle.

Die wichtigsten Mineralstoffe und zugleich die problematischsten sind Kalzium, Phosphor, Natrium und Magnesium. Dazu kommen die Spurenelemente Zink, Kupfer und Mangan. Andere, in der menschlichen Ernährung wichtige, bringen beim Rind in der Regel keine Probleme.

Kalzium ist zum größten Teil im Skelett gespeichert. Nur 1 % befindet sich in gelöster Form in den Körperflüssigkeiten. Im Skelett ist Kalzium Baustoff, teils kohlensaurer Kalk, teils phosphorsaurer Kalk. Das Skelett bildet gleichzeitig das Kalzium-Reservoir und kann bei Bedarf unter Hormonsteuerung Kalzium ins Blut abgeben. Die große Reserve bedeutet, daß vorübergehender Kalziummangel locker aufgefangen wird. Probleme gibt es nur bei langdauernden Versorgungsfehlern. Dabei ist ein Zuviel genauso schlimm wie ein Zuwenig. Neben seiner Aufgabe als Baustoff hat es eine Reihe Aufgaben im Stoffwechsel.

Mineralstoffgehalte einiger wichtiger Futtermittel in g/kg

Futtermittel	Trocken-substanz	in Frischsubstanz Ca	P	Na	in Trockensubstanz Ca	P	Na
Heu mittel	850	5,1	2,6	0,9	6	3	1
Heu gut	850	5,1	2,6	0,9	6	3	1
Massenrüben	110	0,3	0,3	0,4	2,5	2,5	3,3
Gehaltsrüben	140	0,4	0,3	0,6	2,7	2,4	4,0
Grassilage mäßig	300	1,8	1,0	0,3	6	3,5	1
Grassilage mittel	300	1,8	1,0	0,3	6	3,5	1
Grassilage gut	300	1,8	1,0	0,3	6	3,5	1
Grassilage mäßig	450	2,7	1,6	0,5	6	3,5	1
Grassilage mittel	450	2,7	1,6	0,5	6	3,5	1
Grassilage gut	450	2,7	1,6	0,5	6	3,5	1
Maissilage milchreif	250	0,7	0,7	0,1	2,7	2,6	0,2
Maissilage teigreif	310	0,8	0,8	0,1	2,7	2,6	0,2
Weidegras weidereif	160	1,0	0,6	0,2	6	3,5	1
Stroh	860	2,6	0,7	1,1	3	0,8	1,3
Gerste	870	0,6	3,5	0,7	0,7	4,0	0,8
Hafer	870	1,0	3,0	0,3	1,2	3,5	0,4
Trockenschnitzel	900	7,9	0,8	3,2	8,8	0,9	3,6
Weizenkleie	880	1,6	11,4	0,4	1,8	13	0,5
Sojaschrot	860	2,6	6,5	0,3	3,0	7,6	0,3

Phosphor ist, wie Kalzium, Baustoff und zu einem großen Teil im Skelett gespeichert. Er ist ebenfalls im Stoffwechsel aktiv, vor allem im Energiestoffwechsel, wo energiereiches Phosphat, das Adenosintriphosphat ATP sozusagen die Batterie der Zelle darstellt.

Kalzium und Phosphor hängen eng zusammen. Sie sollen in einem bestimmten Verhältnis in der Ration stehen. Bei der Milchkuh ist dieses 1,5 bis 2 : 1. Bei beiden werden Stoffwechsel und Einlagerungen ins Skelett vom Vitamin D günstig beeinflußt.

Magnesium ist neben seiner Funktion als Skelettbaustoff an Stoffwechselvorgängen besonders im Nerven- und Muskelbereich beteiligt, so daß ein Zuwenig im Blut, wie auch bei Kalzium, zu Lähmungserscheinungen führen kann.

Natrium ist sogenannter Elektrolyt. Es ist als Kochsalz für den Stofftransport durch Zellwände (Osmose) verantwortlich. Mit Kalium steht es in Wechselwirkung und soll mit ihm im Verhältnis von etwa 8 : 1 (K : Na) stehen. Da der Natriumgehalt der Milch sehr gleichmäßig ist, kann Natriummangel zu Leistungsabfall führen. Besonders Grasprodukte sind natriumarm. Da der Natriumappetit vom Bedarf geregelt wird, kann man es in Form von Lecksteinen zur freien Verfügung anbieten. Natriumüberschuß ist kein Problem. Es wird durch erhöhten Wasserverbrauch verdünnt und über die Niere ausgeschieden.

Mineralstoffbedarf

In der praktischen Fütterung ist es erforderlich, neben Energie und Eiweiß auch die Mineralstoffversorgung zu berechnen,

Berechnung des Mineralstoffbedarfs

Mineralstoffgehalt

	Ca	P	Na
Heu mittel	5,1	2,6	0,9
Massenrüben	0,3	0,3	0,4
Sojaschrot	2,6	6,5	0,3

nun wird multipliziert:

Gehalt der Tagesration

	Ca	P	Na
9 kg Heu mittel	45,9	23,4	8,1
25 kg Massenrüben	7,5	7,5	10,0
0,5 kg Sojaschrot	1,3	3,3	0,2
Summe	54,7	31,2	18,3

Wie bei den Tagesmengen verschiedener Rationstypen Seite 89 dargestellt, reicht die Ration für 7,1 Liter Milch, sagen wir 8 Liter. Also braucht die Kuh folgende Mineralstoffmengen:

Mineralstoffbedarf

	Ca	P	Na
für Erhaltung	25,0	25,0	9
für 8 Liter Milch	24,0	13,6	4,8
Summe	49,0	38,6	13,8
in der Ration sind	54,7	31,2	18,3
Bilanz	+ 5,7	− 7,4	+ 3,5

zumindest für die Mengenelemente Kalzium, Phosphor und Natrium. Dazu muß man die Gehalte der Futtermittel kennen. Die Werte in der Tabelle sind Durchschnittswerte; die Mineralstoffgehalte können aber stark schwanken. Besonders stark trifft dies für Kalzium zu. Wer sicher sein will, muß die Futtermittel untersuchen lassen.

Genau wie bei Protein und Energie kann man leistungsabhängige Bedarfswerte nennen. Eine Kuh von 600 kg braucht je 25 g Kalzium und Phosphor pro Tag zur Erhaltung, dazu 9 g Natrium. Je kg Milch sind 3 g Ca, 1,7 g P und 0,6 g Na nötig. Nehmen wir die Beispielsration:

9 kg Heu und 25 kg Rüben, dazu 0,5 kg Sojaschrot. Der erste Schritt ist wieder das Heraussuchen der Gehalte je kg.

Der Ca- und Na-Bedarf ist also gedeckt, es fehlen 7,4 g P. Das Ca : P-Verhältnis in der Ration ist 54,7 : 31,2 = 1,75 : 1.

Es liegt also im gewünschten Bereich von 1,5 bis 2 : 1 und ist somit in Ordnung.

Zur Phosphorergänzung stehen Mineralstoffmischungen mit hohem P-Gehalt zur Verfügung. Allerdings gibt es keine Mineralstoffmischungen ohne Kalzium, so daß man zusammen mit Phosphor auch immer zusätzliches Kalzium in die Ration bringt. Solange die Kalziumversorgung aber nicht stark überhöht ist, ist das nicht so schlimm. Im obigen Beispiel wären von einer Mischung mit 11,5 % P 7,4 : 11,5 × 100 = 64,3 rund 65 g Mineralfutter erforderlich.

Die Mineralstoffe gehören aber schon zur „höheren Schule" der Milchviehfütterung; deshalb soll das hier nicht übertrieben werden.

Futtermittel, die gefährlich werden können

Nicht alle Futtermittel sind problemlos einzusetzen. Einige sind sogar ausgesprochen gefährlich. Giftpflanzen meidet die

Höchstmengen einiger Futtermittel je Tag

Futterrüben	50 kg
Zuckerrüben	10 kg
Trockenschnitzel	4 kg
Preßschnitzel (abgepreßte Naßschnitzel)	30 kg
Kohlrüben (Steckrüben)	20 kg
Stoppelrüben (Wasserrüben)	40 kg
Mohrrüben	30 kg
Rote Bete	20 kg
Markstammkohl	25 kg
Rotkohl, Weißkohl	25 kg
Raps	30 kg
Kartoffeln	10 kg
Schlempe	40 Liter
Biertreber	7 kg
Bohnenschrot, Erbsenschrot	25 % des Kraftfutters
Melasse	1 kg
Maissilage	24 kg

Kuh weitgehend vom Instinkt her. Lediglich bei Eiben (Taxus) scheint ihr Sicherheitssystem zu versagen. Wenn der wohlmeinende Häuslebauer nebenan den Abfall vom Heckescheren den Kühen hinwirft, kommt es zur Katastrophe. Schon 500 g Eibe können tödlich sein. Die Eibe ist übrigens für fast alle Haustierarten tödlich giftig.

Richtig gefährlich sind solche, die die Pansengärung durcheinanderbringen. Ich habe einen Fall erlebt, wo Kühe große Mengen Äpfel gefressen haben. Die Säure schädigte die Pansenflora derart, daß heftige Durchfälle und ein Milchfettgehalt von weniger als 2 % die Folge waren. Einige Futtermittel können zu Blähungen des Pansens führen (s. Aufblähen). Dies sind vor allem junger Klee und stark gedüngte Zwischenfrüchte. Verdorbene oder verschimmelte Futtermittel sind tunlichst zu meiden. Auch gefrorenes Futter ist vom Übel. Daneben gibt es eine Reihe Futtermittel, bei denen man Höchstmengen beachten muß. Die Tabelle links enthält eine Aufstellung mit ungefähren Richtwerten.

Es gibt einige Erscheinungen, die Hinweise auf Störungen geben. Abfallender Milchfettgehalt deutet auf nicht wiederkäuergerechte Fütterung hin, also Rohfaser- oder Strukturmangel. Abfallender Milcheiweißgehalt ist ein Zeichen für nicht leistungsgerechte Fütterung, also für Energiemangel. Kraftfutterverweigerung ist das erste Anzeichen für eine beginnende Stoffwechselstörung (s. Acetonämie). Fehlendes Wiederkauen bedeutet eine ernsthafte Pansenstörung und sollte tierärztlich behandelt werden.

Zusammenfassend hier noch einmal die Grundsätze der Milchviehfütterung:

1. Wiederkäuergerechte Fütterung, also Beachtung der besonderen Ansprüche hinsichtlich Rohfaser und Struktur des Futters.

2. Leistungsgerechte Fütterung, also Erfüllung der Bedarfsnormen für Energie und Protein, keine Unterversorgung, aber auch keine Überversorgung!

3. Ausreichende Mineral- und Wirkstoffversorgung, also Erfüllung der Bedarfwerte, wobei Unterversorgung ebenso schädlich ist wie hohe Überversorgung, besonders bei Kalzium. (Bei Vitamin-A-armen Futtermitteln, wie Maissilage, muß auch die Vitaminversorgung im Auge behalten werden.)

Die Kuh und ihre Umwelt

Die Kuh auf der Weide

Mancher mag glauben, die Weideperiode sei die leichteste im Jahr: einfach Kuh aufs Gras und Selbstbedienung – fertig. Nur vergißt man dabei, daß die Kuh nicht mehr durch Wälder und Auen streift und sich nach Bedarf bedient, sondern auf einer abgezäunten Parzelle eingesperrt ist. Hat sie zuviel Fläche zur Verfügung, wächst ihr das Gras über den Kopf, hat sie zuwenig, wird sie nicht satt. Die Kunst, immer ausreichend weidereifes Gras die gesamte Weideperiode über zur Verfügung zu haben, nennt man Weideführung.

Die Pflanzen des Grünlands

Zunächst muß man sich bewußt werden, wie die optimale Pflanzengesellschaft auf einer Weide aussieht. Bei den Gräsern unterscheiden wir Ober- und Untergräser. Die Obergräser wachsen hoch und bringen mit ihrer Stengelmasse bei Schnittnutzung den überwiegenden Anteil des Ertrages. Die Untergräser bilden praktisch die Unterwolle, bringen mit viel Blattmasse gutes Futter und sind bei der Weidenutzung von großer Bedeutung. Dazu kommen wertvolle Futterkräuter, die durch ihren Mineralstoffgehalt und ihren hohen Nährstoffgehalt zur Komplettierung der Weideration beitragen. Die Tabelle unten enthält eine Liste der wertvollsten Gräser und Kräuter.

Daneben gibt es einige Gräser und Kräuter, die vielleicht der Naturschützer gern sieht, nicht aber der Bewirtschafter. Auf nassen Wiesen treten Binsen und Seggen auf, auf trockenen die Rasenschmiele. An Kräutern sind Disteln, Brennesseln, Storchschnabel, Herbstzeitlose, Großer Ampfer, Sauerampfer und eine Reihe anderer zu nennen. Diese Pflanzen werden von den Tieren gemieden und verderben zum Teil die ganze Weide. Besonders der Große Ampfer macht wegen seiner Vermehrungskraft in den letzten Jahren ziemlich Ärger. Manchmal ist chemische Bekämpfung nicht mehr zu vermeiden. Behandelt man die ganze Fläche, gehen viele erwünschte Pflanzen mit zugrunde.

Wertvolle Gräser und Kräuter des Grünlandes

Obergräser	Untergräser	Leguminosen	andere Kräuter
Glatthafer	Rotschwingel	Weißklee	Löwenzahn
Knaulgras	Deutsches Weidelgras	Gelbklee	Wiesenpippau
Wiesenlieschgras	Wiesenrispe	Vogelwicke	Wiesenkerbel
Wiesenschwingel	Goldhafer	Hornklee	Schafgarbe
Wiesenfuchsschwanz	Weißes Straußgras	Wiesenrotklee	Spitzwegerich

Jungvieh auf der Weide ist für jeden Besuch dankbar.

Deshalb ist horstweise Behandlung vorzuziehen. Bei Disteln reicht meist mehrmaliges Abmähen, um ihnen den Lebensmut zu nehmen.

Die Anlage einer Weide

Weiden sind stabile Pflanzengesellschaften von Gräsern und Kräutern, die sich in Art und Zahl an die natürlichen Gegebenheiten wie Boden und Klima und an die Bewirtschaftung angepaßt haben. Kann man eine alte Weide übernehmen, sollte man sie um Gottes willen nicht umbrechen und neu ansäen. Nur bei starker Verunkrautung kann das nötig sein. Dazu wird tief gepflügt und ein feines Saatbett hergerichtet.

Vorher sollte anhand von Bodenuntersuchungen der Boden auf einen optimalen Nährstoffzustand gebracht werden. Die Bodenproben kann man über das zuständige Landwirtschaftsamt bzw. die Kreisdienststelle der Landwirtschaftskammer an die Untersuchungsanstalt weiterleiten lassen. Auf dem Untersuchungsattest stehen genaue Düngungshinweise.

Für die Aussaat stehen Standardmischungen zur Verfügung, die an die klimatischen Verhältnisse der Region angepaßt sind. Bei den genannten Kreisdienststellen erfährt man auch, welche Standardmischung zu wählen ist. Von Frühjahr bis Mitte August ist die beste Zeit für die Ansaat. Im ersten Jahr hat der Boden sich noch nicht richtig gesetzt, so daß

Mit einem solchen Transportgitter kann man Rindvieh gefahrlos auf der Straße bewegen.

Schnittnutzung zu bevorzugen ist. Die Ertragsleistung einer neu angesäten Weide geht im zweiten und dritten Jahr zurück, weil sich die Pflanzengesellschaft umstellt, vom vierten Jahr an wird sie stabil. Wenn es irgend geht, sollte man die umbruchlose Narbenverbesserung bevorzugen. Hier wird Grassamen in den stehenden Bestand eingesät.

Weidezäune

Die Weide braucht einen Zaun. An verkehrsreichen Straßen ist die Aufstellung eines ausbruchsicheren Zaunes unumgänglich. Die Art des Zaunes richtet sich nach der gehaltenen Tierart. Hält man nur Rindvieh, wählt man einen Stacheldrahtzaun mit drei Drähten. Läßt man Pferde mitlaufen, sollte man wegen der Verletzungsgefahr Holzzäune bevorzugen, und bei Schafen ist ein Knotengitter sinnvoll, weil sonst die Kühe drinbleiben und die Schafe draußen herumlaufen. Ein Elektrozaun ist natürlich am bequemsten, nur ist er nicht absolut ausbruchsicher. Es gibt allerdings heute starke Geräte (und teure), die nicht gleich von jedem anstoßenden Grashalm geerdet werden.

Für den Stacheldrahtzaun wählt man 10–15 cm starke Pfähle, die etwa 30 cm in die Erde kommen und mindestens 120 cm aus der Erde schauen sollen. Der Abstand zwischen den Pfählen ist bei Außenzäunen 4–5 m, bei Unterteilungen 5–7 m. Die Eckpfähle werden mit Strebpfählen verse-

Holzzaun mit Stangentor. In die Torpfosten sind halbrunde Klammern eingeschlagen. Durch diese werden etwa 10 cm starke, glatte Holzstangen geschoben.

Elektrodraht innen

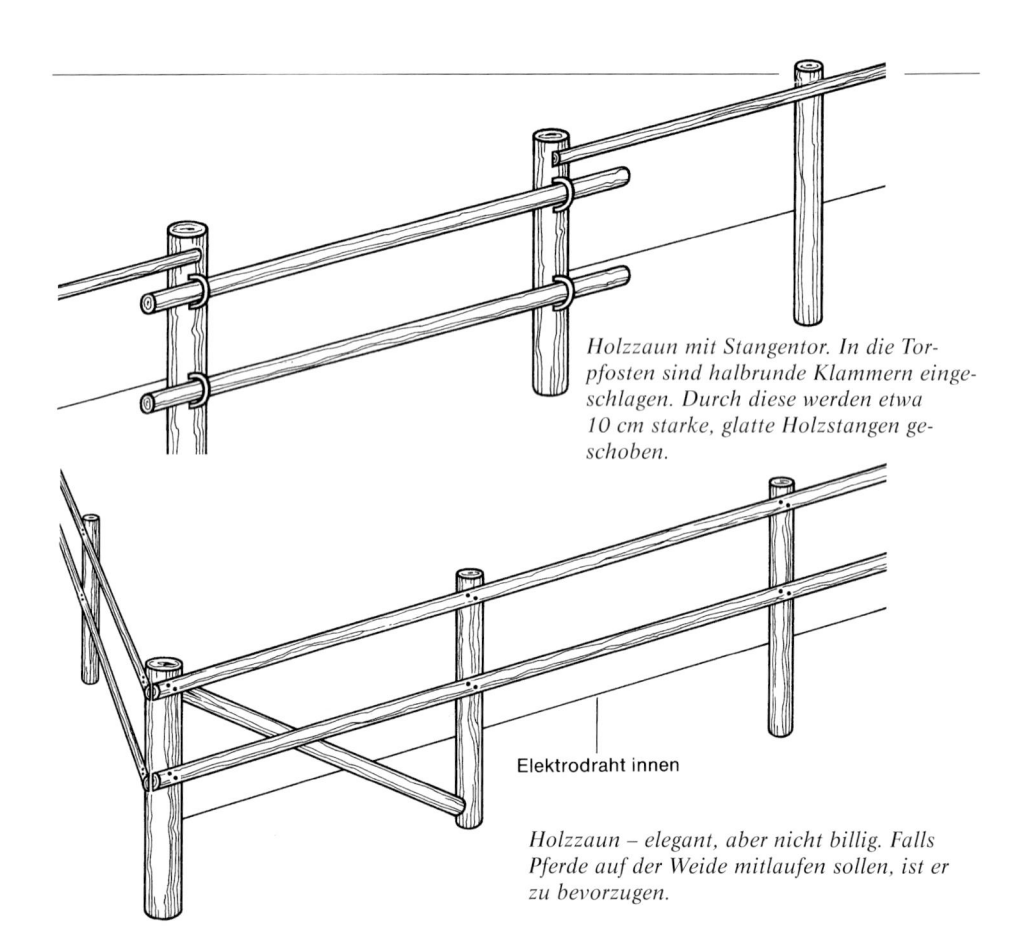

Holzzaun – elegant, aber nicht billig. Falls Pferde auf der Weide mitlaufen sollen, ist er zu bevorzugen.

hen, die Drähte mit Spannschlössern straff gespannt. Innen kann mittels angebrachter Isolatoren noch ein Elektrozaun gespannt werden. Beim Holzzaun werden statt der Drähte halbrunde Holzstangen an die Pfähle genagelt, eine Reihe oben und eine zweite in etwa 60 cm Höhe. Innen ist wiederum ein Elektrodraht zu empfehlen. Das Knotengitter braucht keinen Elektrodraht. Man kann ihn allerdings oben darüberspannen und braucht dann kein so breites Knotengitter, denn das ist nicht ganz billig. Ein Meter Knotengitterzaun kostet etwa 3,00 DM, ein Meter dreidrähtiger Stacheldrahtzaun 1,80 DM. Am billigsten ist der eindrähtige Elektrozaun mit 1,00 DM je m. Dazu kommt das Gerät mit 300–500 DM, je nach Stärke. Mit ihm wird ein hochgespannter, aber schwacher Strom durch den Draht geschickt. Läßt man Schafe mitlaufen, muß mindestens ein zweiter Draht dazu. Die Pfähle stehen in Abständen von 7–10 m auseinander, sind entweder aus Holz oder, wenn der Zaun häufig versetzt werden muß, aus Eisen mit einem Tritteisen unten quer, so daß man die Pfähle nicht immer mit dem Hammer einschlagen muß, sondern sie einfach in die Erde tritt. Der Elektrozaun genießt bei den Tieren einigen Respekt und braucht daher nur 85 cm hoch zu sein. In Paniksituationen aber nützt die unan-

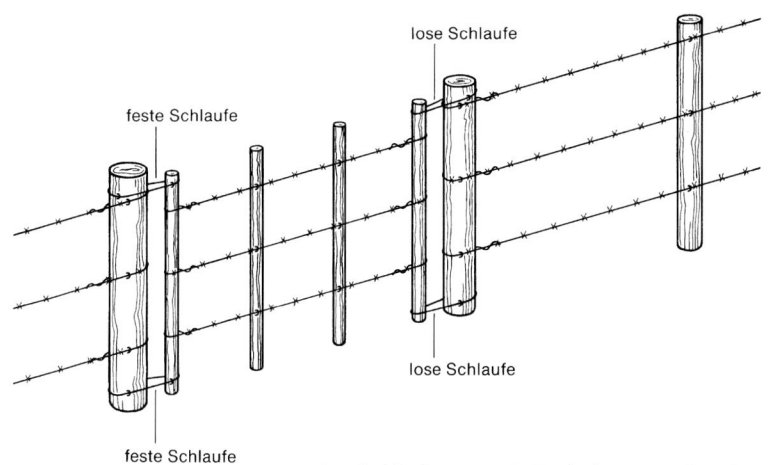

feste Schlaufe
lose Schlaufe
lose Schlaufe
feste Schlaufe

*Stacheldrahtzaun mit Einfachtor – nicht schön, aber billig.
Die Ecke ist mit Stützstreben versehen.*

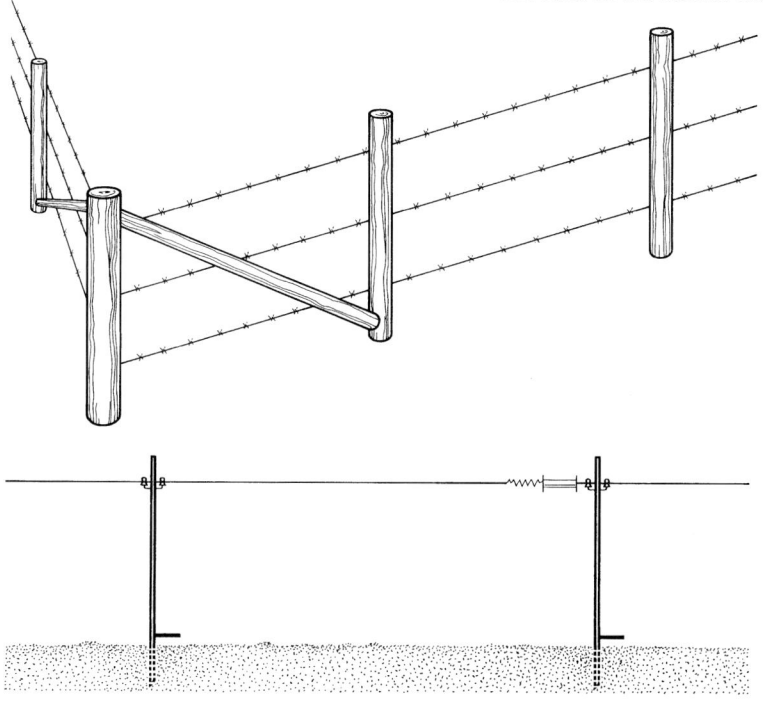

Elektrozaun mit Tor. Ein isolierter Griff macht das Öffnen angenehmer.

genehmste Erinnerung nichts, die Tiere rennen einfach durch den Zaun. Erstaunlich ist die Geschwindigkeit mit der das Rindvieh merkt, ob Strom im Zaun ist oder nicht. Pferde stehen noch lange Zeit vor dem leeren Draht, oft sogar, wenn der Draht gar nicht mehr da ist.

Als Tor sind beim Stacheldrahtzaun zwei oder drei Holzstangen geeignet, die man durch halbrunde, in die Pfosten geschlagene Klammern schiebt (s. Zeichnung). Am billigsten, aber auch am unhandlichsten sind einfach drei Stacheldrähte, die durch senkrechte Rundhölzer verbunden sind und die am Ende mit Drahtschlaufen am gegenüberliegenden Pfosten festgemacht werden. Ein großes Schwingtor ist dekorativ, für die Kinder schön zum Mitfahren, aber auch teuer und stellt hohe Ansprüche an die Stabilität der Torpfosten. Diese Tore, außer dem Stacheldrahtzaun, sind auch für andere Tierarten geeignet. Der Elektrozaun wird einfach mit einem Isoliergriff an einen gegenüberliegenden Haken eingehakt.

Am bequemsten zum Durchfahren, aber auch am teuersten sind breitspaltige Gitter auf dem Boden, über die die Tiere sich nicht zu laufen getrauen. Sollen die Tiere durch das Tor, müssen die Gitter abgedeckt werden. Man findet sie vor allem da, wo Verkehrswege durch große Gemeinschaftsweiden führen, wie z. B. in Wales, Schottland und Australien.

Weidesysteme

Standweide. Das ursprüngliche Weidesystem ist (abgesehen von der Hütehaltung mit Kuhhirten) die Standweide, wo die Tiere alle zusammen auf einer Parzelle laufen, und zwar das ganze Jahr über auf derselben. Die Praktiker nennen diese Weideform auch Galoppweide, eine durchaus nicht positiv gemeinte Bezeichnung. Da die Fläche für die Tiere zu groß ist, wächst ein Teil des Futters über den Zeitpunkt der optimalen Weidereife hinaus. Das ist dann das Material, wovon die Tiere sich ab Juni überwiegend ernähren müssen. Ein Teil bleibt stehen, und wenn man nicht hinterher ist, verwahrlost die Standweide von Jahr zu Jahr mehr. Es ist also eine Nutzungsform, die weder den Tieren noch dem Grünland selbst zusagt.

Umtriebsweide. Schon bald waren sich die Praktiker einig, daß dieses System verbessert werden müßte. Sie teilten die Standweide in eine Anzahl Koppeln auf. So kam man zur Umtriebsweide. Die Umtriebsweide arbeitet nach dem Prinzip „kurze Freßzeiten – lange Ruhezeiten". Das Gras wächst zu Anfang schnell, im Verlaufe des Sommers immer langsamer. Die Kühe kommen auf die erste Koppel, bleiben dort drei Tage und wechseln dann auf die nächste Koppel. Nach 17–20 Tagen ist die erste Fläche wieder nachgewachsen. Wenn das Graswachstum so bliebe, würden sechs Koppeln reichen, um die Kühe kontinuierlich mit weidereifem Gras zu versorgen. Leider dauert die Nachwuchszeit zwischen der zweiten und dritten Nutzung schon 25 Tage. Zu dieser Zeit würde man acht Koppeln benötigen. Und zwischen der dritten und vierten Nutzung sind es gar 30–35 Tage, die das Gras zum Nachwachsen braucht. Hier wären also zehn bis elf Koppeln für eine geregelte Ration nötig. Hat man aber zehn bis elf Koppeln auch im Mai, dann werden die ersten noch zum richtigen Zeitpunkt beweidet,

Komfortable Weideschleppe. Beim Einsatz werden die Seitenteile heruntergeklappt.

die anderen wachsen einem davon. Aber – man braucht ja auch Winterfutter, und die Koppeln, die man im Frühjahr zuviel hat, bieten sich zur Heubereitung geradezu an. Man richtet sich also nach den Verhältnissen im Spätsommer und nutzt die für die Beweidung nicht benötigten Koppeln zur Heu- und Silagebereitung. Die Koppelgröße wird so bemessen, daß bei intensiver Düngung pro Kuh je Tag etwa 70 m² zur Verfügung stehen, bei weniger intensiv gedüngten Weiden bis zu 100 m². Die Kuh soll am Tag 70–80 kg Gras fressen können. Für die drei Weidetage sind also pro Kuh 200 m² nötig. Wer zwei Kühe hat, macht Koppeln von 400 m², wer 30 hat solche von 0,6 ha, bei zurückhaltender Düngung für zwei Kühe 600 m², für 30 Kühe 0,9 ha.

Portionsweide. Die Umtriebsweide ist nicht ganz problemlos. Die Kühe benehmen sich auf der frischen Weide wie Kinder auf einem Kindergeburtstag. Zuerst wird das leckerste verputzt, zum Schluß die Krümel, und bei der ganzen Aktion wird viel vermatscht. Die Kühe selektieren stark und zertrampeln viel. Am dritten Tag ist die Freßlust gebremst, weil überall schon die Nachbarin herumgestapft ist. Dadurch ist das Nährstoffangebot schwankend. Logische Konsequenz war eine noch kleinere Unterteilung der Weide, nämlich in Tagesportionen. Innerhalb des festen

101

Außenzauns werden mittels Elektrozaun Kleinkoppeln von 50–70 m² je Kuh abgezäunt. Man spricht von Portionsweide. Dies ist die intensivste Form der Grünlandnutzung. Der Grünlandfan muß sich aber darüber klar sein, daß es auch die arbeitsintensivste Form ist. Jeden Tag turnt er mit dem Elektrozaun durch die Gegend, zieht Eisenpfähle heraus, hängt den Draht aus, setzt sie ein Stück weiter wieder ein und hängt den Draht wieder ein.

Intensive Standweide. Es ist kein Wunder, daß gerade die besten Grünlandspezialisten sich abermals eine andere Form der Weidenutzung überlegten. Wie man in der Zeit der langen Röcke gern an den Minirock zurückdachte, dachte man in der Grünlandwirtschaft an die bequemen Zeiten der Standweide zurück. Nur wollte man die alten Fehler nicht wieder machen. Ergebnis war die intensive Standweide. Der Überschuß an Gras, der im Frühjahr die Standweide alter Art so uneffektiv macht, wird durch Abtrennung eines Teils der Fläche anderen Verwertungsmöglichkeiten zugeführt: man macht Heu oder Silage davon. Nimmt die Weideleistung im Jahresverlauf ab, schlägt man die geschnittenen und inzwischen wieder nachgewachsenen Flächen der Weide zu und erreicht damit eine bedarfsgerechte Versorgung der Kühe. Das System funktioniert mit regionalen Abweichungen so, daß im Mai und Juni sechs Kühe auf einen ha Weide kommen, im Juli und August vier Kühe und im September und Oktober zwei Kühe je ha. In der letzten Periode laufen also die Kühe über die gesamte Fläche, während in den Perioden davor Teile der Fläche für die Schnittnutzung abgezweigt werden. Man kann dieses Verfahren allerdings nur anwenden, wenn man alle Weiden schön rund um den Betrieb liegen hat. Bei großen Flächen und Herden hat man besser einen Hund, der einem die Kühe heranholt. Falls man Stickstoff düngen will, kann dies ohne weiteres mit Gaben von 1 dt je ha geschehen, auch wenn die Kühe darauf weiden. Nur ist darauf zu achten, daß das Gras trocken ist, damit der Dünger zwischen die Pflanzen rieselt und nicht, wie es bei nassem Gras der Fall wäre, am Gras kleben bleibt und von den Kühen mitgefressen wird.

Weidedüngung und Weidepflege

Fährt man mit offenen Augen durch ein Grünlandgebiet, sieht man, daß längst nicht jede Weide so aussieht, wie man sich eine anständige Kuhweide vorstellt. Kühe fressen zwar im Gegensatz zu Pferden die Weide ziemlich gleichmäßig ab, aber wo rings um die Kuhfladen das Gras stärker wächst, weigern sie sich anfangs mit konstanter Bosheit, zu fressen. Erst wenn das Gras knapp wird, putzen sie auch die „Geilstellen" weg. Da man aber immer reichlich Futter anbieten will, kommt man nicht darum herum, diese Stellen von Zeit zu Zeit zu mähen.

Bei der Umtriebsweide ist der beste Zeitpunkt, wenn die Kühe die Fläche abgeweidet haben. Gleichzeitig verteilt man die Kuhfladen und kann etwa 1 dt je ha Kalkammonsalpeter geben. Zum Fladenverteilen nimmt man auf kleinen Flächen eine Mistgabel, auf größeren eine Schleppe, die man fertig kaufen kann oder sich aus längs aufgesägten Autoreifen selbst herstellt. Damit schleppt man auch im März als erste Pflegemaßnahme die Weide ab, um die Maulwurfshaufen zu verteilen.

Nährstoffbedarf. Über die Düngung wird viel diskutiert. Grundsätzlich brauchen Grünlandpflanzen, wie alle anderen auch, die drei Hauptnährstoffe Stickstoff, Kalium und Phosphor. Dazu muß der Säuregrad des Bodens stimmen. Der pH-Wert soll bei Grünland im leicht sauren Bereich liegen. Stickstoff dient bei der Eiweißsynthese als Baustein und fördert das Massenwachstum. Bei übertriebener Stickstoffdüngung oder Streuen der gesamten Jahresgabe auf einmal kann dieser als Nitrat ins Grundwasser gelangen. Deshalb streuen die Bauern den Stickstoff in mehreren kleinen Gaben, so daß die Pflanzen zwar ausreichend versorgt sind, aber nichts zum Auswaschen übrig bleibt. Am besten sind vier Gaben, eine stärkere von 2 dt je ha Kalkammonsalpeter im frühen Frühjahr und nach jeder Nutzung 1 dt je ha. Hat man durch Bodenuntersuchung festgestellt, daß Phosphor oder Kali fehlen, kann man die Stickstoffgabe im Frühjahr in Form von Mehrnährstoffdüngern zusammen mit P und K geben. Es gibt viele Sorten von „Volldüngern", etwa mit 13 % N, 13 % P, 21 % K, genannt 13 × 13 × 21. Fehlt kein Kalium, was bei starker organischer Düngung der Fall sein kann, kann man 20 × 20 × 0 wählen. bei starkem Viehbesatz aber ist häufig die Lieferung aus dem organischen Dünger, also Mist, Jauche oder beides zusammen als Gülle, mindestens ebenso hoch wie der Entzug durch die Pflanzen. In diesem Falle erübrigt sich natürlich die Düngung mit P und K. Ab zwei Großvieheinheiten (GV, s. dort) je ha kann man mit voller Versorgung aus Naturdünger rechnen. Lediglich Stickstoff muß, falls man den Grasertrag steigern will, wie oben beschrieben, verabreicht werden.

Organische Dünger klingen nach heiler Welt. Für den Kuhhalter sind sie aber nicht unproblematisch. Grundsätzlich kann man sie auf dem Grünland während der Weideperiode schlecht einsetzen, weil Kühe anschließend das Gras nicht gern fressen. Man muß sein ganzes Können aufwenden,

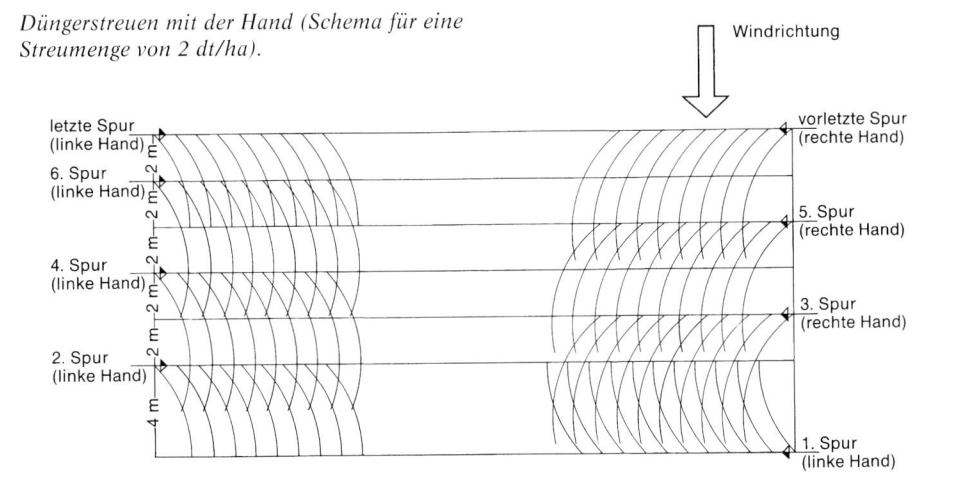

Düngerstreuen mit der Hand (Schema für eine Streumenge von 2 dt/ha).

103

wenn man bei hohem Besatz Mist oder Gülle sinnvoll und effektiv einsetzen will. Der Stickstoff wird schnell verbraucht, der Nachwuchs im Sommer läßt zu wünschen übrig, und man entschließt sich dann doch irgendwann, etwas mit Mineraldünger nachzuhelfen.

Kunstdünger ist, sinnvoll angewandt, durchaus nichts Ehrenrühriges. Stickstoffdünger sind in der Profi-Landwirtschaft ein unentbehrliches Mittel zur Ertragssteigerung. Alle Pflanzen sind auf Stickstoffzufuhr angewiesen. Lediglich die Leguminosen sind durch Knöllchenbakterien an den Wurzeln auf diesem Gebiet Selbstversorger. Stickstoffmangel kann man an der hellgrünen Farbe der Blätter erkennen. Überdüngte Bestände sind dunkel blau-grün. Wer Stickstoffdüngung ablehnt, muß mit Ertragseinbußen rechnen. Die Gefahr der Nitratbildung in der Pflanze kann durch vernünftige Einsatzmengen vermieden werden. Die Auswaschungsgefahr, die nicht wegzudiskutieren ist, bekommt man bei portionsweiser Zuteilung besser in den Griff als bei organischen Düngern, die in großen Mengen verteilt werden. Phosphor spielt in der Pflanze eine große Rolle bei der Stärkebildung und fördert Jugendwachstum und Blüte. Im Boden wird er sehr gut an die Bodenteilchen gebunden, so daß eine Auswaschung und damit eine Umweltgefährdung aus dieser Sicht kaum zu befürchten ist. Die billigste Form ist das Thomasphosphat mit ca. 12 % P_2O_5. Es ist staubförmig und enthält zusätzlich über 60 % Kalziumoxyd, so daß bei seinem Einsatz eine zusätzliche Kalkung sich meist erübrigt. Auch Kali wird im Boden gebunden. Kalium ist notwendig, um den Stofftransport in der Pflanze zu bewirken. Es fördert das Wasserhaltungsvermögen des Bodens. Es kann als bergmännisch gewonnenes Kalisalz oder als Volldünger verabreicht werden. Jauche ist sehr kalireich. Im Zusammenhang mit der Stickstoffdüngung darf aber auch nicht verschwiegen werden, daß hohe Versorgung einseitig die Gräser fördert und wertvolle Kräuter zurückdrängt. Hohe Kaliversorgung fördert die Doldenblütler wie Wiesenkerbel und Bärenklau in unerwünschtem Maße. Es ist also mit der Düngung wie mit dem Wein: ob Medizin oder Leberschaden, ist eine Frage der Dosis.

Größere Flächen werden mit dem Düngerstreuer gedüngt. Kleine Flächen kann man gut mit der Hand streuen, eine Kunst, die verlorengeht. Man braucht eine Säwanne und ein fröhliches Lied auf den Lippen. Wichtig ist der richtige Streurhythmus. Man schreitet wacker aus, und wenn der Fuß, der der Wurfhand gegenüberliegt, den Boden berührt, greift man eine Handvoll Dünger aus der Wanne. Man holt aus, und wenn der andere Fuß den Boden berührt, wirft man, gleichzeitig aus Schulter- und Handgelenk, über die ausgestreckten Finger weg. Am besten übt man das mit Sand. Man wirft immer mit dem Wind. Da man hin und her geht, muß man mal links, mal rechts werfen. Man beginnt an der Seite, wohin einen der Wind theoretisch bläst. Nun geht man in gewissem Abstand hin und her, immer schön geradeaus. Bei längeren Stücken steckt man sich ein Zeichen als Ziel. Der Abstand der Streugänge bestimmt die Düngermenge: alle 2 m gehen = 2 dt/ha oder 20 g/m², 1 m Abstand = 4 dt/ha, 2 m und halbe Handvoll – 1 dt/ha. Man wirft etwa 6 m weit, so daß jede Stelle mehrmals getroffen wird und ein schönes gleichmäßiges Streubild entsteht. Die erste Spur wirft man nur 4 m und nimmt von der Anfangsspur zur zweiten Spur den doppelten des später beabsichtigten Abstands. Die letzte Spur geht man dreimal und streut immer schmaler. Dasselbe Verfahren wendet man übrigens auch zum Säen an. Nur muß man je nach Saatmenge die Handfüllung ändern – Klee oder Raps sät man z. B. mit zwei bzw. drei Fingern.

Die Wohnung der Kuh

Ein Kuhstall ist in der Vorstellung vieler Zeitgenossen eine warme, heimelige, dunkle niedrige Wohnhöhle für Kühe, in die der Bauer morgens im Finstern mit der Petroleumlampe geht, um seine Kühe zu versorgen. So etwas mag es vielleicht vereinzelt noch geben. Dem frierenden Landmann mag es gemütlich sein – ob es den Kühen gefällt, danach fragt sie meist keiner – oder doch? Ja, man kann sie fragen. Man kann durch Wahlversuche herausbekommen, was ihnen zusagt und was nicht.

Stallklima

Wenn der Bauer friert, die Kuh tut es noch lange nicht. Stalltemperaturen zwischen 0 und 2 °C findet sie angenehm. Ist es kälter, ist es auch nicht schlimm, solange sie sich bewegen kann und es nicht zieht. In großen Kaltställen heizt man den Melkstand – damit der Melker nicht friert. Zugluft beginnt im Winter bei 0,2 m Luftbewegung pro Sekunde, im Sommer darf es etwas mehr sein. Die Luftfeuchtigkeit sollte sich im Rahmen zwischen 60 und 80 % bewegen.

Die Finsternis ist nicht die Welt der Kuh. Etwa $1/15$ der Stallgrundfläche sollte Fensterfläche sein. Mehr wäre gut, aber dann wird die Klimatisierung schwierig.

Stallansprüche

Die Kuh mag feste, trittsichere Lauf- und Standflächen und eine warme, weiche Liegefläche mit ausreichend Platz. Beton ist als Lauffläche gut, wenn er nicht glatt ist. Als Liegefläche ist er nicht ideal. Wird nicht eingestreut, muß er wärmegedämmt sein, und es darf keine Feuchtigkeit von unten kommen.

Mit Einstreu läßt sich jeder Untergrund erträglich machen. Kühe haben größte Angst, auszugleiten, und das nicht zu Unrecht. Schließlich können dabei Verletzungen auftreten, die zum Totalverlust des Tieres führen. Der Stand soll also griffig sein. Ist er aber zu rauh, kommt es zu Scheuerstellen, die in ihrer Auswirkung dem Wundliegen von Schwerkranken ähneln können. Stroh ist als Anstreu arbeitsaufwendig, aber unbestritten das beste Lager. Selbstverständlich muß es regelmäßig erneuert werden, sonst wird es zur kalten Fangopackung.

Eine Alternative sind Kunststoff- oder Gummimatten. Sie sind ausreichend weich, aber nicht immer trittsicher.

Schließlich ist darauf zu achten, daß die Tiere sich nicht verletzen können. Scharfe Trogkanten führen bei kurzen Ständen zu Blutergüssen im Brustbeinbereich. Die Holländer betonieren einfach ein Stück altes Förderband als Krippenkante ein. Scharfe Kanten am Standende können zu Euterverletzungen führen. In Laufställen müssen Nägel und Schrauben abgedeckt werden.

Ansprüche des Menschen

Ein guter Stall befriedigt sowohl die Ansprüche des Tieres wie die seiner Betreuer. Kuhhaltung ist arbeitsaufwendig. Deshalb ist es nicht nötig, einen Stall auch noch unpraktisch zu machen. So weit geht auch der höchste Idealismus nicht. Grundsatz eines Stalles ist: ungestörte Arbeitsachsen. Einfahrt und Futtergang sollten in einer Linie liegen und mit Fahrzeugen zu benutzen sein. Alte landwirtschaftliche Weisheit lautet: trage nicht, was du fahren kannst. Der Futtergang soll lieber etwas breiter als nötig sein, damit man etwas Futter auf Vorrat lagern kann.

Das Entmisten ist die zweite schwere Arbeit. Eine durchgehende Achse zum Misthaufen erleichtert die Arbeit und ermöglicht eine Mechanisierung mit einfachen Mitteln. Die Futter- und Strohlager sollten günstig zum Stall liegen. Deckenlastige Strohlagerung ist im Winter sehr angenehm (im Sommer hat man die Arbeit mit dem Beschicken). In einem tiergerechten Stall sollen die Tiere Bewegungsfreiheit haben, aber ein Anbindestall mit zuviel Freiheit bringt unweigerlich schmutziges Vieh mit sich. Das sieht man, wenn man Jungvieh auf Kuhständen anbindet. Das kann bis zum Hals im Stroh stehen, trotzdem ist es voll Kot bis hinter die Ohren.

Stallsysteme

Anbindestall

Diese Stallform ist für den kleineren Bestand die Form der Wahl. Er bietet den Tieren zwar nicht die letzte Bewegungsfreiheit, bei Beachtung der Maße ist aber den Ansprüchen der Tiere ausreichend Rechnung getragen.

Kritische Phasen sind das Hinlegen und vor allem das Aufstehen der Tiere. Wie schon geschildert, geht die Kuh zum Hinlegen vorn auf die Knie und läßt das Hinterteil dann mehr oder weniger elegant fallen. Der Kopf kann bei Platzmangel zur Seite gedreht werden. Beim Aufstehen hingegen benötigt die Kuh ihren Kopf als Kontergewicht. Der Hals wird lang ausgestreckt, sie geht vorn auf die Knie und gibt sich einen Schwung, um das schwere Hinterteil hochzubekommen. Ist vorn zuwenig Platz, wird das Tier diese Prozedur möglichst vermeiden und bleibt lieber liegen, eine Tatsache, die auf Futteraufnahme und Wohlbefinden einen großen Einfluß hat. Heute finden wir noch zwei Systeme von Anbindeställen, den Mittellangstand und den Kurzstand. Die Bezeichnungen leiten sich von der Standlänge her.

Ursprünglich war der Langstand üblich. Bei ihm war Standlänge gleich Länge der liegenden Kuh. Da sie beim Fressen nach vorn mit dem Kopf über die Krippe trat, fiel der dabei eventuell abgesetzte Kot auf den Liegebereich. Beim anschließenden Hinlegen legte sie sich mitten hinein. Man brauchte also viel Stroh und viel Arbeit, wenn man einigermaßen saubere Tiere haben wollte.

Mittellangstand. Pfiffig, wie die Bauern sind, sagten sie: Schluß mit der Hin- und Herpendelei. Die Krippe wird zwischen den Mahlzeiten durch ein Freßgitter abgesperrt. Das Ergebnis ist der Mittellangstand, mit ungefähr 2,25 m Standlänge. Hinten ist eine Kotstufe angebracht, so

Kurzstand mit Einstreu und Festmist.

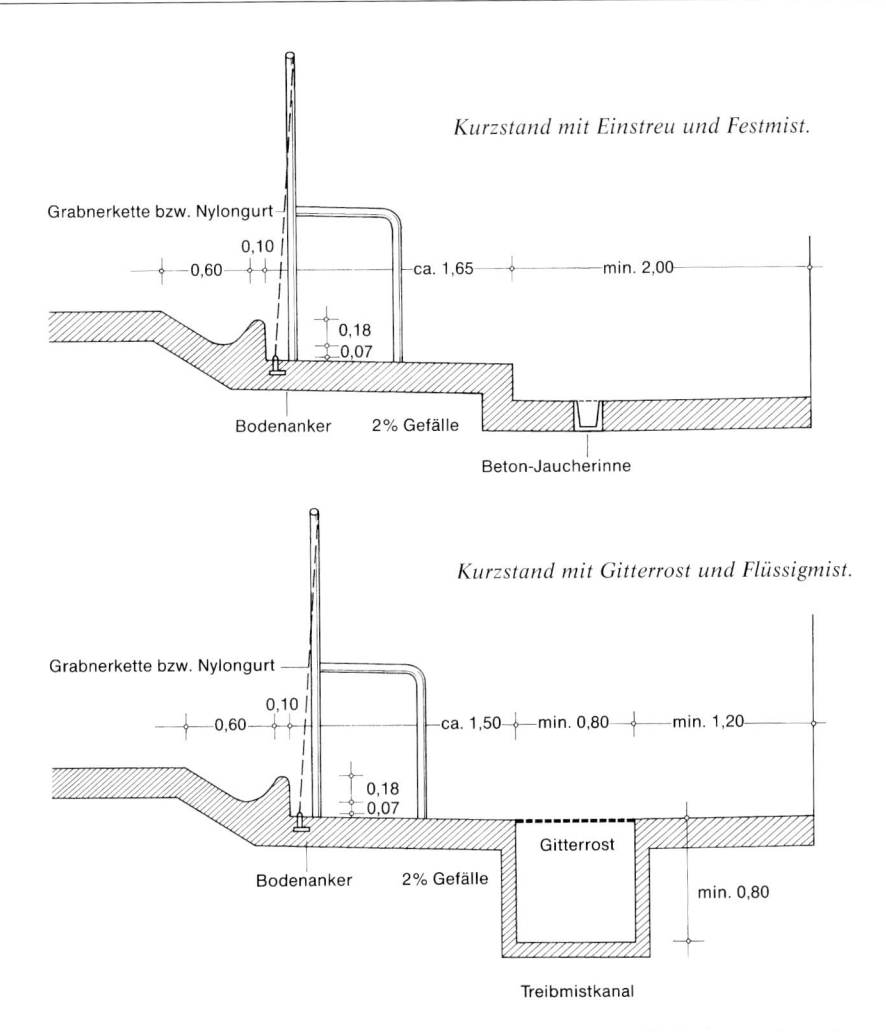

Grabnerkette bzw. Nylongurt
0,10
0,60
ca. 1,65
min. 2,00
0,18
0,07
Bodenanker 2% Gefälle
Beton-Jaucherinne

Kurzstand mit Gitterrost und Flüssigmist.

Grabnerkette bzw. Nylongurt
0,10
0,60
ca. 1,50
min. 0,80
min. 1,20
0,18
0,07
Gitterrost
Bodenanker 2% Gefälle
min. 0,80
Treibmistkanal

daß ein Großteil des Kotes in eine Kotrinne fällt. Nur – beim Fressen sind die Verhältnisse nicht anders als beim Langstand. Ist die Mahlzeit beendet, muß man erst einmal den ganzen Mist in die Kotrinne kratzen und alles wieder einstreuen. Man konnte den Streustrohbedarf von etwa 12 kg pro Tag auf etwa 6 kg senken, aber das System hat immer noch Probleme. Der Mittellangstand hat einen entscheidenden Nachteil: Die Kühe sind auf die Mahlzeiten festgelegt und können nicht, wie man es heute fordert, fressen, wann sie wollen.

Kurzstand. Also: wieder weg mit dem Freßgitter. Die Vorteile des Langstandes und die Vorteile des Mittellangstandes, ohne ihre Nachteile, führen zum Kurzstand. Dabei ist die Krippe so tief gelegt, daß sie die Kuh nicht mehr beim Aufstehen behindert. Als Standlänge braucht man nur noch etwas mehr als die Rumpflänge, also

Kurzstand mit Nylonseilanbindung. Das Tier hat relativ viel Bewegungsfreiheit.

Laufstall mit Fangfreßgitter. Die schrägen Bügel arretieren bei Bedarf selbsttätig.

Freßgitter mit Nackenriegel.

etwa 1,65 m. Die Kotstufe bleibt. Damit fällt in jeder Stellung der meiste Mist in die Kotrinne, und man kann wiederum Stroh einsparen, im Extremfall kommt man zur einstreulosen Haltung. Der Mensch neigt zur Übertreibung. Die Kuh wird nicht gefragt, und schon gibt es Schwierigkeiten. Beton ohne Stroh darauf ist nicht die ideale Liegefläche. Besser ist, – wenn schon ohne Stroh –, Gummi oder elastischer Kunststoff. Auch von den Maßen her neigte man zeitweilig zum Sparen. Um mehr Plätze in den Stall zu bekommen, wurden häufig die Standbreiten möglichst schmal gehalten, bis 95 cm. Die Folge sind Verletzungen, vor allem am Euter. Heute empfiehlt man mindestens 1,15 m.

Anbindung. Während man bei Lang- und Mittellangstand als Anbindung überwiegend die gute alte Kreuzkette benutzte, konnte man sich beim Kurzstand etwas einfallen lassen, um das lästige Hantieren mit der Kette beim An- und Losbinden zu vermeiden. Diese Arbeit fällt vor allem in der Weideperiode an. Also erfand man den Halsrahmen, der sich von einer Stelle aus für alle Stände öffnen und schließen läßt. Theoretisch ideal, aber auch dabei wurde wieder die Kuh nicht gefragt. Sie hat nach vorn und hinten nicht die erforderliche Bewegungsfreiheit, die sie beim Aufstehen und Hinlegen braucht. Verletzungen und Haltungsschäden sind die Folge. Moderne Halsrahmen haben im unteren Drittel Knickpunkte, die die Bewegungsfreiheit erhöhen. Den oberen Befestigungspunkt kann man vor- und zurücksetzen und so die Anbindung gemäß der Körperlänge des Tieres variieren (Abb. siehe Seite 108). Eine Halsrahmenanbindung ist nicht ganz billig, pro Stand sind etwa 350,– DM zu veranschlagen.

Nicht ganz so bequem für den Menschen, aber bequemer für die Kuh ist die Grabnerkette oder eine entsprechende Anbindung mit Nylonseil. Die Grabnerkette ist eine senkrechte Kette vom Boden zu einem Befestigungspunkt in etwa 1,60 m Höhe, meist an einem Zapfen auf einem drehbaren Rohr, auf den die Kette aufgehakt wird. Die Kuh wird mit einem Bügel oder einer großgliedrigen Kette an der senkrechten Kette gehalten. Die Anschaffungskosten sind nicht hoch. Bei der gesamten Konstruktion kann man sehr viel selbst machen.

Selbst herstellen kann man auch ein Gerät, mit dem man erreichen kann, daß die Tiere zielsicher in die Kotrinne treffen. Es ist der sogenannte Kuhtrainer. Grundidee ist, die Kuh zu veranlassen, vor ihrer Erleichterung einen Schritt nach hinten zu machen. Da sie dabei den Rücken nach oben krümmt, berührt sie einen Drahtbügel, der von Zeit zu Zeit an das elektrische Weidezaungerät angeschlossen wird. Sie bekommt eine technische Ermahnung und geht nach hinten. Natürlich sollte der Kuhtrainer so angebracht werden, daß er nicht bei jeder Bewegung der Kuh einen Schlag verpaßt, sondern wirklich nur, wenn sie zu weit vorn steht und den Rücken hoch aufbiegt, und das geschieht nur beim Koten und Harnen.

Hinweise für den Stallbau. Es folgen noch einige Grundsätze für die bauliche Ausführung im Anbindestall. Mindestens 2 m Platz sollen von der Wand bis zum Stand sein. Zuwenig Platz bringt Ärger beim Kalben und Umbequemlichkeit bei der Melkarbeit. Der Stand sollte 1–2 % Gefälle haben, um trocken zu bleiben. Der tiefste Punkt der Krippe soll ca. 10 cm über der Standhöhe liegen. Hält man auch Mastbullen auf dem Stand, sollten es mindestens 15 cm sein. Die Tiere können, anders als auf der Weide, nicht einen Fuß nach vorn stellen, um mit dem Maul bis auf die Erde zu reichen.

Entmistung

Die Entmistung geschieht bei Anbindeställen über die Kotrinne. Während der Harn meist über eine Rinne in die Jauchegrube abgeleitet wird, muß der Kot bzw. das Kot-Stroh-Gemisch irgendwie abtransportiert werden. Die billigste Lösung ist die Schubkarre, bei kleinen Beständen eine vertretbare Möglichkeit. Bei etwas größeren Anbindeställen ist eine mechanische Entmistung sinnvoll. Es gibt eine Reihe von Systemen zu kaufen, und auch der eigenen Erfindungsgabe bietet sich ein reichliches Betätigungsfeld.

Die Seilzugentmistung ist am billigsten, aber mit körperlichem Einsatz verbunden. Auf der Mistplatte steht eine Seilwinde, die über ein Seil ein langes, breites Brett durch die Kotrinne zieht und alles mitnimmt. Auf der Mistplatte kippt man die Vorrichtung einschließlich Ladung um. Fernsteuerung über Seilzug ist zweckmäßig. Liegt die Mistplatte nicht in Verlängerung der Kotrinne, kann man mit Umlenkrollen auch um die Ecke fahren.

Die Schlepperentmistung, bei der man den Mist einfach mit dem Schlepper aus dem Stall schiebt ist ebenfalls kostengünstig. Voraussetzung ist eine ausreichende Breite des Ganges hinter den Kühen, mindestens 2 m. In der Praxis hat sich dieses System nicht sehr stark durchgesetzt. Im Winter muß man zweimal am Tag alle Türen aufreißen. Der Schlepper qualmt zudem den Stall voll. Viele Betriebe haben nicht mehr solch kleine Schlepper, und ein sogenannter „Hofschlepper", ein spezialisierter Schmalspurschlepper mit Frontlader, nur für Hofarbeiten, ist zwar eine feine Sache, kostet neu aber ca. 40 000,– DM, und wer hat die schon übrig? Zudem sind auf beiden Enden des Mistganges breite Türen notwendig, die die Klimaführung erschweren.

Die Schubstangenentmistung ist die eleganteste Lösung. An seitlichen Stangen sind Klappschieber befestigt, die den Mist weiterbefördern, bis er von einem Hochförderer auf den Haufen gefördert wird. Als Antrieb dienen Elektromotoren oder Hydraulikzylinder.

Flüssigmist

Allen mechanischen Systemen gemeinsam ist, daß sie am Weihnachtsmorgen oder am Neujahrsmorgen eine Neigung zu Störungen entwickeln. Frost bringt Probleme mit gerissenen Ketten oder abgedrehten Antrieben. So kam man auf die Idee, die Entmistung ganz ohne mechanische Hilfe durchzuführen. Im Alpenraum wurden schon früh Kot und Harn zusammen als Gülle gesammelt und verteilt.

Treibmistverfahren. Das System erfordert einige Investitionen und ist für Kleinhaltungen daher nicht rentabel. Hinter den Kühen befindet sich anstelle einer Kotrinne ein mit Gitterrosten abgedeckter Güllekanal. Beim heute üblichen Treibmist-

Beim Halsrahmen wurde früher viel falsch gemacht. Dieser hier ist akzeptabel.

Der Laufstall erfordert einen Melkstand. Hier ein Doppelfünfer mit Abnahmeautomatik.

verfahren hat dieser Kanal kein Gefälle. Der Kot schwimmt auf der Jauche und kleckert kontinuierlich über eine 15 cm hohe Staunase in eine Vorgrube, von der aus die Gülle in die Hauptgrube gepumpt wird. Der ganze Kanal ist mit einem Gitterrost abgedeckt, durch den der Kot in den Kanal fällt. Damit das zielgerecht passiert, ist der Stand kürzer als beim eingestreuten Stand, etwa 1,50 m. Dies kann allerdings dazu führen, daß die Kühe zeitweise auf den Gittern stehen. Unzweckmäßige oder scharfkantige Roste können zu Klauenschäden und Gelenkproblemen führen. Heute hat man meist kunststoffüberzogene Gitterroste mit mindestens 2 cm Stabbreite und mit 3,5 cm Zwischenraum.

Der Anbindestall ist sicher keine rundherum ideale Aufstallungsform. Aus Kostengründen aber wird der kleine Betrieb keine andere Form wählen können. Bei Beachtung der im Laufe der Entwicklung gesammelten Erfahrungswerte kann auch der Anbindestall eine tiergerechte und arbeitswirtschaftlich tragbare Aufstallungsform darstellen. Schließlich steht die Mehrzahl der deutschen Kühe in solchen Ställen und fühlt sich wohl.

Laufstall

Der Idealist wird den Laufstall für den Idealstall halten. Die Kühe können gehen, wohin sie wollen, tun und lassen, was sie wollen. Das Eingesperrtsein, das man als Mensch mit Bewegungsdrang furchtbar findet, gibt es nicht. Nur, allein mit Idealismus ist in der Landwirtschaft kein Geld zu verdienen. Die wirtschaftliche Seite muß auch stimmen und Kühe haben andere Bedürfnisse als wir glauben.

Eingestreuter Laufstall. Der Laufstall ist nichts Neues. Schon früher versuchte man, die tiergerechte und arbeitssparende Laufstallhaltung zu betreiben. Da allerdings die Gülletechnik noch nicht erfunden war, bewegten sich die Kühe im eingestreuten Laufstall. Dabei handelt es sich um eine Lauffläche, oft in einer betonierten Grube, die mit Stroh eingestreut wird. Die Kühe treten den Mist sehr fest, so daß er gut verrottet und einen guten Dünger darstellt. Jauche tritt kaum aus. Unter Umständen kann diese Form auch heute noch interessant sein, weil sie außer einem Dach keine großen Investitionen erfordert. Allerdings benötigt man enorm viel Stroh, etwa 12–15 kg/Kuh und Tag, also einen Ballen pro Tag, sonst gibt es eine Schlammbrühe, die man sich schlimmer nicht vorstellen kann. Bei 180 Stalltagen braucht man also 180 Ballen Stroh pro Kuh. Wenn man den Düngerwert nicht rechnet, sind das bei normalen Strohpreisen ca. 180.– DM und damit ein ganz erheblicher Kostenfaktor. Das Melken im eingestreuten Laufstall ist auch keine reine Freude. Bei größeren Einheiten wird man einen separaten Melkstand bauen. Sonst muß man eine Vakuumleitung in den Stall legen und in Stroh und Mist herumstapfen.

Zur Stroherspanis kann man die Fläche hinter dem Freßgitter auf etwa 3 m als Betonfläche ausbilden und uneingestreut lassen. Den Schlamm muß man, wenn er überhand nimmt, wegschieben.

Pro Kuh braucht man 4,5–5 m² Grundfläche. Eine Seite wird als Freßgitter ausgebildet und eine Krippe davorgesetzt. Bei komplett eingestreuter Liegefläche wächst der Mist langsam hoch. Daher ist es gut, wenn man die Krippe rechts und links an Ketten hängt, so daß die Höhe variabel ist. Pro Kuh sollte man ca. 75 cm Freßbreite vorsehen. Der Stall kann nach Süden offen sein. Wichtiger als die Temperatur ist, daß keine Zugluft auftritt.

Tretmiststall. Eine moderne Variante des eingestreuten Laufstalles ist der Tretmiststall. Hier liegen die Tiere auf einer 5 %-geneigten, 6–7 m tiefen Liegefläche, die mit täglich 4–6 kg Stroh eingestreut wird. Gehäckseltes Stroh nimmt die Feuchtigkeit besser auf als Langstroh und ist gemächlicher zu handhaben. Die Mistmatte wird von den Tieren langsam zum befestigten Freßgang getreten, wo sie über eine 20 cm hohe Abrißkante gleitet und täglich abgeschoben wird. Die Liegefläche beträgt 3,5 m² pro Tier, bei Jungvieh unter 300 kg 2,5 m².

Vorteil des Tretmiststalles ist der wesentlich geringere Strohbedarf, aber auch hier sind die Tiere selten richtig sauber, und die Erzielung einer optimalen Milchqualität erfordert viel Sorgfalt, viel mehr, als bei anderen Stallformen.

Der Stall kann nach Süden oder Südosten offen sein. Das Stallklima im Laufstall ist optimal, wichtig ist nur, daß keine Zugluft auftritt.

Vor dem Freßgang befindet sich der Futtertisch. Dazwischen bringt man mit einfachen Mitteln ein Freßgitter an, vor dem die Futtermittel angeboten werden.

Für Kleinbestände kann man eine Vakuumleitung zum Melken über dem Freßgitter anbringen, bei größeren ist, wie beim Liegeboxenstall beschrieben, ein separater Melkstand erforderlich.

Liegeboxenstall. Bei Größenordnungen ab 40 Kühen ist der Laufstall fast normal. Allerdings findet man hier kaum eingestreute Laufställe, sondern Liegeboxenställe mit einer Lauffläche, die entweder glatt betoniert oder als Spaltenboden ausgebildet ist. Zum Liegen finden die Kühe bequeme Liegeboxen vor, die mit gehäckseltem Stroh, Sägemehl oder auch Sand eingestreut sind. Unter Spaltenboden versteht man parallel verlegte Betonbalken von 12–14 cm Breite und mit Zwischenräumen von 3,5–4 cm, durch die der Kot fällt bzw. getreten wird. Unter dem Spaltenboden ist ein Güllekanal, der als Treibmistkanal, wie beim Anbindestall beschrieben, ausgebildet ist. Ställe ohne Spaltenboden werden mit einem seilgezogenen Schieber entmistet, dem Faltschieber. Kot und Jauche werden in eine Rinne geschoben und laufen dann über eine Vorgrube in den Güllebehälter. Liegeboxenställe können wärmegedämmt als Warmstall, oder ungedämmt als Kaltstall ausgeführt werden. In kalten Mittelgebirgslagen bevorzugt man den Warmstall, jedoch finden sich auch funktionierende Kaltställe in höheren Lagen. Man unterscheidet zwei Formen von Liegeboxenställen, den Boxenlaufstall und den Freßliegeboxenstall.

Freßliegeboxenstall. Hier sind die Liegeboxen an einem Freßgitter entlang aufgereiht. Die Kühe liegen also an der Krippe. Freßfläche und Liegefläche bilden eine Einheit. Demgemäß muß ein Freßplatz so breit wie eine Liegebox sein, also 1,20 m.

Oben: Jungtier mit Familienanschluß.
Unten: Jungviehherde in den Bergen. Sie braucht Licht, frische Luft und Sonne.

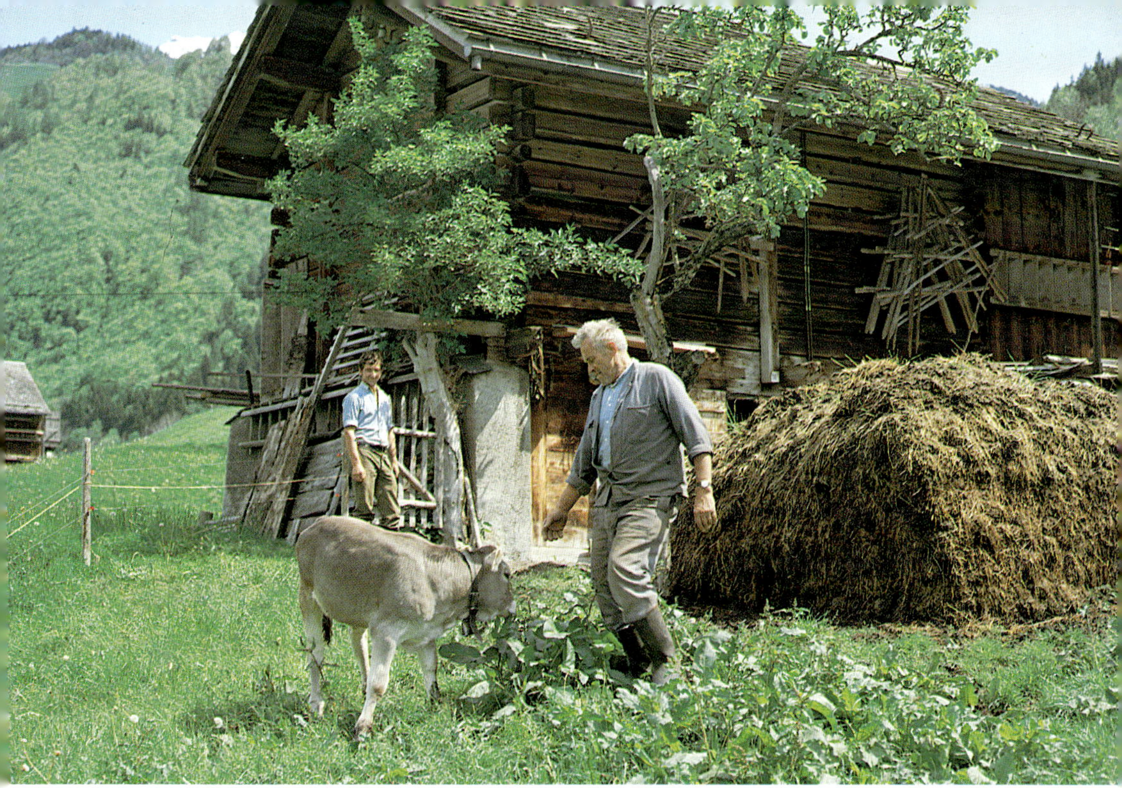

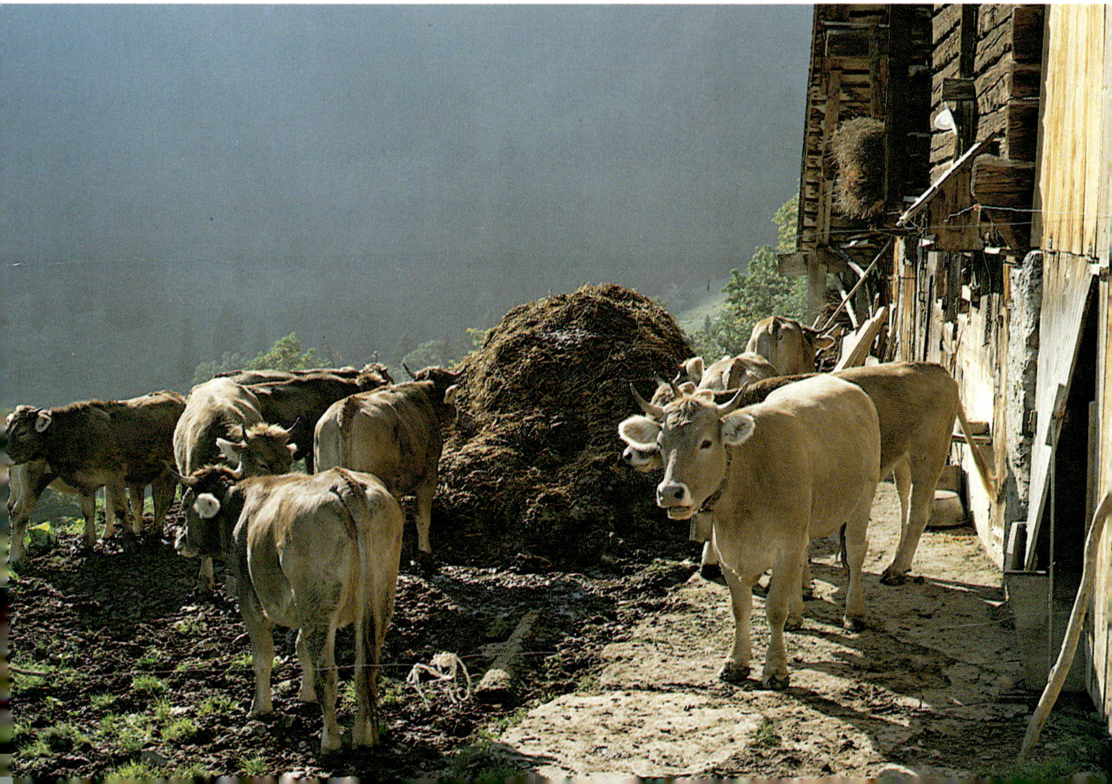

Der Boxenlaufstall sieht eine Trennung von Freß- und Liegefläche vor. Man braucht daher nicht soviel Freßbreite, etwa 65–70 cm, und die Liegeboxen können irgendwie abseits liegen, eventuell sogar in einem anderen Gebäudeteil. Meist sind sie in zwei oder drei Reihen parallel zur Futtertenne angeordnet. Zwischen dem Freßgitter und der ersten Boxenreihe muß ein Abstand von 3 m sein, damit eine vorbeigehende Kuh die angeborene Höflichkeitsentfernung von 1 m zu den Fressenden einhalten kann.

Die Kimatisierung ist bei großen Ställen ebenso einfach wie wirkungsvoll. An den Dachtraufen sind regelbare Belüftungsschlitze. Der First ist 30–40 cm offen. Die kalte Luft kommt durch die seitlichen Schlitze in den Stall und wird durch Strömung und Erwärmung in walzenförmiger Bewegung gehalten. Die erwärmte Luft steigt ohne Hilfsmittel durch den Firstschlitz ins Freie. Diese „Schwerkraftlüftung" funktioniert gut, solange der Bauer nicht Angst hat, es könne zu kalt im Stall werden, und irgend etwas zustopft.

Der Melkbereich. Der entscheidende Unterschied zwischen Liegeboxenstall und anderen Stallformen ist die Einrichtung eines separaten Melkbereichs. Die Kühe gehen zum Melken (freiwillig) in einen Nebenraum, wo sie in zwei Reihen zu drei, vier, fünf oder auch sechs Plätzen gemolken werden. Ein Doppelfünfer-Melkstand (2 × 5 Melkplätze) erfordert in der Regel zwei Arbeitskräfte. Einige Wilde schaffen es auch allein. Und hier, im Melkstand, liegt der entscheidende Vorteil des Liegeboxenstalles gegenüber dem Anbindestall: Die Arbeitserleichterung. In zehn Minuten sind zehn Kühe gemolken, in einer Stunde 60. Die Verbesserung liegt in der höheren Anzahl Melkzeuge, die man bedienen kann. Im Anbindstall sind drei, höchstens vier Melkzeuge gleichzeitig möglich. Da der Melker in einer Grube steht und sich nicht bücken muß, ist das Melken auch leichter und die Beobachtung, ob die Kuh ausgemolken ist, einfacher. Wegen der hohen Investitionskosten für den Melkstand lohnt sich diese Stallform jedoch erst ab 40 Kühen.

Mist wird immer gemacht

Liest man, wie der Mist früher behandelt wurde, kann man fast von einer Mistkultur sprechen. Die Art, wie Mist heute ziemlich achtlos aufeinandergehäuft wird, hätte einem Bauern noch in den 50er Jahren die Zornesröte ins Gesicht getrieben. Wer auf natürlichen Dünger Wert legt, sollte sich die Mistbehandlung der Alten wirklich zu Gemüte führen. Die Alten legten Wert darauf, daß der Mist schön langsam verrottete. Er darf dazu nicht austrocknen und sich nicht zu stark erhitzen. Schließlich soll der Stickstoff den Pflanzen zugute kommen und nicht als Ammoniak in die Luft entweichen. Bei kalt verrottetem Stapelmist gehen etwa 10 % Stickstoff verloren, bei flachgelagertem, der sich bis auf 50 °C erhitzt, bis zu 40 %. Das Stroh soll sich bereits etwas zersetzen, um später schneller zu Humus zu werden. Die Kombination Stroh und Stickstoff ist für die Humusbildung ideal, denn Humus kann nur zusammen mit Stickstoff entstehen.

Der Mist wird am besten auf einer befestigten Platte, am besten mit Stützwänden, aufgestapelt und festgetreten. Kleine Grundfläche und dafür mehr Höhe sind die optimalen Verhältnisse. Die Jauche muß abfließen können und wird zusammen mit der Stalljauche in einer Grube gesammelt. Man rechnet mit einem Mistanfall von 30 kg/Kuh bzw. GV und Tag, von denen aber je nach Behandlung zwischen 30 und 70 % verlorengehen können. An Jauche fallen etwa 20 l je Tag an, so daß man bei einer Lagerzeit von sechs Monaten (die man haben sollte) 4 m³ Jauchegrube je Großvieheinheit braucht. Bei sechs Monaten Lagerzeit braucht man für den Mist je GV etwa 2,5 m² Stapelfläche, bei vier Monaten 1,7 m². Wichtig ist, daß die Jauche von der Stapelfläche nicht in die Gegend fließt und daß man zum Abfahren bequem an den Miststapel heranfahren kann. Dabei ist auch der Einsatz von Frontladern einzukalkulieren, denn Mistladen mit der Hand ist eine gesunde, aber schweißtreibende körperliche Arbeit.

Mist ist kein Abfall, sondern Bauerngold. Zur Strukturverbesserung von schweren Böden ist er praktisch das einzige Mittel. Der Humus verbindet sich mit den Tonpartikelchen, wodurch der Boden bei ausreichender Kalkversorgung feinkrümelig und „gar" wird, wie der Landwirt sagt. Im Durchschnitt sollte man auf Ackerland 80–100 dt je ha und Jahr geben, in Einzelgaben von 200–250 dt je ha, d. h. man fährt etwa alle drei Jahre Mist auf eine Fläche. Der Mist wird möglichst fein gestreut (die Landwirte haben Miststreuer, also Anhänger mit Kratzboden und Streuvorrichtung) und möglichst bald untergepflügt. Zu hohe Gaben ergeben vertorfende Schichten, die von Regenwürmern gemieden werden und den Ertrag senken. Auch zu tiefes Einpflügen sollte vermieden werden.

Das Grünland erfordert gut verrotteten Mist, der fein verteilt werden muß. Zu hohe Gaben schädigen die Grasnarbe. 120–150 dt je ha reichen aus. Mit Jauche sollte man auf Grünland ebenfalls sparsam sein. Bei bedecktem Wetter kann man 20–25 m³ je ha fahren. Zu häufige Jauchedüngung fördert einseitig die Doldenblütler und steigert die Gefahr der Weidetetanie. Jauche und Gülle dürfen im Winter nicht mehr ausgefahren werden.

Der Nährstoffgehalt von Rindermist liegt im Durchschnitt bei 0,45 % Stickstoff, 0,25 % Phosphorsäure und 0,50 % Kali. Für ausschließliche Heugewinnung reicht der Nährstoffgehalt bei den genannten Gaben, bei Weidenutzung wird der Ertrag bei ausschließlicher Mistdüngung zu wünschen übrig lassen.

Der Bulle ist der Chef der Herde. Er signalisiert: Bleib mir vom Gelände!

Die Kuh und ihr Nachwuchs

Das Sexualleben der Kuh

Auch die Kuh kennt die Liebe. Nur denkt sie als vernünftiges Tier zwischendurch auch an etwas anderes. Aber alle drei Wochen packt es sie. Sie wird unruhig, brüllt viel, rangelt mit anderen Tieren, versucht, auf sie aufzuspringen, hält die Milch zurück und frißt weniger. Dies sind die Symptome der Vorbrunst.

Die Phasen der Brunst

Die Vorbrunst dauert etwa sechs Stunden. Dann sieht man, daß die Kuh das Aufreiten anderer Kühe duldet, und – wenn vorhanden – auch den Bullen akzeptiert. Dies ist ein Anzeichen, daß die Hochbrunst eingesetzt hat. Sie dauert in der Regel etwa zwölf Stunden. Aus der Scheide wird klarer, zäher Schleim abgesondert. Dieses Zeichen ist im Anbindestall, wo man ja kein Bespringen beobachten kann, besonders zu beachten.

Die Brunstanzeichen sind bei Hochleistungstieren meist nicht besonders stark ausgeprägt. Das kann bis hin zur „stillen Brunst" gehen. Die zweite Hälfte der Hochbrunst ist die beste Zeit, der Kuh einen Ehemann zu verschaffen. Während der Nachbrunst klingen die Symptome ab, die Paarungsbereitschaft ist nicht mehr vorhanden, die Kuh kehrt wieder zu ihrer gelassenen Lebensphilosophie zurück.

Die Brunstkontrolle versteht der Bulle besser als jeder Mensch.

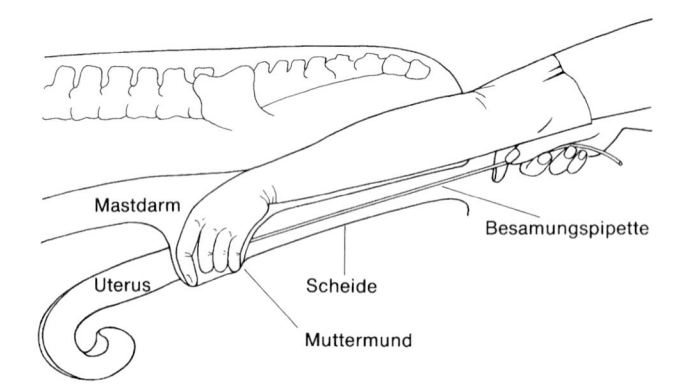

Künstliche Besamung: Die linke Hand fixiert über den sehr dehnbaren Mastdarm den Muttermund, mit der Rechten wird die Besamungspipette eingeführt und der Samen im Muttermund abgelegt.

Bedeckung und Besamung

In der Natur, also in Wildrinderherden, aber auch in Milchkuhherden, in denen ein Bulle mitläuft, hält sich die Kuh schon in der Vorbrunst in der Nähe des Bullen auf. Er identifiziert die brünstigen Tiere an ihrem Geruch und tut mehrmals seine Pflicht. So ist sichergestellt, daß der optimale Deckzeitpunkt getroffen wird. Der Mensch mit seiner unvollkommenen Nase und seinem ständigen Streß findet auch bei gutem Willen nie alle brünstigen Tiere heraus. Die Steigerung der Beobachtung ist eine der wichtigsten Maßnahmen, um den Befruchtungserfolg zu verbessern. Die Wirkung so mancher Wundermittel ist auf verstärkte Beobachtung im Anschluß an die Verabreichung zurückzuführen.

Meist läuft der Bulle nicht mit in der Herde, entweder aus Sicherheitsgründen oder weil der Bestand für einen eigenen Bullen zu klein ist. Dann kommt der „Sprung aus der Hand" in Frage. Die Kuh wird angebunden, aus Sicherheitsgründen am besten in einem Deckstand, wo sie seitlich nicht ausweichen kann. Der Bulle wird von hinten herangeführt, nimmt Geruchskontakt mit der Kuh auf, und wenn er versucht aufzuspringen, wird er noch einmal weggeführt. Nach einer kleinen Ehrenrunde ist er so richtig entflammt, und dann läßt man ihn springen. Was dann folgt, ist eigentlich recht enttäuschend. Der Bulle springt kurz auf, macht einige wenige Friktionsbewegungen und führt dann einen mächtigen Stoß aus. Dieser „Nachstoß" ist das Kennzeichen für die erfolgte Absamung.

Künstliche Besamung. In Anbetracht der kurzen Romanze mag es der Kuh nicht allzuviel ausmachen, wenn die ganze Story künstlich erfolgt. Die vorn beschriebene Zuchtwertschätzung für Bullen ist zu teuer und ihre Ergebnisse zu wertvoll, als daß man den Bullen nur im natürlichen Sprung arbeiten läßt. Die Spermamenge eines Sprunges ist mit etwa 5 ml und darin enthalten etwa fünf Milliarden Samenzellen einfach überreichlich, und der gesunde Menschenverstand schreit nach rationeller Ausnutzung. Was liegt näher, als den Samen zu verdünnen und auf mehrere Portionen aufzuteilen.

Die moderne Besamung läuft folgendermaßen: Da Bullen nicht wählerisch im Bezug auf ihre Aufsprungobjekte sind, läßt man sie auf Modelle, sogenannte Phantome, aufspringen, die ihrem „Torbogenreflex" entsprechen, oder auf alte Kühe, denen alles egal ist, oder auch einfach auf andere Bullen. Dem Bullen wird eine künstliche Scheide vorgehalten, in die er absamt. Das Sperma wird sofort anschließend mit einem Verdünner, meist aus Eigelb, Zitronensäure und Glyzerin verdünnt, in sogenannte Pailletten, strohhalmähnliche Röhrchen, abgefüllt und mit flüssigem Stickstoff eingefroren und auch darin gelagert. Damit ist das Sperma praktisch unbegrenzt lagerfähig. Aus einem Sprung werden ungefähr 150 Portionen gemacht.

Zur Verwendung bei der künstlichen Besamung muß das Sperma wieder aufgetaut werden. Unter Einhaltung einer Temperatur von 37 °C wird die Paillette in die Besamungspipette eingeführt und der Samen in den Muttermund abgelegt. Dabei kontrolliert der Besamer den Weg der Pipette vom Mastdarm aus. Da der Muttermund ziemlich weit in der Kuh liegt, muß der Besamer mit dem Arm bis zum Ellbogen in den Mastdarm hinein. Allerdings hat dieses Manöver den Vorteil, daß er dabei gleichzeitig die Eierstöcke abtasten kann, ob alles in Ordnung ist.

Voraussetzung für eine erfolgreiche Besamung ist eine absolute Gesundheit der Gebärmutter und eine genaue Beobachtung der Brunstsymptome, damit man den richtigen Zeitpunkt trifft. Der Erfolg wird im sogenannten Besamungsindex gemessen, der besagt, wieviel Besamungen pro Trächtigkeit notwendig waren oder in der Non-Return-Rate, die besagt, wieviel Prozent der Tiere nach der Erstbesamung tragend waren. Die Fruchtbarkeit der Kühe wird nach der Zwischenkalbzeit beurteilt, also wieviel Tage zwischen zwei Kalbungen lagen. Da die gesamten Merkmale sehr stark von der Umwelt abhängen (Beobachtung, Qualität der Besamung, Fütterung, Haltung usw.) ist ihre Erblichkeit und damit die züchterische Beeinflussungsmöglichkeit sehr gering.

Der Brunstzyklus

Was in der Kuh vorgeht, während der Brunstzyklus abläuft, ist ziemlich verwirrend. Der ganze Vorgang ist von Hormonen gesteuert und kann hier nur sehr vereinfacht wiedergegeben werden. Auf dem Eierstock, der kirsch- bis walnußgroß ist, reift ein Follikel, ein Eibläschen, in dem sich das Ei befindet. Dieser Follikel produziert das Hormon Östrogen, welches die Brunststimmung auslöst. Ferner läßt es die Gebärmutterschleimhaut an Dicke zunehmen, die äußeren Teile des Geschlechtsapparates anschwellen und den Muttermund sich weiten und einen dünnflüssigen, klaren Schleim produzieren. Wenn also die Brunst voll im Gange ist, ist das Ei noch gar nicht unterwegs. dann kommt der Eisprung. Das Eibläschen platzt, das Ei fällt in den Trichter des Eileiters und wandert durch Kontraktionsbewegungen des Eileiters abwärts. Die Stelle, wo das Eibläschen saß, vernarbt. An seiner Stelle bildet sich der Gelbkörper, ein gelbes Gewebe mit der Funktion, das Hormon Progesteron zu bilden. Die-

Die Führstange ist Vorschrift, wenn man den Bullen aus dem Stall holen will. Er selbst scheint nicht damit einverstanden zu sein.

ses Progesteron verhindert die Reifung neuer Eier. Allerdings hält der Gelbkörper nur eine gewisse Zeit. Bald bildet er sich zurück, mit ihm die Gebärmutterschleimhaut, und es reift ein neuer Follikel. Der ganze Vorgang läuft in Rückkoppelung mit verschiedenen Hormonen der Hirnanhangdrüse. Etwa drei Tage nach dem Eisprung sieht man an der Scheide etwas Blut. Es stammt vom Eisprung und zeigt nur, daß ein Eisprung stattgefunden hat.

Anders verläuft der Vorgang, wenn eine Bedeckung oder Besamung stattgefunden hat. Der Samen wird unter dem Einfluß des Östrogens durch langsame, wellenförmige Kontraktionen der Gebärmutter zum Eileiter transportiert. Auch der Eileiter macht im unteren Teil solche Bewegungen aufwärts, so daß sich Ei und Sperma im Eileiter treffen, und zwar in der Zone, wo die Wellenbewegungen zusammenlaufen.

Der Gelbkörper bildet sich beim Rind nach erfolgter Befruchtung nicht zurück, sondern verhindert neue Follikelreifungen während der Dauer der Trächtigkeit. Er bildet ständig Progesteron und beeinflußt damit gleichzeitig das Milchbildungshormon, welches langsam, aber sicher versiegt. Deshalb wird die Milchleistung durch eine fortschreitende Trächtigkeit negativ beeinflußt.

Die Entwicklung des Kalbes

Nach vier Tagen erscheint das befruchtete Ei in der Gebärmutter. Diese ist in zwei Gebärmutterhörner unterteilt, die sich kurz vor dem Muttermund vereinigen. In einem dieser Gebärmutterhörner entwickelt sich der Embryo. Zunächst wird er durch die Absonderungen der Gebärmutterschleimhaut ernährt, ab dem 18. Tag beginnt die Bildung des Mutterkuchens, der Plazenta, die beim Rind durch Haftstellen, den Rosen oder Kotyledonen mit der Gebärmutter verwachsen ist. Die Plazenta übernimmt den Stoffaustausch mit dem mütterlichen Blut. Erst mit der Ausbildung der Plazenta ist die Voraussetzung für das enorme Wachstum des Fötus gegeben. Fötus heißt der Embryo, wenn die Organe und Gliedmaßen erkennbar sind, also etwa ab der fünften Woche. Sein Anfangswachstum ist bescheiden, aber es steigt mit zunehmender Dauer steil an. Mit vier Monaten wiegt er keine 5 kg, mit sieben Monaten gut 15 kg, mit acht Monaten 25 kg und mit neun Monaten oft 40 kg. Er ist von verschiedenen Eihäuten eingeschlossen und schwimmt im Fruchtwasser. So ist er gegen Stöße bestens geschützt. Dennoch kann es bei roher Behandlung oder bei ungünstiger Haltung durch Stöße anderer Tiere zu Fehlgeburten kommen.

Trächtigkeitszeichen

Trächtigkeitszeichen sind Ausbleiben der Brunst, später Veränderungen des Leibesumfanges. Der Bauch wird auf der rechten Seite deutlich dicker, das Tier wird ruhiger, ohne dabei schwerfällig zu wirken. Eine genaue Trächtigkeitsdiagnose kann der Tierarzt durch Abtasten der Gebärmutterhörner vom Mastdarm aus stellen. Dies ist bereits von der sechsten Trächtigkeitswoche an möglich. Eine moderne Methode stellt der Progesterontest dar. Dabei wird die Tatsache ausgenutzt, daß das Gelbkörperhormon auch in kleinen Mengen in die Milch übertritt. Die Messung des Milchprogesterongehalts erlaubt eine hundertprozentige Aussage darüber, daß das Tier nicht tragend ist. Da es in Einzelfällen vorkommen kann, daß der Gelbkörper sich bei nicht erfolgter Befruchtung nicht zurückbildet, bedeutet hoher Progesterongehalt in der Milch nicht unbedingt, daß das Tier auch wirklich tragend ist.

Bei Zwillingsträchtigkeit muß man beim Rind eine Besonderheit beachten. Bei anderen Tierarten hat jeder Zwilling einen eigenen Blutkreislauf. Beim Rind sind Zwillinge, die im gleichen Gebärmutterhorn liegen, an einen gemeinsamen Blutkreislauf angeschlossen. Sind diese Zwillinge verschiedengeschlechtlich, beeinflußt die sehr früh angelegte Geschlechtsanlage des männlichen Kalbes die des weiblichen. Dessen Geschlechtsorgane werden durch die kleinen männlichen Hormondosen in ihrer Ausbildung gehemmt, so daß das weibliche Kalb später unfruchtbar ist. Diese Tiere heißen „Zwicke", im englischen Sprachraum „freemartin". Da Zwillingskälber zu 95 % im selben Gebärmutterhorn sitzen, sind nur 5 % der weiblichen Kälber aus verschiedengeschlechtlichen Zwillingsgeburten fruchtbar.

Fruchtbarkeitsstörungen

Das Fruchtbarkeitsgeschehen läuft oft nicht störungsfrei ab. Das zeigt sich daran, daß rund 30 % der Abgänge auf Sterilität zurückzuführen sind. Die Sterilitätsbekämpfung hat in der Landwirtschaft einen so hohen Stellenwert, daß bundesweit von den betreuenden Stellen Gesundheitsdienste eingerichtet sind, die sich ausschließlich mit diesem Problem befassen.

Die früher bedeutungsvollen Deckseuchen sind durch die künstliche Besamung fast ausgestorben. Trichomonaden, Vibrionen und Genitaltuberkulose kennt man nur noch aus dem Lehrbuch.

Brucellose, die durch Frühgeburten die Fruchtbarkeit schädigt, wird wegen ihrer Gefahr für den Menschen rigoros bekämpft. Heute finden sich andere, weniger spektakuläre, aber wirtschaftlich ebenso wichtige Funktionsstörungen im Genitalbereich.

Einflüsse auf mangelhafte Fruchtbarkeit können vom Tier, aber auch vom Menschen kommen. Mangelhafte Brunstbeobachtung und Mängel in der Besamungstechnik machen sicherlich mehr als die Hälfte der negativen Einflüsse aus. Dafür kann der Organismus überhaupt nichts. Für die echten Funktionsstörungen kann er im Grunde auch nichts, denn sie resultieren in den meisten Fällen aus Mängeln in der Ernährung bzw. hohen Leistungsanforderungen.

Zyklusunterbrechung. Es kommt vor, daß am Eierstock überhaupt kein Zyklus mehr abläuft. Häufig hat sich am Eierstock anstelle eines Follikels eine Zyste gebildet, die ebenfalls Östrogen produziert, aber nicht nach einiger Zeit platzt. Die Folge ist eine Dauerbrunst ohne Eisprung. Man spricht von Nymphomanie, Brüllerkrankheit, Brummeln o. a. Solche Kühe benehmen sich wie Bullen, wühlen mit den Hörnern in der Erde und brüllen einem die Ohren voll. Manchmal kann der Tierarzt eine solche Zyste abdrücken. Auch ein Gelbkörper, der sich nicht zurückbildet, bringt das Zyklusgeschehen zum Erliegen.

Bei der Brunstlosigkeit oder stillen Brunst läuft alles normal ab, die Brunstsymptome sind aber so schwach, daß eine zeitgerechte Besamung kaum möglich ist. Ursache ist meist die nicht leistungsgerechte Ernährung in der Zeit der Hochlaktation. Der Organismus schaltet auf Sparflamme und ist auf eine neue Trächtigkeit zu diesem Zeitpunkt offenbar nicht erpicht. Auch Gebärmutterschleimhautentzündungen und schlechte Haltungsbedingungen mit wenig Licht und Sonne fördern die stille Brunst. Hier hilft die ständige Nasenkontrolle durch den Bullen, oder auch der Milchprogesterontest, mit Hilfe dessen man die aktuelle Zyklusphase genau erkennen kann.

Abstoßen des Embryos. Eine erhebliche Anzahl der Fälle von Nichtträchtigkeit ist auf Abstoßen des Embryos zurückzuführen. Die Fachleute schätzen den Anteil des embryonalen Fruchttodes als Ursache auf über 30 %. Eine Reihe von Embryodefekten, aber auch Mangel an Carotin werden als Ursache vermutet.

Die früher sehr häufig als Hauptursache von Fruchtbarkeitsstörungen betrachteten Mangelsituationen im Mineralstoffbereich scheinen nicht mehr die große

Rolle zu spielen, vor allem weil auf ausreichende Mineralstoffversorgung allgemein geachtet wird.

Die wichtigsten Punkte für eine funktionierende Fruchtbarkeit: leistungsgerechte Nährstoffversorgung in der Laktationsspitze, aber auch bei der altmelkenden und trockenstehenden Kuh, bedarfsgerechte Mineralstoff- und Vitaminversorgung, gute Haltungsbedingungen mit Licht und Luft, sorgfältige Brunstkontrolle, Geburtshygiene und ausreichend lange Trockenstehzeit (etwa zwei Monate), aber auch ausreichende Ruhezeit nach dem Kalben bis zum Wiederbelegen (ebenfalls zwei Monate). Auch bei Beachtung aller dieser Punkte klappt es nicht immer, aber das soll ja bei anderen Lebewesen auch vorkommen.

Ein Kalb wird geboren

Die Geburt

Die Tragezeit dauert bei den sogenannten Niederungsrassen Schwarzbunte, Rotbunte, Jersey und Angler im Durchschnitt 279 Tage, bei den Höhenrassen Fleckvieh, Braunvieh, Gelbvieh und Wäldervieh 288 Tage. Schwankungen von ± 14 Tagen sind möglich, aber nicht häufig. Einige Zeit vor dem Kalben beginnen die Beckenbänder, die vom Kreuzbein zu den Sitzbeinhöckern beiderseits des Schwanzes verlaufen, sich zu lockern. Richtig „einfallen" tun sie 1–2 Tage vor der Geburt. Kurz vor der Geburt geht ein zäher Schleimfaden ab, und das Euter füllt sich prall mit Milch. Die Kuh wird unruhig und trippelt hin und her. In der Natur sucht sie sich ein ungestörtes Plätzchen, im Stall beginnt die Geburt oft, wenn es abends ruhig wird.

Eröffnungswehen. Zuerst erscheint langsam im Zuge der Eröffnungswehen die „Wasserblase", die Allantoisblase. Sie ist prall mit Fruchtwasser gefüllt und dient zur Erweiterung der Geburtswege. Sie darf auf keinen Fall geöffnet werden. Ist sie geplatzt, steht die Kuh mit etwas gehobenem Schwanz da. Nun erscheint eine weitere flüssigkeitsgefüllte Blase, die „Fußblase" oder Amnionblase. Auch sie weitet die Geburtswege und sollte von allein platzen. In dieser Blase befinden sich die Füße des Kalbes. Bis zu diesem Zeitpunkt sind drei bis vier Stunden vergangen.

Treibwehen. Im Normalfall sieht man nach dem Blasensprung die Vorderfüße. Man erkennt die Normallage daran, daß die Sohlen nach unten zeigen. Liegen die Sohlen oben, bedeutet das, daß das Kalb mit den Hinterbeinen zuerst kommt. Dann braucht man natürlich auch nicht auf den Kopf zu warten. In Vorderendlage erscheint das Flotzmaul des Kalbes, wenn die Vorderbeine bis zu den Fesselgelenken herausschauen. Vergeht vom Erscheinen der Klauenspitzen bis zum Erscheinen des Flotzmaules nur kurze Zeit, so ist das ein Zeichen, daß es sich um ein normal großes Kalb handelt. Da es außerdem richtig liegt, geht die Geburt normalerweise störungsfrei vor sich. Erscheinen dagegen die Füße nicht gleichzeitig, d. h. ist ein Bein weit zurückgezogen, handelt es sich um ein schweres Kalb. Sind beide Beine zurückgezogen, d. h. erscheinen nur die Klauenspitzen und das Flotzmaul, und die Geburt geht über lange Zeit nicht voran, so ist eine Schwergeburt sicher.

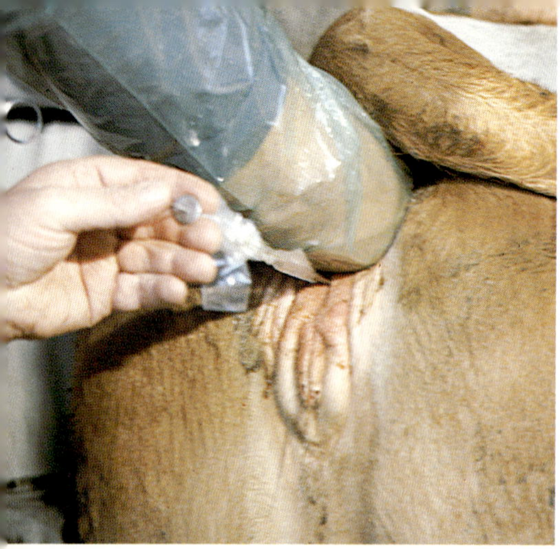
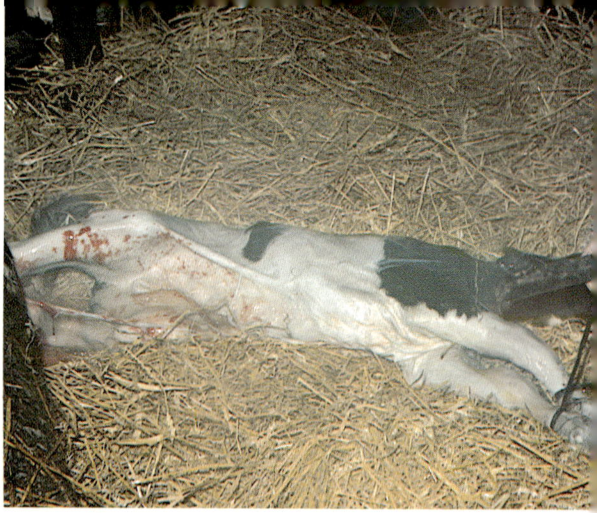
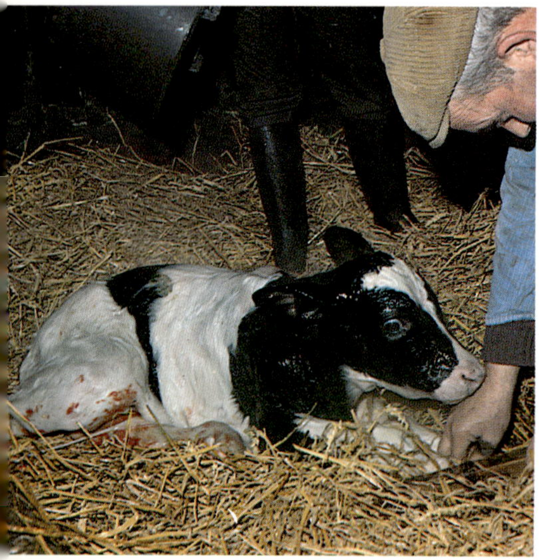
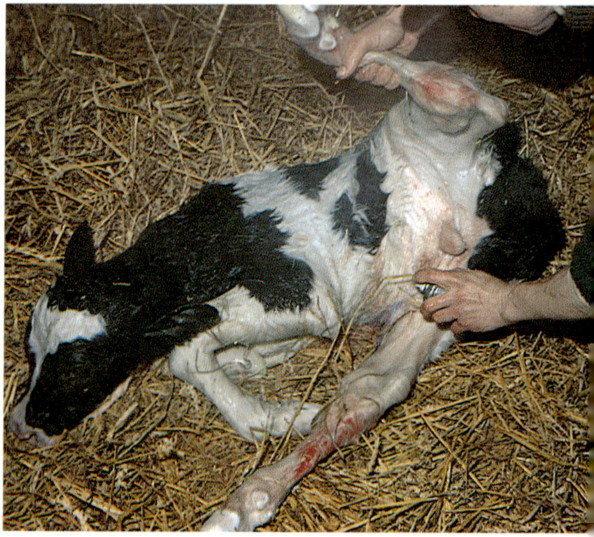
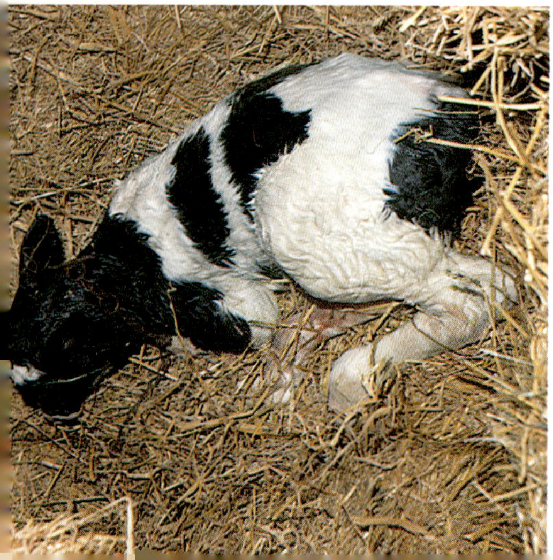
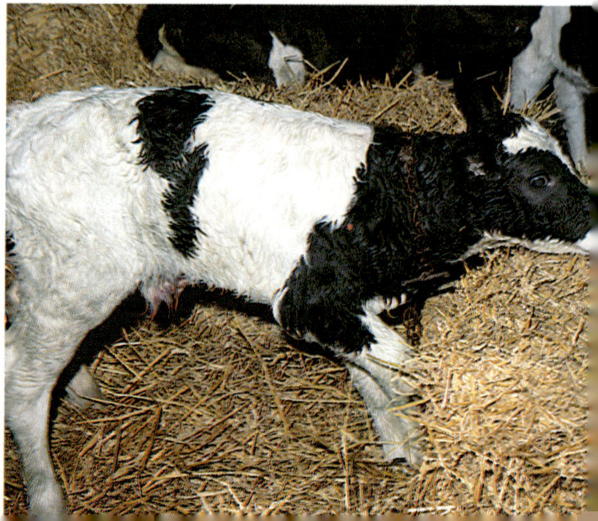

Mechanischer Geburtshelfer, praktisch, aber mit Verstand zu verwenden.

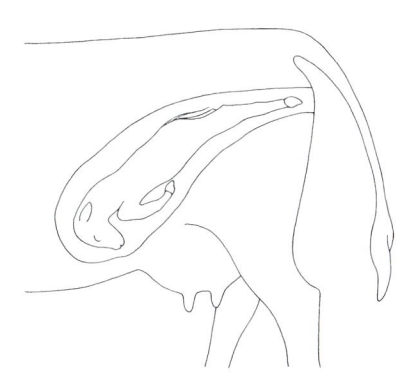

Hinterendlage: Das Kalb erscheint mit den Hinterbeinen zuerst.

Normale Vorderendlage: Das Kalb erscheint mit den Vorderbeinen zuerst.

Geburtshilfe

Die geschilderten Anhaltspunkte hat man natürlich nicht, wenn man unmittelbar nach dem Blasensprung mit der „Geburtshilfe" beginnt. Geburtshilfe ist ein finsteres Kapitel. Unsachgemäß angewandt ist sie eine Folter für Mutter und Kind. Richtig angewandt, ist sie wirkliche Hilfe. Leider bricht in vielen Familien Panik aus, wenn ein Tier kalbt. Eine Geburt bei einem Wiederkäuer dauert immer lange, und Ruhe ist die erste Bürgerpflicht. Schauen die Füße weit heraus, kann man bei einem normalen Kalb frühestens mit einer gemäßigten Zughilfe beginnen. Dazu benutzt man Geburtsstricke oder besser Geburtsketten, das sind kurze Edelstahlketten mit Augen

Linke Seite: Künstliche Besamung (links oben) ist heute fast die Regel.
Die folgenden Fotos: Nach Geburt und Nabeldesinfektion folgen bald erste Stehversuche.

am Ende. Stricke und Ketten sollten gut ausgekocht werden. Überhaupt ist Sauberkeit erstes Gebot. Der Geburtshelfer sollte sich zu Beginn der Aktion Hände und Arme gründlich mit heißem Wasser und Seife waschen. Die Stricke oder Ketten werden einzeln um jedes Bein geschlungen, oberhalb des Fesselgelenks, und zwar so, daß Stricke oder Kette oben liegen. Dabei muß man darauf achten, daß keine Teile der

Eihäute eingeklemmt werden. Durch die Schlaufe am anderen Ende steckt man je einen kurzen, dicken Knüppel. Nun kann man mit der Zughilfe beginnen, und zwar nach hinten unten, weil die Geburtswege einen Bogen nach unten machen. Man sollte nur zusammen mit den Wehen ziehen. Ob die Kuh bei der Geburt steht oder liegt, ist im Grunde egal, die Hauptsache ist, die Zugrichtung stimmt. Die Zughilfe sollte nicht von mehr als zwei mittelkräftigen Personen ausgeübt werden. Wer allein ist, kann sich eines mechanischen Geburtshelfers bedienen. Die Zugkraft dieses Geräts ist gewaltig, deshalb sollte man sehr vorsichtig damit umgehen. Das Gerät sieht aus wie ein Besen, natürlich ohne Borsten. Die querliegende Stütze wird eine Handbreit unter der Scham angesetzt, die Geburtsstricke oder -ketten in die Haken der Hebel eingehängt. Der zolldicke Schaft hat eine Riffelung, auf dem die Hebel sich bei Betätigung fortbewegen und die Geburtsstricke nachspannen (siehe Abb. Seite 127). Ältere Geburtshelfer, Winden oder Flaschenzüge, sollte man einem Agrarmuseum zur Verfügung stellen. Ist der Kopf heraus, kommt der Schultergürtel als nächster kritischer Punkt. Er ist aber nicht größer als der Kopf, so daß man dann das schlimmste überstanden hat. Der Kopf übernimmt die Pionierarbeit. Er hat die Geburtswege auf den maximalen Durchmesser zu erweitern. Deshalb sollte man in Ruhe vorgehen, so daß der Kopf langsam vordringen kann. Nach dem Schultergürtel geht es flott. Jetzt kann die Nabelschnur abreißen, so daß das Kalb zügig herausgezogen werden sollte. Ein Hängenbleiben im Beckenbereich ist ein Risiko. Im Normalfall flutscht das Kalb jetzt heraus und die eigentliche Geburt ist vorüber.

Komplizierte Lagen. Leider läuft nicht jede Geburt so glatt. Schon ein schweres Kalb verändert alles. Es gehört eine Menge Erfahrung dazu, zu entscheiden, ob man die Geburt selbst bewerkstelligen kann, oder ob tierärztliche Hilfe notwendig ist. Deshalb scheuen sich auch gestandene Landwirte nicht, einen erfahrenen Nachbarn zu Rate zu ziehen.

Bei einer falschen Lage des Kalbes wird es schon schwieriger. Liegt das Kalb in Hinterendlage, kommt es also mit den Hinterbeinen zuerst, muß man zusehen, daß die Geburt flott vorangeht. Die Nabelschnur reißt nämlich ab, bevor der Kopf heraus ist. Ist aber die Nabelschnur unterbrochen, wird das Kalb nicht mehr vom mütterlichen Blut mit Sauerstoff versorgt, und es erstickt, wenn es nicht selbst atmen kann. Deshalb muß Zughilfe angewandt werden, spätestens sobald das Hinterteil des Kalbes herausschaut. Man muß darauf achten, daß auch der Schwanz zwischen den Beinen liegt. Ist er zurückgeschlagen, muß man das Kalb noch einmal vorschieben, und den Schwanz in die richtige Lage bringen.

Ist bei Vorderendlage ein Bein und der Kopf zu sehen, so ist ein Vorderbein zurückgeschlagen. Die Lage ist nur durch Zurückschieben des Kalbes und Vorziehen des Beines zu regulieren, zugegebenermaßen eine schweißtreibende Angelegenheit.

Manchmal kommen Beine mit Sohlen nach unten, aber kein Kopf. Dann kann entweder der Kopf zurückgeschlagen, oder das Kalb rückwärts kommen und dabei auf dem Rücken liegen. In beiden Fällen ist tierärztliche Hilfe unerläßlich.

Ein zu schweres Kalb kann einen Kaiserschnitt notwendig machen. Bei einigen

Rassen, besonders den Fleischrassen, gibt es Kälber, die erblich bedingt eine überentwickelte Schulter- und Beckenmuskulatur haben, sogenannte Doppellender. Sie verursachen immer Schwergeburten, bleiben im Geburtsweg stecken und sind ein Risiko für Kuh und Kalb. Falls man rassebedingt mit einem solchen Kalb rechnet, sollte der Tierarzt vorgewarnt sein. Ein Kaiserschnitt ist heute keine große Angelegenheit und eine Routinesache für jeden Tierarzt.

Ein besonderer Fall ist die Geburt eines Kalbes, das seit längerer Zeit abgestorben ist. Bei ihm fehlt oft das Fruchtwasser, das gleichzeitig die Schmieraufgaben übernimmt. Der Tierarzt benutzt für solche Fälle künstliches Gleitmittel.

Gewaltsame Geburtshilfe kann zu verschiedenen Komplikationen führen. Die schlimmste Folge ist ein Abreißen der Mutterbänder, der Aufhängungen der Gebärmutter. Bei den Nachwehen kann die ganze Gebärmutter nach hinten herausgedrückt werden, es kommt zum Gebärmuttervorfall. Die Gebärmutter hängt ausgekehrt hinter der Kuh wie ein großer Ballon, ein schlimmer Anblick. Steht die Kuh dabei und ist das Organ noch nicht verschmutzt, kann man versuchen, mit einem sterilen Tuch, zur Not mit einem gebügelten Bettuch, das ganze wieder hereinzudrücken. Auch wenn es gelingt, ist der Tierarzt gefragt. Er muß die Scheide mit einer Klammer verschließen, damit der Vorfall sich nicht wiederholt. Man kann die Kuh dann noch eine Laktationsperiode melken, eine erneute Bedeckung ist nicht anzuraten.

Entfernen der Nachgeburt. Ist die Geburt vorüber, hängt hinten aus der Kuh die Nachgeburt heraus, ein ungewohnter Anblick für den Unkundigen. Es handelt sich um die Plazenta und die Eihäute, die im Zuge der Nachwehen abgestoßen werden. Das kann 24 Stunden oder länger dauern.

Ist die Nachgeburt nach 48 Stunden nicht von allein abgegangen, muß der Tierarzt sie ablösen. Das ist eine Mordsarbeit, und man sollte das Honorar dafür gern zahlen.

Die Versorgung des Kalbes

Beim Menschen weiß man gleich nach der Geburt, ob es ihm einigermaßen gutgeht. Er brüllt wie am Spieß, und das ist dann ein gutes Zeichen. Ein Kalb sieht nach der Geburt aus, als wolle es die böse Welt gleich wieder verlassen. Es ist naß und glitschig und liegt platt auf dem Boden. In der Natur leckt die Kuh das Kalb mit ihrer rauhen Zunge ab. Damit wird es abgetrocknet und gleichzeitig kräftig massiert. Es hebt den Kopf und schaut schon zufriedener in die Gegend. Nach etwa einer halben Stunde macht es die ersten Aufstehversuche, die auch bald zum Erfolg führen. Es stakst um die Kuh herum und sucht in allen Nischen ihres Körpers herum, ob da sich nicht etwas Gutes und Nahrhaftes versteckt. Und nach spätestens einer Stunde ist die Suche von Erfolg gekrönt: es hat das Euter gefunden, und das erste Frühstück beginnt.

Im Stall muß man von diesem Schema etwas abweichen. In der Natur liegt das Kalb im Gras, wo spezifische Krankheitskeime nicht vorkommen. Im Stall dagegen wimmelt es von diesen Biestern, und sie finden eine empfindliche Eingangspforte: den Nabel. Man kneift ihn eine Handbreit unter dem Bauch ab und taucht ihn in Jodlösung oder sprüht ihn mit einem Desinfektionsspray ein. Vorher kann man mit sauberen Händen dem Kalb den Schleim aus dem Maul entfernen, um ihm die ersten Atemzüge zu erleichtern. Über die weitere Versorgung des Kalbes besteht unter den Landwirten etwas Uneinigkeit: soll man die Kuh das Kalb ablecken lassen oder nicht? Für das Kalb ist es natürlich die beste Methode. Andererseits tritt in dem Augenblick wo man der Kuh das Kalb vorlegt, die mütterliche Prägung ein, und wenn man dann das Kalb an seinen vorgesehenen Platz bringt, brüllt die Kuh ständig nach ihm. Will man das vermeiden, reibt man das Kalb mit Stroh trocken, wobei man die Herzgegend besonders massiert, um die Atmung anzuregen. Atmet das Kalb nicht, kann man versuchen, es an den Hinterbeinen hochzuheben, falls Fruchtwasser in die Lunge eingedrungen ist. Dann steckt man dem Kalb einen dicken Schlauch ins Maul, umschließt es mit der Hand und versucht, durch Atemspende das Kalb ans Atmen zu bekommen. Der Erfolg ist allerdings fraglich.

Nun sollte man sich der Kuh wieder zuwenden. Sie ist natürlich etwas erschöpft, wenn sie auch nicht viel Aufhebens davon macht. Um zu sehen, ob sie in Ordnung ist, sollte man sie auftreiben. Im Stehen ist auch die Gefahr gefährlicher Blutungen nicht so groß. Stellt man solche besonders nach einer Schwergeburt fest, sollte man einen Tierarzt rufen. Früher reichte man der Kuh nach der Geburt eine warme Schrotsuppe. Diese Maßnahme bewirkte eine Kräftigung des Tieres bei gleichzeitiger Versorgung mit leichtverdaulicher Energie – im Hinblick auf die einsetzende Laktation eine durchaus positiv zu wertende Starthilfe.

Noch wichtiger ist die ernährungsmäßige Starthilfe für das Kalb. Es kommt mit einem relativ geringen Immunschutz auf die Welt, und sein Darm ist mit einer klebrigen, dunklen Masse gefüllt, dem Darmpech. Beide Probleme löst die Natur mit einer einzigen Maßnahme: Die Milch der Kuh hat nach der Geburt eine ganz besondere Zusammensetzung. Sie wirkt abführend und enthält gleichzeitig alle Abwehrstoffe, die die Kuh auch hat. So bekommt das Kalb praktisch eine Schluckimpfung gegen alle Gefahren seiner Umwelt.

Da die Verdaulichkeit der antikörpertragenden Eiweiße der Milch schnell zurückgeht, ist es wichtig, daß die sogenannte Kolostral- oder Biestmilch möglichst früh verabreicht wird, ähnlich wie es in der Natur auch läuft. Man kann natürlich das Kalb, sobald es selbständig steht, ans Euter tun und es selbst saufen lassen, nur besteht die Gefahr, daß die Kuh dann ständig nach dem Kalb brüllt. Ansonsten melkt man 1–2 Liter ab und reicht sie dem Kalb im Eimer, nicht ohne sie vorher vorsichtig auf Körpertemperatur erwärmt zu haben.

Die Kuh kann natürlich nur solche Abwehrstoffe abgeben, die sie selbst im Blut hat. Eine neu zugekaufte Kuh hat aber nur Abwehrstoffe gegen diejenigen Bakterien und Viren, die in ihrem alten Stall zu Hause waren, und ihr Kalb hat große Mühe mit den Keimen in der neuen Umgebung. Für solche Fälle kann man Biestmilch als Vorrat einfrieren und sie für den Fall der Geburt auftauen und vorsichtig erwärmen. Das ist auch als Vorsichtsmaßnahme zu empfehlen, falls einmal einer Kuh bei der Geburt etwas passiert und Milch der eigenen Mutter nicht zur Verfügung steht.

Die Aufzucht der Jungtiere

Das Kalb bekommt am ersten Tag vier Mahlzeiten, am zweiten und dritten drei Mahlzeiten. Von da an reichen zwei Mahlzeiten pro Tag aus. Man läßt es aus dem Eimer saufen, was es aber erst lernen muß. Man steckt ihm einen Finger ins Maul, läßt es daran saugen und geht dann mit der Hand in die Milch. Der Eimer muß festgesetzt werden, denn das Kalb boxt zwischendurch in den Eimer, so wie es beim Saugen ins Euter boxt. Besser als einfache Eimer sind solche, die unten an der Außenseite einen Nuckel angebracht haben. Sie sind vor allem später, wenn das Kalb in zwei Mahlzeiten größere Milchmengen trinkt, besser für die Auslösung des Schlundrinnenreflexes. Funktioniert dieser nicht richtig, gerät Milch in den kleinen Pansen und es kommt zu Bläherscheinungen und Koliken.

Bei alldem ist nicht zu vergessen, daß es sich um eine Wöchnerin und ihren Säugling handelt. Man sollte sich vergegenwärtigen, welche Sorgfalt bei menschlichen Säuglingen aufgewendet wird, und wie wir dagegen manchmal mit Kälbern umgehen. Äußerste Hygiene und gute Umweltbedingungen in bezug auf Stall, Stalltemperatur und Luftfeuchtigkeit sollten selbstverständlich sein. Tränkgefäße mit Käserändern, Anbinden hinter den Kühen zwischen Kuhfladen, oder Haltung in finsteren, feuchten Gemäuern haben mit ordnungsgemäßer Kälberaufzucht nichts zu tun.

Fütterung der Aufzuchtkälber

Wie schon weiter vorn erwähnt, hat das Kalb mit durchschnittlich 13 Wochen ein voll funktionsfähiges Vormagensystem. Bis dahin ist es auf Milchtränke angewiesen. In der ersten Woche sollte dies unbedingt Muttermilch sein. Die Milch ist in den ersten fünf Tagen nach der Geburt ohnehin für den menschlichen Genuß wenig geeignet, wenn es auch einige Verwendungsmöglichkeiten in der Küche gibt. Nach der ersten Woche kann man auf Pulvertränke umstellen. Notwendig ist es natürlich nicht, aber in der Regel ist eine Tränkemischung aus Kostengründen vorzuziehen. Selbstverständlich kann man es bei der Selbstversorgungswirtschaft so machen, daß das Kalb sich am Euter sattsäuft, und man dann den Rest für den Haushalt melkt. Wer davon leben muß, überlegt es sich, ob er den Liter Vollmilch nicht für 57 Pfennige verkauft und statt dessen für 24 Pfennige Tränkepulver einsetzt. Bei 8 l Tagesgabe beträgt die Differenz rund 2,65 DM, so daß sich eine Diskussion erübrigt. Von der Fütterungseignung her ist das Mischfutter der Vollmilch durchaus gleichwertig. Es wird mit 120 g je Liter Tränke mit Wasser von 40 °C angesetzt und klumpenfrei verrührt. Die Tränke muß unbedingt mit Körpertemperatur verabreicht werden, da sonst das Lab des Labmagens seine Aufgabe, die Milch dickzulegen, nicht mehr ausreichend erfüllen kann und es zu Durchfällen kommt. Die täglichen Tränkemengen sind dem Tränkeplan auf Seite 134 zu entnehmen. Von der dritten Woche an bietet man bestes, junges Heu an und daneben Kraftfutter, entweder ein Mischfutter für die Kälberaufzucht, sog. Kälberstarter, oder eine Eigenmischung aus 20 % Leinkuchenmehl, 15 % Sojaschrot, 25 % Haferschrot und 40 % Gerstenschrot. Daneben sollte frisches Wasser zur beliebigen

Aufnahme zur Verfügung stehen. Mit 13 Wochen geht die Tränkeperiode zu Ende. Längeres Tränken, wie früher üblich, ist nicht notwendig. Die Kälber können jetzt auch andere Futtermittel aufnehmen. Das Kraftfutter bleibt auf 1,5 kg begrenzt. Gibt man weniger Kraftfutter, sterben sie zwar auch nicht, aber ihre Entwicklung läßt zu wünschen übrig. Sie sind struppig, und durch die höhere Aufnahme an Grundfutter bekommen sie einen dicken Bauch, einen „Heubauch". Ab dem siebenten Monat kann man die Kraftfuttergabe auf 1 kg reduzieren. Bei Weidegang kann das Kraftfutter ausschließlich aus Getreideschrot bestehen. Dazu sollten 50 g Mineralfutter gegeben werden, mit 2 % Phosphor weniger, als Milchkühe es bei gleicher Fütterung nötig hätten.

In spezialisierten Betrieben lohnt sich, vor allem aus arbeitswirtschaftlichen Gründen, die sogenannte Frühentwöhnung. Die Tränkemenge wird auf 6 l mit 100 g Pulver je Liter begrenzt, dadurch nehmen die Kälber eher und mehr Kraftfutter und Heu auf, und ihre Vormagenentwicklung geht schneller. Wenn das Kalb 1 kg Kraftfutter aufnimmt, und das

Links: verschiedene, selbstgebaute Kälberboxen, oben für die Gruppenhaltung größerer Kälber, in der Mitte und unten für die ersten Lebenswochen.
Rechte Seite oben: Milch ist das Hauptnahrungsmittel in den ersten Lebensmonaten, aber schon ab der dritten Lebenswoche bietet man den Kälbern bestes Heu, Aufzuchtkraftfutter und frisches Wasser an.
Unten: Der Milcheimer ist leer, aber der Nachbar hat noch etwas im Bart.

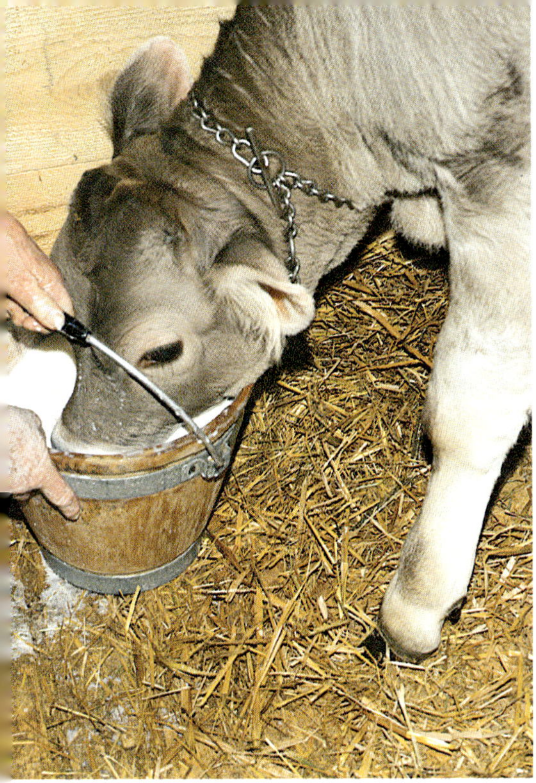
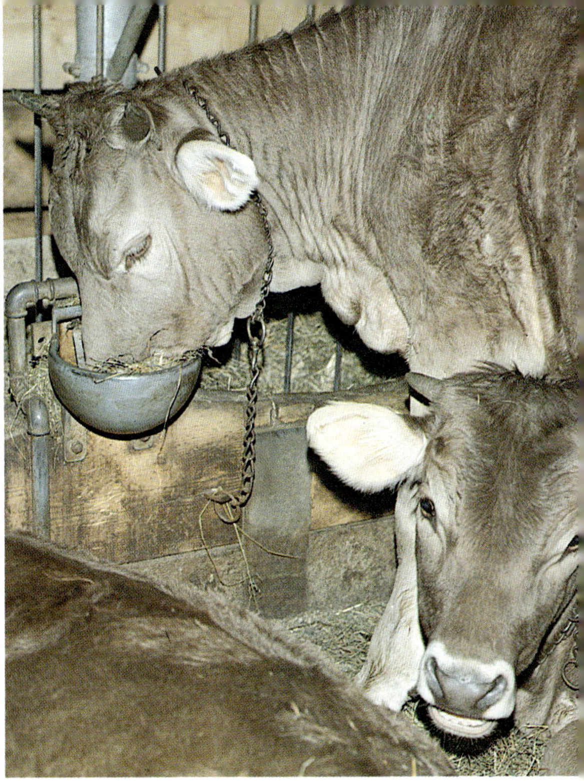
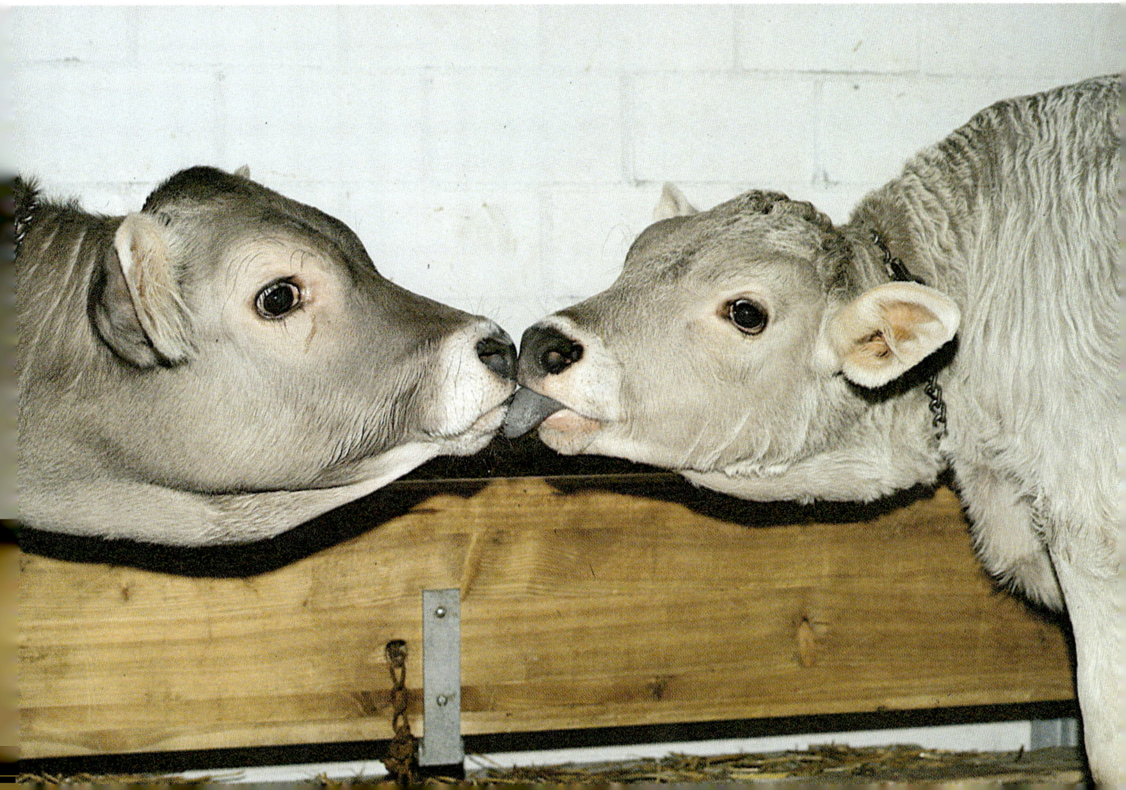

Tränkemengen bei normaler Aufzucht und bei Frühentwöhnung

Alter	Mahlzeiten/ Tag	normale Aufzucht Vollmilch	Austausch- tränke	Frühentwöhnung Vollmilch	Austausch- tränke
1. Tag	4	1–2	–	1–2	–
2.+3. Tag	3	2–4	–	3–4	–
4.–7. Tag	2	4–6	–	4–6	–
2. Woche	2	3	4	3	4
3.–7. Woche	2	–	8	–	6
8. Woche	2	–	8	–	6
9. Woche	2	–	8	–	–
10. Woche	2	–	7	–	–
11. Woche	2	–	5	–	–
12. Woche	2	–	3	–	–
13. Woche	2	–	3	–	–

ist etwa im Alter von acht Wochen der Fall, wird die Tränke abgesetzt. Die Kraftfuttergabe wird bis auf 2,5 kg gesteigert, um die fehlenden Nährstoffe der Milch auszugleichen. Die Methode bringt etwas Ersparnis an Futterkosten; ihre Vorteile liegen, wie gesagt, besonders auf dem Gebiet der Arbeitsersparnis.

In den letzen Jahren hat sich in Großbetrieben das Kalttränkeverfahren eingebürgert. Die Kälber stehen in Gruppenbuchten und haben ständig Zugang zu einem Nuckel mit Anschluß an einen Tränkebehälter. Da sie immer nur wenig Tränke aufnehmen, kann der Magen diese kleinen Mengen selbst erwärmen. Allerdings sind für diese Methode besondere Tränkepulver notwendig. Eine sorgfältige Beobachtung der Kälber ist beim Kalttränke- verfahren unerläßlich. Sie macht einen Teil der Arbeitszeitersparnis wieder zunichte. Für kleinere Betriebe ist das Verfahren nicht geeignet.

Die Fütterung der Jungrinder

Bis zum 12. Lebensmonat sollen weibliche Zuchtrinder etwa die Hälfte des durchschnittlichen Kuhgewichts erreicht haben. Das bedeutet bei den Zweinutzungsrassen, daß ein einjähriges Rind etwa 300 kg wiegen sollte. Das bedeutet aber auch eine tägliche Zunahme von mehr als 700 Gramm. Ohne eine gute Energieversorgung auch nach der Tränkeperiode ist das nicht zu erreichen. Lediglich bei hochwertigem Grundfutter können die genannten Kraftfuttermengen um ein halbes Kilo

Nährstoffbedarf und angestrebte Gewichtsentwicklung weiblicher Zuchtrinder

Alter	Gewicht kg	kg TrS-Aufnahme	g Rohprotein	MJ NEL
6 Monate	150	4	560	21
12 Monate	300	5,5	770	28
18 Monate	420	8	840	35
24 Monate	520	9	840	43

unterschritten werden. Ist das Tier erst einmal ein Jahr alt, ist es in bezug auf die Futterkonzentration nicht mehr so anspruchsvoll. Den Bedarf weiblicher Zuchtrinder zeigt die Tabelle Seite 134 unten.

Rechnet man aus, wieviel MJ NEL je kg Trockensubstanz notwendig sind, kommt man bei 300 kg auf 5,0 MJ je kg TrS. Diese Futterkonzentration ist bei allen gebräuchlichen Futtermitteln vorhanden, so daß Rinder ab ein Jahr kein Kraftfutter mehr benötigen. Eine Überversorgung mit Energie führt zur Verfettung, was später zu Schwierigkeiten mit der Fruchtbarkeit und beim Abkalben führen kann. Geringer konzentrierte Futtermittel, wie altes Heu, schlechte Rübenblattsilage oder gar Stroh machen eine Kraftfutterergänzung notwendig. Wenn Jungvieh auch nicht anspruchsvoll ist, so sollte man ihm doch nicht nur den Abfall geben, der für die Kühe nicht mehr gut genug ist. Solche Fütterung charakterisiert mein Kollege Willems folgendermaßen: „Das ist, als sagte ich zu meiner Frau ‚Ich glaube, der Braten ist nicht mehr gut, den lassen wir für die Kinder'." Weide reicht allemal aus. Merkt man, daß die Rinder zu fett werden, muß man die Weidefläche verkleinern.

Mit etwa 380 kg, etwa 18 Monaten, sind die jungen Damen heiratsfähig. Den richtigen Deckzeitpunkt wählt man nicht nach dem Alter, sondern nach dem Gewicht. Je nach Entwicklung kann damit das Abkalbealter zwischen 24 und 30 Monaten schwanken. Bei der Auswahl der Besamungsbullen achtet man auf Leichtkalbigkeit. Die Kreuzung mit Fleischrinderrassenbullen sollte man bei Jungrindern unterlassen, weil die Gefahr von Schwergeburten zu hoch ist. Am einfachsten ist natürlich, einen Bullen mit auf der Weide laufen zu lassen. Das lohnt sich aber nur bei einer größeren Gruppe. Hat man wenig Weide und wenig Jungvieh, besteht die Möglichkeit, die Rinder in Pension zu geben, eine durchaus gebräuchliche Methode. Man zahlt einen bestimmten Betrag pro Weidetag, etwa 1 bis 1,20 DM. Dafür laufen die Tiere auf der Pensionsweide, haben Futter, Wasser und Aufsicht, meist irgendwo auf einer Mittelgebirgsweide.

Die Unterbringung des Jungviehs

Die Kälber lieben ein warmes, trockenes Lager. Die Umgebungstemperatur spielt keine so große Rolle, Hauptsache es zieht nicht und es ist nicht zu feucht. Deshalb ist ein Tiefstall nicht so günstig, weil der vom Stroh aufgesogene Harn die Luftfeuchtigkeit erhöht, wenn auch die frisch eingestreute Oberfläche trocken ist. In Ställen mit Spaltenboden sollte dieser für kleine Kälber dick mit Stroh abgedeckt werden. In den meisten Betrieben werden die Kälber in den ersten Lebenswochen in Boxen gehalten. Dies hat sicher arbeitsmäßige Vorteile, weil wenig Fläche zu misten ist, und für den Tränkeeimer und für Heu- und Kraftfuttergaben Vorrichtungen vorhanden sind. Allerdings gibt es vom Tierschutzgesetz vorgeschriebene Mindestmaße. Kälber haben von Zeit zu Zeit das Bedürfnis, etwas herumzutoben, wenn sie auch viel liegen oder stillstehen. Deshalb sollte man mit dem Platz nicht zu geizig sein.

Feuchte, warme Ställe, in denen man versucht, die Fenster zur Klimaverbesserung aufzumachen, sind meist Brutstätten für Krankheiten. Die Kälber schwitzen, erkälten sich, und im Saunaklima gedeihen Bakterien prächtig. Die Lungenent-

Kalte, trockene und zugfreie Laufställe sind für das Jungvieh am gesündesten.

Auch Kälber haben es lieber kühl als warm.  *Einer muß den Überblick behalten.*

zündung hält reiche Ernte. Da ist eine zugfreie Ecke in der Scheune mit einer dicken Stroheinstreu besser, selbst, wenn im Winter die Temperatur den Nullpunkt unterschreitet. Gegen den Zug kann man mit Strohballen Schutzwände bauen. Auf jeden Fall ist eine solche Haltung frei von Bakterienarmeen, wie sie in länger belegten, herkömmlichen Ställen die Regel sind. Für etwas ältere Kälber kann man aus solchen Kaltställen auch Ausläufe auf die Weide legen, die selbst im Schnee angenommen werden.

Ältere Rinder haben im Grunde die gleichen Ansprüche. Ein eingestreuter Primitiv-Laufstall mit einer Krippe, die an Ketten aufgehängt in der Höhe verändert werden kann und der nach Süden sogar offen sein kann, tut als Winterquartier beste Dienste. Auf Klauenpflege muß geachtet werden, da auf dem weichen Mist die Klauen nicht verschleißen.

In mittleren Bauernbetrieben werden die Jungrinder oft neben den Kühen angebunden. Meist sind die Stände zu lang, die Bewegungsfreiheit hinten zu groß, so daß diese Rinder selbst bei größter Sorgfalt so aussehen, wie ein Schwein nur selten aussieht.

In Großbetrieben ist die Haltung auf Spaltenboden die Regel. Wer sich daran stört, daß so viele Tiere auf so wenig Platz stehen, dem sei erklärt, daß nur so die Idee des Spaltenbodens funktioniert: der Kot wird durch die Spalten getreten und die Tiere bleiben einwandfrei sauber.

Man kann bei der Haltung eigentlich nicht viel falsch machen, wenn man die schon genannten Grundsätze beachtet: warmes, trockenes Lager, keine Zugluft. Trotzdem findet man oft Rinder, die einem leid tun können. Zuwenig Einstreu, unsachgemäße Fütterung und nicht tiergerechte Aufstallung beeinflussen die Entwicklung und die spätere Leistungsfähigkeit entscheidend.

Krankheiten des Jungviehs

Kälber sind Säuglinge, das muß noch einmal betont werden. Und wie diese sind sie sehr empfindlich gegen Erkrankungen im Magen-Darm-Bereich. Die Kälberdurchfälle haben viele verschiedene Ursachen. Manche sind relativ harmlos, andere lebensgefährlich. Immer aber birgt Durchfall die Gefahr der Austrocknung und des Salzverlustes mit sich. Oft stirbt ein Kalb nicht an der Krankheit, sondern am Mangel an Körperflüssigkeit und Elektrolyten.

Es genügt schon, einem Kalb größere Mengen Milch zu verabreichen, die wesentlich unter der Körpertemperatur liegt, schon geht es hinten los. Andererseits besteht im Kleinbetrieb keine große Gefahr, wenn man einige Regeln beachtet. Ernährungsbedingte Durchfälle entstehen neben falscher Tränketemperatur vor allem durch übermäßige Tränkeaufnahme oder angesäuerte bzw. unsaubere Tränke. Solch ein Durchfall wird mit Ersatz der Milchtränke durch schwarzen Tee oder Kamillentee mit einem gehäuften Teelöffel Salz und zwei gehäuften Eßlöffeln Traubenzucker je Liter behandelt. Am ersten Tag wird nur diese Mixtur getränkt. Am zweiten Tag verdünnt man Milchtränke mit Tee, an den folgenden Tagen wird immer weniger verdünnt, bis die Konzentration der Normaltränke wieder erreicht ist. Wichtig ist, daß man die Anzahl der Mahlzeiten auf mindestens drei erhöht.

Eine gefährliche Gesundheitsstörung ist die Kälberruhr, die von bestimmten Coli-Bakterien-Typen hervorgerufen wird. Fördernd für die Infektion ist Immunschwäche durch ungenügende Kolostralmilchversorgung oder Eintritt der Bakterien über den Nabel. Deshalb sind Nabeldesinfektion und möglichst frühe Biestmilchtränke unbedingt notwendig. Echte Kälberruhr sollte vom Tierarzt behandelt werden.

In spezialisierten Kälberbetrieben spielen bestimmte Viruserkrankungen eine erhebliche Rolle. Grund dafür sind die großen Bestände und die Infektionsgefahren auf dem Transport. In Kleinhaltungen spielen Viren kaum eine Rolle. Tierärztliche Hilfe ist dabei immer angebracht.

Wie immer im Leben gibt es auch bei Rindern Lebewesen, die auf anderer Leute Kosten leben. Parasiten nennt man solche Typen, und sie können großen Schaden anrichten. Mangelnde Entwicklung, struppiges Haarkleid, Husten nach Anstrengung sind Anzeichen für irgendeine Parasitenerkrankung. Die Infektion findet in der Regel auf der Weide statt. Kühe sind weitgehend immun, aber Jungtiere können ganz üble Schäden erleiden. Kälber sind vor allem von Magen-Darm-Würmern gefährdet. Später, wenn die Rinder auf fernere Weiden kommen, sind Lungenwürmer und Leberegel die Bösewichte. Lungenwürmer sind bis 15 cm lange Würmer, die über die Blutbahn in die Lunge wandern. Die Larven kriechen am taufeuchten Gras hoch und werden mitgefressen. Feuchte Weiden sind besonders gefährdet. Zur Bekämpfung streut man 3 dt je ha ungeölten Kalkstickstoff zur Zeit der Forsythienblüte. Kalkstickstoff ist ein Düngemittel, nicht ganz billig, und Alkohol darf man am Streutage auch nicht trinken. Seine ganz leichte Giftigkeit wird von Alkohol nämlich erheblich verstärkt, so daß man Herzklopfen und Kreislaufbeschwerden bekommt.

Leberegel lieben ebenfalls feuchte Weiden, d. h. nicht eigentlich sie, sondern ihr Zwischenwirt, die Zwergschlammschnecke. In ihr wachsen die Larven, die Schnecken werden von den Rindern mitgefressen. Sie wandern in die Leber und schmarotzen in den Gallengängen.

Alle diese Untiere sind durch ihre Eier zu identifizieren. Man nimmt Kotproben von den Tieren und läßt sie von einem Tierarzt oder einem Tiergesundheitsamt untersuchen. Gezielte Wurmkuren, die meist wiederholt werden müssen, machen der Plage ein Ende. Bei Jungtieren sollte man immer mit Parasitenbefall rechnen und daher Kotproben untersuchen lassen.

Eine unangenehme Sache sollte noch behandelt werden. Rinder werden öfter von Flechten befallen, die Haarausfall und borkige Hautbeläge hervorrufen. Der Befall beginnt meist um die Augen herum und breitet sich anschließend über mehr oder weniger große Hautpartien aus. Die weißgrauen Stellen sind auffällig und sollten so schnell wie möglich behandelt werden, vor allem, weil sie auch auf Menschen übergehen und bei ihm langwierige Ekzeme hervorrufen. Es gibt pilztötende Salben, man kann aber auch selbst eine Salbe aus Glyzerin, Schwefelblüte und Salizylsäure herstellen. Beim Auftragen sollte man Handschuhe tragen, um sich nicht anzustecken.

Bei allem, was mit Jungviehaufzucht zusammenhängt, sollte man sich vor Augen halten, daß die Jugendentwicklung die spätere Nutzung entscheidend beeinflußt. Zu schlechte und zu gute Behandlung, beides ist von Übel.

Die Kuh und ihre Produkte

Melken – die tägliche Arbeit

Die Kuh ist ein unsozialer Arbeitgeber. Die Bauern stehen nicht aus Heroismus so früh auf, sondern weil sie so früh melken müssen. Und wenn sie einfach später anfangen? Dann wird es abends spät, weil die Kuh verlangt, regelmäßig alle zwölf Stunden gemolken zu werden. Unregelmäßigkeiten beantwortet sie mit Leistungseinbußen und Schwankungen in den Milchinhaltsstoffen. Dreimaliges Melken bringt etwa 15 % Leistungssteigerung, lohnt aber in der Regel den höheren Arbeitsaufwand nicht. Schließlich will man ja auch noch etwas anderes tun, als nur unter der Kuh zu hängen.

Die Milch wird aus den Drüsenzellen des Euters in den Hohlraum der Alveolen abgegeben. Dieser Vorgang verläuft stetig und wird durch den Druck bei Überfüllung der Alveolen abgebremst. Die Rohstoffe für die Milchbestandteile werden dem Blut entnommen. Durch Reizsignale schüttet die Hirnanhangdrüse das Hormon Oxytocin aus, welches die Muskelfasern, die um die Alveolen herum liegen, zum Zusammenziehen bringt. Dadurch wird die Milch aus den Alveolen in die Ausführungsgänge gepreßt: Die Milch „schießt ein". Die Reize können mechanischer Art sein, etwa das Herumspielen des Kalbes am Euter, oder auch das „Anrüsten" vor dem Melken, also das Reinigen und Vormassieren durch den Melker. Diese Maßnahmen sind für die richtige Milchabgabe sehr wichtig. Wenn man beobachtet, wie rabiat Kälber dabei zu Werke gehen, sieht man, daß man gar nicht so zurückhaltend vorgehen muß. Bei vielen Kühen genügt aber schon das Klappern des Melkgeschirrs, um den Vorgang in Gang zu setzen. Auf der anderen Seite können rohe Behandlung oder Fremde im Stall, die herumlaufen und laut reden, das Hormon versiegen lassen und die Milchabgabe senken.

Ist die Milch eingeschossen, heißt es zügig loslegen. Das Hormon hat nämlich nur eine Wirkungsdauer von sechs bis acht Minuten. In dieser Zeit muß die Kuh ausgemolken sein. Was darüber hinausgeht, ist Quälerei für Mensch und Tier. Besonders beim Maschinenmelken kommt es zu Reizungen der Schleimhäute, die sich auf die Dauer zu Euterentzündungen entwickeln.

Vormelken

Das Melken kann man in drei Phasen unterteilen: das Vormelken, das eigentliche Melken und das Nachmelken. Das Vormelken geschieht zur Kontrolle auf Milchfehler und zum Entfernen der keimreichen ersten Strahlen. Am besten benutzt man die empfohlenen Vormelkbecher mit schwarzem Deckeleinsatz. Dorthinein melkt man die ersten Strahlen mit der

Schonendes Handmelken gefällt der Kuh; sie bleibt freiwillig stehen.

Hand und schaut, ob Flocken oder sonstige unerwünschte Erscheinungen in der Milch sind. Ist dies der Fall, muß die Milch getrennt von der guten Milch gewonnen und die Ursache, sprich die Euterkrankheit, behandelt werden. Nach dem Vormelken wird das Euter gereinigt, im Melkstand mit einer Warmwasserdusche, im Anbindestall am besten mit Einwegtüchern; Waschlappen, die man bei allen Kühen benutzt, können zum Infektionsüberträger werden. Nach dem Reinigen wird das Euter kräftig massiert, und dann beginnt man mit dem Melken. Ist das Euter leer, massiert man noch einmal kräftig, um eine nochmalige, kurze Oxytocinausschüttung hervorzurufen. Man bekommt so die letzte, besonders fettreiche Milch (bis 14 % Fett) und beugt Eutererkrankungen vor.

Melken mit der Melkmaschine

Das Melken selbst geschieht heute auch in kleinen Betrieben mit der Maschine. Diese ahmt die Saugbewegungen des Kalbes nach, indem sie einen Saugtakt und einen Entlastungstakt miteinander abwechseln läßt. Das eigentliche Melkzeug besteht aus vier Zitzenbechern aus Metall, die innen mit den Zitzengummis ausgekleidet sind. Jeder Zitzenbecher hat eine Ableitung für Milch und eine Zuleitung für Vakuum. Das Vakuum, etwa 50 kPa, kommt von einer Vakuumpumpe über eine Vakuumleitung und wird über einen Pulsator stoßweise an die Zitzenbecher herangeführt. Das Vakuum verkleinert den Raum zwischen Metallwand und Zitzengummis und vergrößert den Innenraum des Zitzengummis. Dadurch wird das Vakuum auf die Zitze übertragen und ein Strahl Milch abgesaugt. Zwischen den Unterdruckperioden wird Umgebungsdruck in den Zwischenraum gelassen, so daß eine Entlastung der Zitze eintritt. Die Milch fließt von den vier Zitzenbechern in das Milchsammelstück an der Unterseite des Melkzeuges. Von hier wird sie zum Melkeimer bzw. bei der Rohrmelkanlage zur Milchleitung gesaugt. Zwischen Zitzenbecher und Milchschlauch ist noch ein durchsichtiges Kunststoffstück, damit man sehen kann, wann die Kuh leer ist. Der Wechsel zwischen Saug- und Entlastungstakt findet etwa 60mal in der Minute statt, ihr zeitliches Verhältnis ist etwa 50 : 50.

Eimermelkanlage. Melkmaschinen gibt es für kleine Bestände als Eimermelkanlage. Damit kann man etwa zwölf Kühe pro Stunde melken, weil man nicht mehr als zwei Eimer gleichzeitig bedienen kann. Die Milch fließt in einen Eimer von 20 Litern, der, wenn er voll ist, durch einen Filter in den Milchbehälter ausgegossen wird.

Rohrmelkanlage. Die Arbeit ist nicht ganz leicht. Deshalb geht man nicht nur aus Gründen der Zeitersparnis bei Beständen über zwölf Kühen zur Rohrmelkanlage über. Hier wird die Milch über eine Milchleitung zum Milchtank gefördert. Der Filter sitzt in der Leitung. Am Ende der Milchleitung ist eine Milchschleuse, wo die Milch gesammelt und von Zeit zu Zeit in den Tank gepumpt wird. Bei der Rohrmelkanlage kann man bis zu vier Melkzeuge gleichzeitig einsetzen und melkt dann pro Stunde etwa 24 Kühe.

Melkstand. In Laufställen hat man die Möglichkeit, durch die Einrichtung eines

Das Melkzeug einer Melkmaschine: Die vier Zitzenbecher und in der Mitte das Milchsammelstück.

Melkstandes die Zahl der Melkzeuge auf acht, zehn oder gar zwölf heraufzusetzen. Der Melkstand entspricht einer aufgewickelten Rohrmelkanlage. Technisch besteht kein Unterschied. Alle vorgenannten Melkanlagen gibt es auch als fahrbare Weidemelkanlagen. Will man so etwas anschaffen, ist auf ausreichende Kühlmöglichkeiten schon auf der Weide zu achten.

Melkkarussell. Ganz große Bestände, etwa ab 200 Kühe, können sich ein Melkkarussell leisten. Dabei steigen die Kühe auf ein langsam fahrendes Karussell, praktisch ein kreisförmiger Melkstand. Der Melker steht in der Mitte und bedient die Anlage. In etwa 10 min ist das Karussell einmal rund und die Kuh leer. Eine Tür öffnet sich und sie steigt wieder ab. Der Fahrpreis ist die Milch. Man findet solche Anlagen fast nur in den Großbetrieben der östlichen Bundesländer.

Als neueste Entwicklung gibt es sogar den Melkroboter, bei dem nicht nur die Melkzeugabnahme, sondern auch das Anhängen durch die Maschine selbsttätig geschieht. Zielgruppe ist nach Aussagen der Hersteller der große Familienbetrieb. Den Tierzüchter alter Provenienz mag ein etwas unbehagliches Gefühl überkommen, aber vielleicht sollte man den Roboter auch als Mittel zur Verbesserung der Lebensqualität des Landwirts verstehen. Der zur Zeit noch enorme Preis von etwa 300 000 DM wird eine weite Verbreitung ohnehin begrenzen, aber größere Produktionszahlen senken bekanntermaßen den Preis. Man denke nur daran, was die ersten Personal-Computer gekostet haben.

Alle Melkmaschinen müssen sorgfältig gereinigt und gepflegt werden. Anderenfalls leidet die Milchqualität und die Eutergesundheit. Die Maschine muß das richtige Vakuum von 45 bis 50 kPa und eine ausreichende Luftförderleistung von etwa 70 l je min und Melkzeug bringen (die exakte Berechnung des Bedarfs führt hier zu weit). Die Gummiteile, die mit Milch in Berührung kommen, müssen alle sechs Monate spätestens ausgetauscht werden, da sie porös werden und dann Keimen eine ideale Heimstatt bieten. Nach jedem Melken muß erst kalt, dann warm mit einer Reinigungs- und Desinfektionsflüssigkeit gespült werden. Wer das vernachlässigt, wird von seiner Molkerei mit empfindlichen Abzügen vom Milchgeld bedacht. Rohrmelkanlagen haben in der Regel eine automatische Spülung, bei der ein Spülprogramm ähnlich wie bei einer Spülmaschine abläuft. Treten in einem Bestand Probleme mit Euterkrankheiten oder Mängel in der Milchqualität auf, ist in den meisten Fällen die Melkmaschine der Übeltäter.

Handmelken

Handmelken ist im Zuge der Bestandsvergrößerung aus der Mode gekommen. Ein Mann kann eben nur eine Kuh gleichzeitig melken. Außerdem erfordert das Handmelken ein ständiges Training, sonst sitzt man mit schmerzenden Armen unter der Kuh und hat noch nicht einmal die Hälfte geschafft. Jeder, der mit der Maschine melkt, sollte aber auch mit der Hand melken können. Schließlich gibt es immer einmal eine euterkranke Kuh, bei der ein Viertel nicht mit der Maschine gemolken werden kann. Wer nur eine Kuh hat, für den lohnt sich keine Maschine. Er braucht nur eine Mütze, einen Kittel, einen Melkschemel und einen Eimer. Zum Melken setzt man sich von rechts dicht an die Kuh, den linken Arm an die Sprunggelenksbeuge der Kuh gestützt. So kann man Versuche der Kuh, einen am Melken zu hindern, frühzeitig feststellen und abwehren. Die Fingernägel müssen kurz geschnitten sein, sonst tut man der Kuh weh und sie schlägt. Je geduldiger und zärtlicher man vorgeht, desto besser wird das Verhältnis zur Kuh. Um die Striche geschmeidig zu halten, kann man mit Melksalbe arbeiten. Das Melken geht folgendermaßen: Man faßt den Strich ganz oben zwischen Daumen und Zeigefingerwurzel. Man drückt den Strich oben zu und schließt nacheinander die folgenden Finger zur Faust und drückt so die Milch nach unten. Wenn man es richtig kann, kommen kräftige Strahlen, die im Laufe der Zeit eine fingerdicke

Anfang wird man seine Unterarmmuskeln ganz schön spüren. Aber nach einigen Tagen gibt sich das. Schließlich haben Berufsmelker früher jeden Tag 20 Kühe hintereinander mit der Hand gemolken.

Sowohl beim Hand- als auch beim Maschinenmelken gibt es Kühe, die sich gegen das Melken wehren. Entweder haben sie als Jungtier beim ersten Melken wegen Schlagens Prügel bekommen, oder es tut ihnen etwas weh. Für solche Fälle gibt es Fußfesseln oder Bügel, die von der Flankenfalte zum Beckenkamm gehen. Diese Hilfsmittel kosten etwa 16,– DM und helfen besser als Schläge. Manche Tiere schlagen mit Wonne mit dem Schwanz. Die letzten Enden der Schwanzquaste sind meist nicht ganz sauber und trocken und wirken wie Peitschen. Dafür gibt es Schwanzklammern, die für die Dauer des Melkens aufgesetzt werden.

Trockenstellen

Durch den steigenden Einfluß von Plazenta-Hormonen geht die Milchleistung mit fortschreitender Trächtigkeitsdauer immer mehr zurück. Eine gewisse Zeit bis zum nächsten Kalb gibt die Kuh überhaupt keine Milch, sie steht trocken. Der Übergang von der Laktation zum Trockenstehen, das Trockenstellen, ist immer etwas kritisch, und die Methoden sind umstritten. Im allgemeinen werden zwei Monate Trockenstehzeit als ausreichend erachtet. Weniger oder gar keine Trockenstehzeit beeinflussen die folgende Laktation negativ. Außerdem ist die Trockenstehzeit die beste Zeit, um Eutererkrankungen zu kurieren.

Die herkömmliche Methode des Trockenstellens besteht darin, nur noch einmal

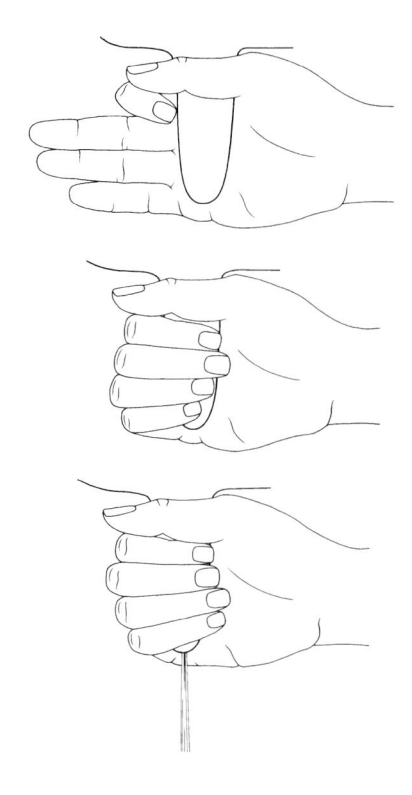

So melkt man mit der Hand:
In Phase 1 (oben) drückt man die Zitze oben ab.
In Phase 2 (Mitte) setzt man den Druck nach unten fort.
In Phase 3 (unten) ist die Faust ganz geschlossen und die Milch wird herausgedrückt.

Schaumschicht auf der Milch im Eimer entstehen lassen. Man melkt erst die beiden vorderen Striche, dann die beiden hinteren. Das geschilderte Vollhandmelken ist für das Euter das gesündeste. Nur bei ganz kurzen Strichen kann das „Strippen", also das Ausziehen der Milch mit Daumen und Zeigefinger, nötig sein. Zu

Die Beschlagnahme ihres Produkts scheint ihr weniger zu gefallen.

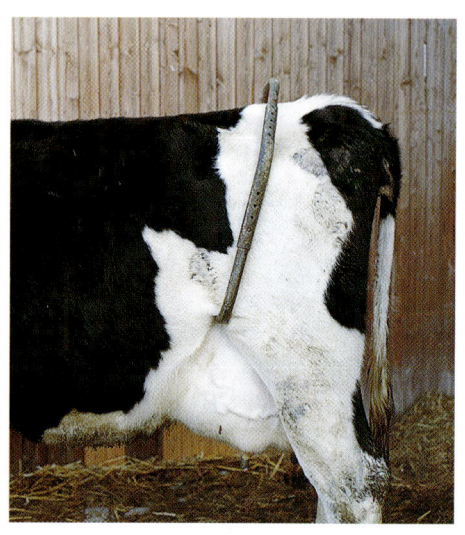

Der Fesselbügel verhindert das Schlagen beim Melken.

täglich zu melken, wenn die Kuh noch etwa 6 Liter pro Tag gibt. Kraftfutter sollte sie zu dieser Zeit sowieso nicht mehr bekommen. Irgendwann muß man dann mit dem Melken aufhören. Zur Sicherheit kann man in jede Zitze eine gute Dosis „Trockensteller", ein Langzeitantibiotikum, eingeben. Die Wartezeit ist unbedingt zu beachten.

Die zweite Methode besteht darin, zu einer bestimmten Zeit, beispielsweise zwei Monate vor dem Kalbetermin, ohne Rücksicht auf die Milchleistung Trockensteller in den Strichkanal zu geben und das Euter nicht mehr anzufassen. Das Euter ist einige Tage prall gefüllt. Dann wird die Milch resorbiert, das Euter wird schlaff, die Kuh ist trocken. Schließlich macht man es bei Tieren, die nicht gemolken werden, wie bei Mutterkühen, Sauen u. a. ja nicht anders, sogar ohne Trockensteller, und das Euter bleibt trotzdem gesund.

Milch - ein empfindliches Produkt

In dem Moment, wo die Milch im Tank plätschert, ist sie ein Lebensmittel, und ein sehr empfindliches dazu. Der Filter reicht bei weitem nicht aus, um eine qualitativ hochwertige Milch zu garantieren. Prof. Dr. Körner, der Leiter des Tiergesundheitsamtes der Landwirtschaftskammer Rheinland, sagt scherzhaft, daß beim Weidemelken der Filter bestenfalls Steine, Feldmäuse und Frösche fernhalte. Damit soll gesagt werden, daß der Filter nur Schmutzpartikel herausfiltert. Keime läßt er durch. Keimarme Milch muß also keimarm aus der Milchleitung kommen. Das bedeutet: absolute Milchhygiene, gesunde Euter, saubere Melkanlagen. Schließlich wird die Milch ja nach Qualität bezahlt.

Die Milchgüteverordnung, die eine EG-Richtlinie in nationales Recht umsetzt, sieht seit 1.1.1994 drei Gütestufen vor, die sich nach dem Keimgehalt der Milch richten. Die Gütestufe 1 muß weniger als 100 000 Keime je cm^3 Rohmilch enthalten. In der Gütestufe 2 von 100 000 bis 400 000 Keimen gibt es pro Liter 2 Pfennige Abzug, in der Gütestufe 3 mit über 400 000 Keimen 4 Pfennige. Die Molkerei darf Frischprodukte nur aus Milch der Gütestufe 1 herstellen.

Ab 1.1.1998 gibt es nur noch zwei Gütestufen: Stufe 1 unter 100 000 Keime und Stufe 2 über 100 000. Dann soll es für die Gütestufe 2 einen Abzug von 4 Pfennig geben.

Während die Keime überwiegend aus der Melkanlage stammen, kommen die sogenannten somatischen Zellen aus dem Euter. Ein überhöhter Wert zeigt Gesundheitsstörungen im Euter an. Hat die Milch mehr als 400 000 somatische Zellen je cm^3 über einen Zeitraum von 3 Monaten, sind weitere 2 Pfennige Abzug fällig.

Wegen der gesundheitlichen Risiken und der verarbeitungstechnischen Bedeutung wird ein Gehalt an Hemmstoffen, wie Antibiotika in der Milch besonders ernst genommen. Fällt der Lieferant nur einmal mit Hemmstoffen auf, gibt es für den gesamten Probezeitraum, also etwa 14 Tage, 10 Pfennig Abzug je Liter. Ein großer Bestand, etwa mit 60 Kühen, liefert in diesem Zeitraum etwa 12 500 Liter. Ein Abzug von 10 Pfennig wären da 1250 DM in 14 Tagen. Bei besonders guter Milchqualität, bis Ende 1997 unter 75 000 Keimen und ab 1.1.1998 unter 50 000 Keimen, darf die Molkerei einen S-Milchzuschlag zahlen. Das Achten auf einwandfreie Milchqualität gehört also zu den wichtigsten Maßnahmen der Rentabilitätssicherung, abgesehen vom nötigen Verantwortungsgefühl, das jeder haben sollte, der Lebensmittel produziert.

Während die somatischen Zellen sich nicht vermehren, sind die Keime lebendige Bakterien, meist Milchsäurebakterien. Milch ist keine tote Substanz, und ein gewisser Keimgehalt ist natürlich und wichtig. Die Milch kommt aber mit 38 °C aus dem Euter, vielleicht mit 25 °C aus der Leitung. Bei solchen Temperaturen vermehren sich Bakterien „wie die Karnickel". Deshalb ist eine sofortige anschließende Kühlung, möglichst auf 4 °C, unumgänglich, wenn man den Keimgehalt niedrig halten will.

Kühlung der Milch

Mit Leitungs- oder Quellwasser kann man natürlich nicht so tief kühlen. Daher kann man auf elektrisch betriebene Kühlaggregate nicht verzichten, es sei denn, man verarbeitet alle Milch im eigenen Betrieb. Es gibt zwei Systeme: die direkte Kühlung und die indirekte Kühlung. Direkte Kühlung bedeutet direkte Einwirkung der Kühlfläche auf die Milch, also so, als ob man den Verdampfer des Kühlschrankes in die Milch hängte. Wir finden direkte Kühlung bei den sogenannten Tauchkühlern, aber auch bei großen Tanks, wo die Verdampferschlangen direkt am Tankboden anliegen. Der Tauchkühler ist für kleinere Milchmengen gedacht. Es hat eine hohlzylinderförmige Kühlfläche mit einem Rührpropeller in der Mitte. Schlagende Propellerwellen oder zu schnell laufende Propeller zerschlagen die Membran der Fetttröpfchen und führen zu Ausbutterungserscheinungen, d. h. man sieht kleine gelbe Butterknübbelchen auf der Milch herumschwimmen. Dasselbe kann auch bei großen Tanks passieren, wenn das Rührwerk zu schnell läuft. Rühren ist andererseits immer wichtig, damit die Kühlung schnell geht und die Milch nicht aufrahmt. Die indirekte Kühlung oder Eiswasserkühlung bezieht ihre Energie, wie der zweite Name sagt, aus einem Eisvorrat, der zwischen den Kühlzeiten um die tief in einem Wasserbad liegenden Kühlschlangen gebildet wird. Dieses System findet man bei alten Kannenkühlbecken ebenso wie bei modernen Milchtanks.

Eines muß man sich klarmachen: die Kühlung verbessert die Milch nicht, sondern konserviert bestenfalls den aktuellen Zustand. Erschwerend kommt hinzu, daß die alkalisch wirkenden Reinigungs- und Desinfektionsmittel eine Bakteriengruppe gefördert haben, die kälteverträglich ist und Fett und Eiweiß spaltet. Deshalb wird heute empfohlen, abwechselnd alkalische und saure Mittel einzusetzen.

Einflüsse auf die Milchqualität

Milch ist ein ganz besonderer Saft. Sie ist ja eigentlich als Säuglingsnahrung erfunden, bei der Kuh eben für das Kälbchen. So ist es nicht verwunderlich, daß sie so hochwertig zusammengesetzt ist. Ihr Fett ist leicht verdaulich und gut verträglich. Ihr Eiweiß ist so komplet zusammengesetzt, daß es als alleinige Eiweißquelle dienen könnte. Ihr Zucker übt eine günstige Wirkung auf die Verdauung aus, und ihr Mineralstoffgehalt ist hoch. Für den Nachwuchs ist der Natur eben das Beste gerade gut genug. Und dabei ist die Milch auch noch wohlschmeckend, was ja nicht bei allem der Fall ist, was gesund ist. Die Tabelle zeigt die Zusammensetzung der Kuhmilch.

Die Werte können je nach Rasse und Fütterungssituation stark schwanken. Der Fettgehalt der Milch von Schwarzbunten liegt beispielsweise im Durchschnitt bei 3,9 %, bei Jerseys kann er leicht 7 % betragen. Das Milchfett schwebt in feinen Tröpfchen in der Milch. Diese sind von einer Membran umhüllt, die beim Buttern

Zusammensetzung der Milch in %

Trockensubstanz	12,5
Fett	3,8
Eiweiß	3,4
davon Kasein	2,5
davon Albumin	0,2
Milchzucker	4,7

zerschlagen wird, so daß das Fett zusammenfließt. Die Fettsäuren für den Aufbau des Milchfettes werden zum Teil direkt aus dem Blut übernommen. Weil sie teilweise ohne Veränderung aus dem Nahrungsfett stammen, hat die Art des Fettes im Futter einen erheblichen Einfluß auf die Konsistenz des Milchfettes. Frisches junges Gras macht bekanntlich die Butter sehr weich, im Winter dagegen ist nicht nur die kühle Temperatur schuld an der bröckeligen Struktur der Butter. Durch die Fütterung kann man die Fetthärte regelrecht steuern, – falls es sich finanziell lohnt, aber bisher hat eine Bezahlung solcher Bemühungen noch auf sich warten lassen. Heu und Rüben machen hartes Butterfett, aber auch Kokosschrot und andere Rückstände der Ölfabrikation, also alles Futtermittel, die im Mischfutter enthalten sind und die man im Winter füttert, wenn die Butter durch niedrige Temperaturen sowieso fester ist. Auf frisches Brot kann man sie nur scheibchenweise legen. Gras und Leinmehl machen weiches Butterfett. Nur ist Leinmehl in der Winterfütterung meist zu teuer im Vergleich zu anderen Kraftfuttermitteln.

Die Fütterung kann auch Einfluß auf den Geschmack der Milch haben. Vor allem senfölhaltige Futtermittel wie Kohlrüben, Stoppelrüben und Kohlarten geben ihren Geschmack über das Blut an die Milch weiter. Um es zu verhindern, müssen solche Futtermittel nach dem Melken verfüttert werden, damit die Senföle bis zum nächsten Melken vom Körper abgebaut sind.

Eine zweite Gruppe von Geschmacksfehlern kommt durch den Einfluß der Stalluft, besonders beim Handmelken und bei Eimermelkanlagen, vor allem, wenn Kanne und Filter im Stall stehen. Gute Lüftung und Vermeidung des Lagerns stark riechender Futtermittel im Stall sind in diesen Fällen außerordentlich wichtig. Wer schon einmal Milch im Kühlschrank offen neben Dauerwurst stehen hatte, weiß, wie leicht Milch Fremdgeschmack annimmt.

Ganz böse Milchfehler entstehen bei schweren Eutererkrankungen. Die Milch zeigt geronnene Bestandteile, in besonders üblen Fällen trennen sich Milcheiweiß und Flüssigkeit; die Milch sedimentiert. Selbstverständlich ist solche Milch nur noch zur Verfütterung geeignet.

Zur Aufbewahrung von Milch sind Edelstahlgefäße am besten geeignet. Plastik ist zwar ebenfalls geruchs- und geschmacksneutral, es wird aber mit zunehmendem Gebrauch rauh und unhygienisch. Milchgefäße sollten nie längere Zeit ganz dicht verschlossen werden, sonst nimmt die Milch einen dumpfen Geschmack an.

Was macht man mit der Milch?

Daß der Milchmarkt ein Markt voller Probleme ist, weiß heute jedes Kind. Butterberge und Magermilchseen bereiten den Politikern graue Haare oder lassen sie ihnen ganz ausfallen. Der Markt mit Milchprodukten ist einer der härtesten Märkte überhaupt. Die bloße Erwähnung des Joghurtmarktes läßt Molkereileuten ein gefährliches Glimmen in die Augen treten. Für die Bauern mit Milchviehhaltung gibt es seit langem kaum noch ein anderes Thema.

Milch ist kontingentiert, das heißt, die Liefermenge des einzelnen Erzeugers ist begrenzt. Zusätzliche Kontingente können nur von anderen, aufgebenden Landwirten zugekauft oder zugepachtet werden. Der Übertragungsmodus wird am besten bei der örtlich zuständigen Landwirtschaftsbehörde erfragt. Der Preis für Kontingente bildet sich am Markt. Was man zahlen kann, sollte man sich wirklich genau ausrechnen oder ausrechnen lassen. Zu leicht hat man Kostenfaktoren vergessen, und man sollte sich von hohen Preisen, die manche Interessenten zahlen, nicht verrückt machen lassen. Entweder haben sie wirklich niedrige Kosten je kg Milch oder sie können nicht rechnen. So etwas soll es auch in der Landwirtschaft geben. Lieferung an Privatabnehmer unterliegt neben den veterinär- und lebensmittelrechtlichen Vorschriften ebenfalls der Kontingentierung, sofern es sich nicht um kleine Mengen handelt.

Der normale Weg vom Erzeuger zum Verbraucher führt über die Molkerei. Die Molkerei macht aus der Milch alles, was gut und preiswert ist. Nun gibt es Fälle, in denen die Lieferung an die Molkerei ausfällt. Vielleicht will man auch einfach einmal ausprobieren, ob man nicht das selbst herstellen kann, was man sonst nur fertig im Laden kauft. Oder man hat eine Kuh und kein Kontingent! Da stellt sich die Frage: was macht man mit der Milch?

Natürlich kann man sie verfüttern. Aber erstens ist sie dafür zu teuer und zu schade, und zweitens hält keiner eine Kuh, die er mühsam melkt, um dann die Milch an Kälber oder Schweine zu verfüttern. Eine Ausnahme ist die Mutterkuhhaltung, also die Aufzucht des eigenen Kalbes durch Saugenlassen. Das jedoch ist hier nicht das Thema. Hier sollen Hinweise zur Herstellung von eigenen Milchprodukten gegeben werden.

Die Milch ist ein hervorragender Nährboden für Bakterien. Darunter gibt es nicht nur Bösewichte, sondern auch solche, die aus Milch leckere Sachen machen. Interessanterweise tauchen bei der Milch wieder Bakterien auf, die schon bei der Silage von Bedeutung waren. Und wieder sind die Milchsäurebakterien die Guten, die Buttersäurebakterien aber die Bösen. Schimmelpilze können bei stimmten Käsesorten erwünscht sein (sofern sie der richtigen Partei angehören), und Hefen sind auch nicht immer unerwünscht. Milchsäurebakterien gibt es allerdings in -zig Arten und Rassen. Die verbreitetsten Vertreter dieser Gruppe nun geraten nach dem Melken in die Milch. Sie sind bei tiefen Temperaturen ziemlich inaktiv, bei höheren, etwa über 20 °C werden sie richtig munter. Ihre besten Bedingungen finden sie zwischen 35 und 38 °C. Sie vermehren sich rasend, setzen einen Teil des Milchzuckers zu Milchsäure um und lassen die Milch sauer werden. Dabei gerinnt die Milch nach Erreichen eines gewissen Säuerungsgrades. Der tiefe pH-Wert der Milchsäure wirkt gleichzeitig konservierend. Erst nach einigen Tagen gehen weitere Umsetzungen vor sich, und die Sauermilch wird ungenießbar, sofern sie nicht vorher weiterbehandelt wird.

Allerdings ist bei der Säuerung mit zufällig in die Milch geratenen Bakterien eine wüste Mischung aller möglichen Rassen und Typen im Spiel. Legt man Wert auf einwandfreie und geschmacktypische Produkte, muß man mit Reinkulturen arbeiten. Die „wilde Säuerung" ist bestenfalls bei einfacher Dickmilch zu tolerieren. Ansonsten heißt die Devise bei der Milchverarbeitung: Sauberkeit, und das nicht zu knapp!

Sauermilchprodukte

Die Sauermilch ist sicher eines der ersten Milchprodukte überhaupt, welches der Mensch genossen hat. Sie ist erfrischend und wohlschmeckend, nach Geschmack mit etwas Salz und Kräutern oder mit Zimt und Zucker. Was man als „geschlagene Buttermilch" kauft, ist in Wirklichkeit Sauermilch. Wer allerdings versucht, aus molkereimäßig behandelter Milch durch bloßes Stehenlassen bei Sommertemperaturen Dickmilch herzustellen, wird enttäuscht. Die Milchsäurebakterien sind weitgehend abgetötet, und die Umsetzung geschieht durch andere Bakterien, deren Stoffwechselprodukte einen unangenehmen Geschmack bewirken. Am besten geht es mit ungekühlter Rohmilch. Da die Milchsäurebakterien bei etwas wärmeren Temperaturen am besten, und das bedeutet gleichzeitig, am schnellsten gedeihen, muß man die Milch einige Stunden auf 20 bis 30 °C halten. Das ist nicht ganz einfach, denn thermostatisch geregelte Wärmegeräte hat wohl kaum einer, und Babyflaschenwärmer sind etwas klein. Im Hochsommer klappt es allerdings ohne künstliche Wärme.

Pasteurisierte Milch muß man mit einer Starterkultur beimpfen. Geeignet ist frisch gekaufte Dickmilch, von der man einen guten Schuß mit etwas Milch verquirlt und dann der Gesamtmenge zusetzt.

Joghurt. Ähnlich wie Sauermilch wird Joghurt zubereitet. Allerdings ist hier ein anderer Bakterientyp im Spiel. Und dieser braucht höhere Temperaturen als der bei der einfachen Sauermilch. Joghurt stammt vom Balkan und wurde dort aus Schafsmilch hergestellt. Weil es dort sehr betagte Schäfer gibt, die täglich Joghurt essen, glaubte man, in ihm ein Jugendelixier gefunden zu haben. So wurde er schnell beliebt, aber nicht jedem schmeckt er im Urtyp. Die findigen Molkereifachleute mixten ihn mit allerlei Fruchtmarmeladen und nun mag ihn jedes kleine Kind. Er wird nicht so dick wie Sauermilch; deshalb wird er in der Molkerei mit etwas Gelatine dicker gemacht. Zur Selbstherstellung setzt man, wie oben beschrieben, eine Kultur an, für die man allerdings statt der Dickmilch frischgekauften, mindestens noch $2^{1}/_{2}$ Wochen haltbaren Joghurt nimmt, natürlich keinen Fruchtjoghurt. Einfacher Joghurt oder Bioghurt sind am besten geeignet, es gibt allerdings auch gefriergetrocknete Kulturen in Drogerien oder Reformhäusern. Die Temperatur muß etwa drei Stunden lang 40 °C betragen, und zwar mit nur geringen Abweichungen nach oben oder unten. Dazu ist ein thermostatgeregelter Joghurtbereiter im Handel; von erfolgreichem Selbstbau wird gelegentlich berichtet. Das Dickwerden geschieht manchmal erst nach ausgiebigem Abkühlen bei Kühlschranktemperaturen. Man kann den Joghurt je nach verwendetem Gerät direkt in Bechern säuern oder nach dem Säuern zum Dickwerden in die Becher umfüllen. Mit Gelees oder Marmeladen lassen sich die verschiedensten Fruchtjoghurts herstellen.

Kefir. Die Steppen Rußlands sind die Heimat dieses erfrischenden Milchgetränkes. Er wurde ursprünglich aus Stutenmilch hergestellt, kann aber auch aus allen anderen Milcharten zubereitet werden. Seine Gärungsbiologie ist insofern interessant, als bei ihm mehrere Gruppen Mikroorganismen beteiligt sind. Neben bestimmten Milchsäurebakterien sind Buttersäurebakterien besonderer Art und Hefen an seiner Entstehung beteiligt. Alle vereinigen sich zu einer Lebensgemeinschaft in einer Knolle, der Kefir-Knolle, oder kleinen Körnern, den Kefirkörnern. Neben Milchsäure entsteht eine geringe Menge Alkohol und Kohlensäure. Alles zusammen verleiht dem Kefir jenen angenehmen süßsäuerlichen, prickelnden Geschmack. Sein Temperaturoptimum liegt zwar bei 30 °C, jedoch gelingt die Kultur bei guter Zimmertemperatur am besten. Die Knolle wird nach 24 Stunden entfernt und für eine neue Partie verwendet. Einmal wöchentlich wird die Knolle, bzw. die Körner, in kaltem Wasser gründlich abgespült, um eine Entartung zu vermeiden. Die Knolle produziert laufend Körner, kleine Ableger, die man Bekannten weitergeben kann, denn die Kultur ist nicht leicht zu bekommen. Eventuell erkundigt man sich bei seiner Beratungsstelle nach der Adresse einer milchwirtschaftlichen Lehr- und Forschungsanstalt, die einem Bezugsquellen nennen kann. Starterkultur aus gekauftem Kefir oder Kulturpulver aus der Drogerie soll auch funktionieren, die Erfolgsberichte sind aber widersprüchlich.

Unterbricht man die Kefirproduktion, kann man die Kefirkörner nach gründlichem Waschen (immer im Sieb) zwischen zwei Leintüchern trocknen. Bei Wiederverwendung läßt man sie in lauwarmem Wasser 24 Stunden quellen und gibt sie dann in eine Tasse Milch. Nach zwei Tagen kann man sie wieder verwenden. Man kann sie auch einfrieren und anschließend wieder zu voller Wirksamkeit aufpäppeln, indem man sie mehrere Tage hintereinander immer wieder in frische Milch von etwa 20 °C umsetzt. Man nimmt drei Eßlöffel Kefirkörner auf einen Liter Milch.

Langmilch. Wer noch nie in Skandinavien war, wird von dieser dort beliebten Sauermilchspezialität noch nichts gehört haben. Lång Fil heißt die echte, nach altem Verfahren in der Packung gesäuerte Milch in Schweden. Sie schmeckt leicht säuerlich, lieblich und ist leicht fadenziehend. Andere Filmjölk-Arten sind heute meist einfache geschlagene Dickmilch, so daß man, will man sich eine Packung zur Kulturherstellung entführen, auf die Bezeichnung Lång Fil achten muß. Die Bäuerinnen dort bewahren die Kultur mittels getränkter und getrockneter Leintücher auf. Das ist auch die beste Art, Kultur zu exportieren, denn in der Packung ist die Langmilch transportempfindlich. Zur Vermehrung reicht es, wenn man zur Bereitung immer wieder den gleichen Topf nimmt, ohne ihn auszuwaschen. Hygienefanatiker können auch die oberste Schicht als Kultur abschöpfen und der nächsten Partie zusetzen. Die Bereitung ist denkbar einfach. Man läßt die Milch an einem warmen Plätzchen einen Tag stehen. Da ein Teil der Bakterien und Hefen Sauerstoff braucht, darf das Gefäß nicht luftdicht abgedeckt werden.

Buttermilch. Sie ist für manchen immer noch die Königin der Milchgetränke und an warmen Tagen (wenn auch nicht immer) einem Bier vorzuziehen. Im Geschäft muß man darauf achten, „reine Buttermilch" zu kaufen, alles andere ist geschlagene Dickmilch. Buttermilch entsteht bei der Bereitung von Sauerrahmbutter als Restprodukt. Sie ist wirklich fettarm, enthält aber sonst alle wertvollen Bestandteile der Milch, ohne irgendwie molkereimäßig bearbeitet zu sein. Buttermilch kann man also nicht extra herstellen, sondern sie ist der Lohn für fleißige Butterbereitung nach Art der Altvorderen. Man kann sie auch gut als Starterkultur für Dickmilch benutzen.

Käseherstellung

Schon die alten Hirtenvölker scheinen eine Art Käse zubereitet zu haben. In der Bibel klagt Hiob über sein Schicksal und sagt: „Hast du mich nicht wie Milch hingegossen und wie Käse gerinnen lassen?" Da die Alten nicht dümmer waren als wir, haben sie aus der Not der geringen Haltbarkeit der Frischmilch die Tugend der Herstellung leckerer Produkte aus der scheinbar verdorbenen Milch gemacht. Sprüche wie „Käse ist verfaulte Milch, Camembert ist verfaulter Käse" zeugen von kulinarischem Banausentum. Käseherstellung ist die hohe Schule der Milchverarbeitung. Das Selbstherstellen von Käse ist zwar in begrenztem Umfange möglich, jedoch sind eine Reihe von Grundsätzen zu beachten.

Vor allem kann man sich beim Käse keine wilde Säuerung wie etwa bei Dickmilch leisten. Deshalb muß Milch, die zu Käse werden soll, erst einmal pasteurisiert werden. Man erhitzt die Milch für etwa 30 Sekunden auf 70 °C. In der Molkereisprache heißt diese Milch „kurzzeiterhitzt". Homogenisierte Milch aus der Molkerei ist wenig geeignet, H-Milch, also ultrahocherhitzte, überhaupt nicht. Mit dem Pasteurisieren werden die meisten Bakterien abgetötet, auch die Milchsäurebakterien. Deshalb muß solcher Milch anschließend Starterkultur zugesetzt werden, wenn sie säuern soll.

Man unterscheidet grundsätzlich zwei Gruppen von Käse: Sauermilchkäse und Labkäse. Bei letzterem wird die Milch ohne Säuerung oder nach nur geringer Säuerung mit Lab zum Dickwerden gebracht. Lab ist ein Ferment, welches im Kälbermagen für die Gerinnung der Milch sorgt. Dabei ändert sich bei etwa 80 % des Milcheiweißes der Zustand dahingehend, daß es vom feinverteilten Schwimmen im Milchserum in eine flockig-feste Form überführt wird. Bei beiden Verfahren bleibt die Molke übrig; bei der Säuerung ist allerdings ein Teil des Milchzuckers in Milchsäure überführt.

Sauermilchkäse

Quark. Die bekannteste und einfachste Art ist der Quark, auch Topfen, Matten, Glumse usw. genannt. Da er sauer ist, läßt er nur wenigen Mikroorganismen außer den Milchsäurebakterien Lebensraum. Deshalb ist auch die Zahl der Käsesorten, die aus ihm hergestellt werden, begrenzt.

Der Quark zum Frischverzehr ist recht einfach herzustellen. Auf einen Liter etwa 30 °C warme, pasteurisierte Milch wird eine halbe Tasse Sauermilchkultur, Buttermilch oder evtl. auch Joghurt gegeben. Bei Sauermilch muß die Milch zehn bis zölf Stunden auf 25 bis 30 °C gehalten werden, bei Joghurtkultur drei Stunden auf 40 °C. Wie das zu bewerkstelligen ist, dafür gibt es in verschiedenen Hobbybüchern die unterschiedlichsten Tips, z. B. Kühltaschen, Thermogefäße usw. Auch Wärmen im Wasserbad auf einer thermostatgeregelten Schnellkochplatte ist eine Möglichkeit. Auf jeden Fall braucht man ein Thermometer, am besten ein Milchthermometer mit Meßstab und Skala. Dem Erfindungsreichtum ist bei thermostatgeregelten Hilfsgeräten keine Grenze gesetzt. Aber Vorsicht! Elektrobastelei ist nicht weniger gefährlich als ein Bulle von vorn oder ein Pferd von hinten.

Nach der angegebenen Zeit müßte die Milch geronnen sein. Nun geht es darum, die Molke vom Quark zu trennen. Dazu muß der Quark in 2–3 cm dicke kleine Würfel geschnitten werden. Senkrecht geht das ganz gut, nur quer ist der Topf im Wege. Man kann schräg kreuz und quer schneiden, kann sich aber auch einen mit dünnen Drähten bespannten Rahmen aus Edelstahldraht herstellen. Dem Schneiden des Quarks folgt das Verziehen, ein vorsichtiges Bewegen der ganzen Masse mit einem schmalen Küchengerät. Nach fünf Minuten gibt man die Quarkmasse in ein Sieb, das mit einem dünnen Leintuch ausgelegt wurde. Nach einigen Stunden ist die Molke soweit abgelaufen, daß der Quark richtige Feuchtigkeit hat. In der Molkerei wird er noch passiert, so daß er eine gleichmäßige Struktur bekommt. Der Fettgehalt des Quarks hängt von dem der verwendeten Milch ab. Kalorienbewußte können Magermilch verwenden, aber keine, die mit der Zentrifuge entrahmt ist. Am besten schmeckt er aus Vollmilch, noch besser wenn er, wie es in Ostpreußen üblich war, mit Sahne angerührt wird.

Schichtkäse. Eine besondere Form des Quarks ist der Schichtkäse. Der Quark wird aus dem Gefäß, in dem er dickgeworden ist, nach dem Verziehen sorgsam mit einer flachen Schaufel in Formen gegeben, die an der Seite Schlitze zum Ablaufen der Molke haben. Mit zunehmender Zahl von Betrieben, die Milch für den Direktverkauf weiterverarbeiten, haben sich auch eine Reihe von Spezialgeschäften etabliert, die alle nur denkbaren Geräte und Präparate für die Hofmolkerei vertreiben. Hier bekommt man solche Formen und auch alle notwendigen Kulturen für die im folgenden beschriebenen Milchprodukte. In den Molkereien, die noch Schichtkäse herstellen, wird ein kleiner Teil der Milch separat verarbeitet und vor dem Säuern mit Carotin, welches man kaufen kann, gelb gefärbt. So erhält man gelben Quark, der zwischen die weißen Quarkschichten in die Formen gegeben wird. das Produkt hat dann die typische weiß-gelbe Schichtung, und das Carotin ist als Vorstufe des Vitamin A zusätzlich gesundheitsfördernd. Der Schichtkäse hat einen erheblich höheren Trockensubstanzgehalt als der Normalquark und ist daher ergiebiger, wenn auch teurer. Vor allem für Quarkkuchen ist er bestens geeignet.

Hüttenkäse. In den letzten Jahren ist Hüttenkäse zunehmend beliebter geworden. Man schneidet den Quark nach dem Gerinnen sehr klein und wartet eine Viertelstunde. Nun erwärmt man sehr langsam auf 40 bis 50 °C. Diese Temperatur muß etwa eine halbe Stunden beibehalten werden. Dabei bilden sich die für den Hüttenkäse typischen Körner. Das ganze wird in ein mit einem Tuch ausgelegtes Sieb geschüttet. Nach dem Ablaufen der Molke werden die Körner im Tuch unter kaltem

Wasser gewaschen, damit sie schön einzeln bleiben.

Der im Laden gekaufte Hüttenkäse hat größere Körner, als man sie mit dem geschilderten Verfahren erzielt. Das liegt daran, daß dieser Hüttenkäse neben der Säuerung mit Lab dickgelegt wird.

Wie alle Quarksorten schmeckt auch der Hüttenkäse am besten mit einem kräftigen Schuß Sahne. Dazu gibt man Zwiebeln, Salz und die verschiedensten Kräuter.

Frischkäse. Frischkäse ist nichts anderes als gepreßter Quark mit Salz, Sahne und Kräutern. Das Pressen geschieht am besten zwischen zwei mit einem schweren Gewicht beschwerten Brettern, nachdem man den Quark in ein Tuch eingeschlagen hat. Nach einigen Versuchen kann man den Quark im Tuch zum Pressen in eine gelochte Form tun. Dann bekommt man Frischkäse wie direkt aus Frankreich.

Kochkäse. Diesen Käse bekommt man nur selten zu kaufen. Das Rezept kommt aus Ostpreußen, wo Kochkäse im Landhaushalt zur Bereicherung der gewiß nicht dürftigen Skala der Brotbeläge hergestellt wurde. Man läßt fünf Liter Vollmilch säuern, bis sie dick ist. Auf einer lauwarmen Herdplatte erwärmt man die Masse, bis sie gerinnt und sich deutlich Molke absetzt. Den Quark schüttet man in ein Leintuch und läßt die Molke über Nacht abtropfen. Nun bröckelt man den Quark in lauwarme Vollmilch, fügt etwas Salz, Kümmel und je Pfund Quark ein viertel Liter Sahne hinzu und läßt das Ganze wiederum dick werden. Wieder erwärmt man die Masse, schlägt sie aber diesmal mit einem Holzlöffel solange, bis sie sich vom Löffel und vom Topf ablöst. Man nimmt sie vom Herd und schlägt sie noch eine Weile weiter. Zum Schluß zieht man noch ein bis zwei Eigelb unter und füllt den nun fertigen Kochkäse in eine ausgespülte Schüssel.

Labkäse

Sie unterscheiden sich von den Sauermilchkäsen dadurch, daß die Milch nicht durch Milchsäurebakterien, sondern durch das schon besprochene Lab dickgelegt wird. Je nach Käseart geht manchmal auch eine mehr oder weniger kurze Säuerungsphase voraus, ehe das Lab zugesetzt wird. Da Labkäse weniger Säure enthalten, können sich andere Bakterien und Pilze besser entwickeln und gestatten so eine unübersehbare Vielfalt von Käsesorten. Der Optimismus des Selbstherstellers muß aber gebremst werden: die Erfordernisse vieler Käsesorten in bezug auf Reifetemperatur, Reifezeit und Pingeligkeit, was die beteiligten Mikroorganismen anbetrifft, können in den meisten Fällen nur in professionellen Käsereien erfüllt werden. Deshalb kommen für die Selbstherstellung nur einige wenige Labkäse in Frage, und auch die schmecken jedesmal anders, weil man zu Hause doch nicht so genau arbeiten kann. Das heißt nicht, daß sie nicht trotzdem gut schmecken. Nur ist das Anschneiden jedesmal eine Überraschung. Auf der anderen Seite sagen selbst die Molkereifachleute, daß Käse aus ungekühlter Rohmilch am besten schmeckt. Lab kauft man am besten bei einem der oben beschriebenen Händler. Es gibt auch Lab in Apotheken oder Drogerien, nur muß man sicher sein, daß es nicht überaltert ist. Während das Geronnene bei Sauermilch Quark heißt, spricht man bei Labgerinnung vom „Bruch". Das Lab wird mit einem Schneebesen gut in der Milch verrührt. Da das Lab temperaturabhängig wirkt, muß die Milch vor der Labzugabe auf etwa 30 °C erwärmt werden. Der Bruch muß genau, wie beim Quark beschrieben, geschnitten werden. Je kleiner die Bruchkörner werden, desto mehr Molke tritt aus und desto trockener wird der Käse. Die Größe der Bruchkörner variiert bei den verschiedenen Sorten. Die Geschmacksunterschiede und das unterschiedliche Aussehen der einzelnen Käsesorten werden neben der Verwendung von speziellen Kulturen vor allem durch bestimmte Temperaturen beim Einlaben und beim Reifen bewirkt. Die Temperatur und die Zeit bis zum Dicklegen des Bruches bestimmt den Säuregrad, während die Temperatur beim Reifen bestimmte Bakterien bevorzugt oder hemmt. Beim Reifen verändern sich Eiweißstoffe und Milchzucker durch die Fermente bestimmter Bakterienarten, es entstehen Propionsäure und Milchsäure. Das entstehende Kohlendioxid macht die Löcher in den Käse (nicht der Lehrling in der Käserei), und manchmal sind auch anaerobe Fäulniserreger beteiligt, die manchen Käsesorten ihren hochpikanten Geruch verleihen.

Bei den Labkäsen unterscheidet man Weich- und Hartkäse. Zu den Weichkäsen gehören Camembert, Brie und andere Weißschimmelkäse und die verschiedenen Blauschimmelkäse, z. B. Roquefort, Stilton, Gorgonzola und andere. Weichkäse werden nur wenig oder gar nicht gepreßt. Sie reifen von außen nach innen und sind nach wenigen Wochen fertig. Hartkäse, wie z. B. Emmentaler, Gruyère oder auch Parmesankäse brauchen bis zu zehn Monate Reifezeit, Parmesankäse sogar drei Jahre. Schnittkäse sind etwas weichere Hartkäsesorten. Zu ihnen gehören Holländer, Tilsiter, Trappistenkäse und viele andere. Die Hartkäse reifen im ganzen Laib gleichmäßig.

Holländer Käse. Sagen wir besser: etwas ähnliches wie Holländer Käse, denn, wie gesagt, man sollte sich überraschen lassen. Man sollte nicht zuwenig Milch nehmen, sonst wird der Käse zu klein. Die relative Oberfläche wird zu groß, und es gibt Schwierigkeiten beim Reifen. Die Herstellung von Minikäsen erfordert genaueste Einhaltung von Temperatur und Luftfeuchtigkeit. Am besten fängt man mit 5 l Milch an. Daraus entsteht etwa ein Pfund fertiger Käse. Pasteurisierte Milch wird mit einer Tasse Sauermilch angesäuert, wie bei Sauermilchkäse. Die eigene Milch enthält soviel Leben, daß man 2,5 l Abendmilch warm stehen läßt und morgens dieselbe Menge Morgenmilch warm dazugießt. Das Ganze wird auf gut 30 °C erwärmt (immer schön langsam) und die notwendige Menge Lab dazugegeben. Nach einer Stunde wird die geronnene Masse in gut 1 cm große Würfel geschnitten, vorsichtig verzogen und fünf Minuten stehengelassen. Da der Bruch warmgehalten werden muß, schöpft man ein Drittel der Molke ab und ersetzt sie durch 40 °C warmes Wasser. Es wird wieder verzogen, wieder abgeschöpft und warmes Wasser dazugegeben und wieder eine geraume Weile, mindestens fünf Minuten, verzogen. Der Bruch muß jetzt zusammenbleiben, wenn man ihn vorsichtig zusammendrückt. Dann wird das Ganze in ein Sieb geschüttet, das mit einem feinen Baumwolltuch ausgelegt ist. Mit dem Tuch hebt man die Käsemasse in eine durchlöcherte

Form, drückt sie vorsichtig fest und legt das Tuch möglichst faltenfrei zusammen. Die Form kann eine spezielle Käseform sein, man kann sie aber auch aus allen möglichen Plastikgefäßen herstellen, etwa Eisbehälter oder große feste Margarinedosen, die man unten mit Löchern versieht. In dieser Form wird der Käse gepreßt; zuerst wird einige Stunden mit leichtem Druck gepreßt, dann der Käse herausgenommen, gewendet und nun mit einem Druck von 5 kg wiederum einige Stunden gepreßt. Die Preßdauer beträgt insgesamt etwa zwölf Stunden. Dann kommt der Käse für eine halbe Stunde in ein starkes Salzbad, so stark, daß der Käse schwimmt. Anschließend darf er zwei Stunden bei Zimmertemperatur trocknen. Er kommt nun in einen Raum mit einer Temperatur zwischen 10 und 15 °C. Hier muß er mindestens vier Wochen reifen. Dabei wendet man ihn öfter und kontrolliert auf Schimmelbildung. Tritt diese auf, wäscht man ihn gründlich und reibt ihn kräftig mit Salz ab. Mit einem dünnen, hohlen, halbrunden Röhrchen kann man Proben entnehmen und schauen, ob der Käse reif ist. Anderenfalls läßt man ihn weiterreifen. Das Loch wird mit einem Stückchen der Probe wieder verschlossen.

Camembert und andere Schimmelkäse. Solche Käse haben etwas als Besonderheit, das sonst als übelster Gesundheitsschädling gilt: Schimmel. Nur – diese Schimmelpilze bilden sogenannte Edelschimmel, die garantiert nicht gesundheitsschädlich sind, sonst wäre ganz Frankreich schon tot. Die Schimmelkulturen bekommt man von gekauften Schimmelkäsen. Es gibt allerdings auch z. B. H-Camemberts, gummiähnliche, entfernt nach Käse schmeckende Gebilde. Die sollte man dem Käse-Banausen überlassen. Beim selbstgemachten Camembert klaut man sich die Kulturen vom jungen, gekauften Camembert. Man schneidet ganz dünn ein großes Stück Rinde ab, zerkleinert es fein und gibt es mit der Säuerungskultur in 2 Liter 30 °C warme Milch. Man gibt Lab hinzu und wartet eine gute Stunde, bis man die Käsemasse in gut 2 cm große Stücke schneidet. Nach mehrmaligem, in Abständen wiederholtem Verziehen kommt der Bruch in eine mit einem feinen Tuch ausgelegte Form. Hier bleibt sie ohne Pressen, aber bei mehrmaligem Wenden, etwa 24 Stunden. Dann kommt wieder das kräftige Salzbad, etwa eine Stunde lang. Dann läßt man den Käse ein paar Stunden trocknen und verfrachtet ihn zum Reifen in einen knapp 20 °C warmen Raum, aus dem er nach zwei Tagen in den Keller gebracht wird. Dort darf er noch 14 Tage bei etwa 15 °C reifen.

Schimmelkäse, die innen schimmeln sollen, werden mit den aus den betreffenden Käsen entnommenen Schimmelkulturen mit einer dicken Nadel durch und durch beimpft. Der Rest läuft wie beim Camembert. Alle diese Schimmelpilze sind recht dauerhaft, auch dort, wo man sie nicht braucht. Deshalb müssen alle Geräte bestens gesäubert werden, sonst wachsen Roquefortpilze auf dem Holländer.

Chester-Käse oder Cheddar. Dieser aus England stammende Käse erhält durch eine besondere Behandlung des Bruches seinen typischen Nuß-Geschmack. Man erwärmt 4 l Milch langsam auf gut 30 °C. Die Milch sollte über Nacht bei Zimmertemperatur gestanden haben. Man gibt eine halbe Tasse Sauermilchkultur hinzu und hält die Milch eine Stunde lang auf 30 °C. Nun kommt Lab hinzu. Nach einer Dreiviertelstunde wird die geronnene Masse in 1 cm große Würfel geschnitten, eine Viertelstunde stehengelassen und der Bruch unter ständigem Rühren langsam auf 40 °C erwärmt, am besten im Wasserbad. Die 40 °C müssen nun eine Stunde beibehalten werden. dabei wird ab und zu gerührt, damit die Bruchkörner nicht wieder zusammenkleben. Bei diesem Vorgang, Cheddaring genannt, entwickelt sich der besondere Geschmack. Der Bruch wird nun durch ein Sieb abgegossen und mit 5 g Salz je Liter Milch gesalzen. Das Salz wird vorsichtig, aber sorgfältig im Bruch verrührt. Der Bruch wird dann nach zehn min. in ein Tuch eingeschlagen und gepreßt. Nach einer Stunde leichtem Pressen wird er ausgewickelt, mit warmem Wasser abgerieben und schön geglättet. Er wird wieder eingewickelt und dann 24 Stunden stark gepreßt, wobei man ihn einige Male wendet. Der Preßdruck darf bei vier Litern Ausgangsmilch ruhig 10 kg betragen. Größere Käse, etwa aus acht Litern Milch, benötigen 20 kg Preßdruck. Man läßt den Käse drei bis vier Tage an einem kühlen, luftigen Ort trocknen und läßt ihn dann mindestens zwei Monate bei 10 °C reifen. Alle paar Tage wendet man ihn, kontrolliert auf Schimmel und bestreut ihn von Zeit zu Zeit mit etwas Salz.

Will man die Käseherstellung kommerziell ausweiten, wird man mit diesen wenigen Hinweisen für die Hobby-Herstellung nicht auskommen. Man sollte sich dann auch auf irgendeine Spezialität konzentrieren, denn Quark und Schnittkäse können die Nachbarn in jedem Laden billiger kaufen. Man wird sich dann auch gerätemäßig besser ausstatten. Molkereiwesen erfordert teures Edelstahlmaterial, weil die Milchsäure recht aggressiv wirkt. Das Material muß außerdem gut zu reinigen sein, weil es bei der Käserei darauf ankommt, genau die erwünschten Mikroorganismen an der Arbeit zu haben. Bei nur etwas mangelhafter Hygiene kommen die tollsten Bakterien- und Schimmelpilzstämme zum Vorschein, die einem das Produkt verderben. Mißlungene Käse kann man zwar noch als Reibkäse brauchen, oder mit Salz umschmelzen, aber das ist ja nicht das Ziel der ganzen Mühe.

Butter

Die Butterbereitung war bereits den Hirtenvölkern des Vorderen Orients lange vor Christi Geburt bekannt. In den Sprüchen Salomons heißt es: „wenn man Milch stößt, macht man Butter daraus". In Europa scheint sie zuerst in Germanien und Gallien bekannt gewesen zu sein. Im ersten Jahrhundert nach Christus beschreibt Plinius sie als Nahrungsmittel, welches die Reichen von den Armen unterscheidet. Sie war also Luxusprodukt, und das blieb sie über die Jahrhunderte hinweg. Noch 1922 schreibt Fleischmann in seinem Lehrbuch der Milchwirtschaft, Butter werde nie Volksnahrungsmittel werden, dazu sei sie zu wertvoll und teuer. Heute haben wir sogar zuviel Butter, aber immer noch ist sie etwas Besonderes, sagen die Hausfrauen doch immer noch „gute Butter", wenn sie sie von Margarine unterscheiden wollen.

Butter entsteht, wenn die Schutzhülle der winzigen Milchtröpfchen zerschlagen wird, so daß das Milchfett zu stecknadelkopfgroßen Butterklümpchen zusammenfließt. Diese werden zusammengeknetet, so daß schließlich ein Material von 83 bis 85 % Fett und maximal 15 % Wasser entsteht.

Nach der Herstellungsweise unterscheidet man Süßrahmbutter und Sauerrahmbutter. Wie die Namen sagen, wird Süßrahmbutter aus ungesäuertem Rahm hergestellt und ist heute aus Gründen der Rationalisierung im Molkereibetrieb die bevorzugte Art. Für Sauerrahmbutter muß der Rahm zunächst gesäuert werden. Das Produkt schmeckt anerkanntermaßen lieblicher und aromatischer. Nur darf diese Säuerung nicht „wild", also durch einfaches Stehenlassen erfolgen. Man erhält zwar auch Butter, aber sie ist nicht so fein im Geschmack, wie man sie gern hätte. Für eine kontrollierte Säuerung wird der Rahm am besten pasteurisiert, und zwar durch Erhitzen im Wasserbad für vier Minuten bei 85 bis 95 °C. Dann läßt man ihn auf 20 °C abkühlen und gibt etwa 5 % Säuerungskultur hinzu, also Buttermilch oder Dickmilch, aber unpasteurisiert. Man läßt den Rahm zwölf Stunden bei Zimmertemperatur stehen und kann ihn dann verbuttern.

Den Rahm gewinnt man durch natürliches Aufrahmen oder durch Zentrifugieren. Eine Zentrifuge gibt es auch in Kleinausführung. Ob sie sich aber lohnt, kommt auf den Einzelfall an. Warme Milch gibt den Rahm am besten ab. Die verbleibende Magermilch kann ohne weiteres verwendet werden, nur ist erfahrungsgemäß Zentrifugenmagermilch für die Käserei nicht geeignet.

Das Buttern ist keine Hexerei. Der Rahm sollte nicht zu mager, aber auch nicht zu fett sein (zwischen 22 und 30 % Fett). Der Vorgang ist derselbe, der die Hausfrau bei mißlungener Schlagsahne verärgert. Schlagsahne muß kalt sein, um nicht auszubuttern. Rahm zur Butterbereitung sollte etwa 15 °C haben; niedrigere Temperaturen verzögern die Ausbutterung, höhere machen zu weiche, schmierige, wenig haltbare Butter. Nach einer Viertelstunde sollte die Sahne steif sein, zehn Minuten später müßte die Sahne sich in Buttermilch und Butterkörner scheiden. Dauert es zu lange, ist die Temperatur zu prüfen und evtl. etwas warmes Wasser zuzugeben. Die Buttermilch wird durch ein Sieb abgegossen, und die Butterkörner werden mit kaltem Wasser mehrfach gewaschen. Nun knetet man die Butter mit zwei Holzspateln oder flachen Holzlöffeln. Dabei kann man auch nach Geschmack Salz unterkneten.

Zum Buttern kann man den Handmixer nehmen. Man benutzt dabei nur einen Quirl und läßt ihn nicht zu schnell laufen. Für größere Mengen gibt es die verschiedensten Butterfässer oder Buttermaschinen. Die Butterung verläuft besser während der Weideperiode und wenn die Kuh vor kurzem gekalbt hat, entsprechend schlechter bei Stallfütterung und bei Rahm von altmelkenden Kühen.

Die Kuh und die Verwaltung

Gesetzliche Vorschriften

Das Auge des Gesetzes wacht überall. Auch die Kuh ist davon nicht ausgenommen. Man braucht zwar keine Genehmigung, eine Kuh zu halten, aber an einige Vorschriften ist man gebunden.

Das beginnt beim Zusammenleben mit den Mitmenschen. Verursacht eine Kuh einen Schaden, so ist der Halter haftpflichtig, es sei denn, er hat bei der Beaufsichtigung alle Sorgfalt walten lassen und er braucht das Tier für seinen Lebensunterhalt. Der Hobbylandwirt muß also in jedem Fall für Schäden haften, der Profi nur, wenn er das Tier nicht ordentlich beaufsichtigt hat.

Tierhalter bekommen nicht selten Ärger mit ihren Nachbarn. Nur in Dorfgebieten muß der Nachbar zumutbare Belästigungen durch landwirtschaftliche Nutztiere dulden, in Wohngebieten hat er gute Aussichten, eine brüllende Kuh gerichtlich zum Schweigen zu bringen. Viele Leute haben empfindliche Nasen und beschweren sich bei Geruchsbelästigungen. Beim Rind sind die Geruchsemissionen allerdings recht niedrig.

Bei Schwierigkeiten mit der Nachbarschaft kommt man natürlich auf die Idee, einen Stall fernab aller Zivilisation bauen zu wollen. Einem Landwirt gestattet das Baugesetzbuch, im sogenannten Außenbereich zu bauen.

Auch die Abfälle der Tierhaltung sind vom Gesetz erfaßt. Gülle, also Kot-Harn-Gemisch, und Jauche dürfen nach der Düngeverordnung nur vom 15. 1. bis zum 15. 11. ausgefahren werden. Die Länder können abweichende Zeiten festlegen. Es dürfen je Hektar maximal 2 Großvieheinheiten gehalten werden. Ein Düngeplan und eine Nährstoffbilanz sind jährlich zu erstellen und der zuständigen Behörde auf Verlangen vorzulegen. Grund für diese Vorschriften sind der Schutz des Grundwassers vor Nitrataustrag und der Schutz des Bodens vor Überdüngung. Verendete Tiere, auch kleine Kälber, dürfen nicht einfach pietätvoll beerdigt werden. Sie müssen von einer Tierkörperbeseitigungsanstalt abgeholt werden, wo sie noch nutzbringend verwertet werden.

Eine Reihe gesetzlicher Vorschriften betreffen die Tiere selbst. So kann man nicht einfach einen schönen Bullen als Zuchttier verkaufen. Er muß einen Abstammungsnachweis einer anerkannten Züchtervereinigung haben und von dieser als Zuchttier anerkannt, also „gekört" sein. Die Körung basiert auf Abstammung sowie Leistung der Vorfahren und hängt auch von der äußeren Form des Bullen ab. Sie findet meist vor den Absatzveranstaltungen der Züchtervereinigungen statt. In Bayern darf man einen ungekörten Bullen noch nicht einmal im eigenen Betrieb zum Decken einsetzen, es sei denn, man hat nur bis zu 5 deckfähige weibliche Tiere.

Auch die Statistik interessiert sich für das Rindvieh. Alle zwei Jahre findet eine Viehzählung statt. Sie ist neben der statistischen Information Grundlage für die Tierseuchenkasse. Dabei handelt es sich um eine Pflichtversicherung für landwirtschaftliche Nutztierhalter, die Schäden durch Tierseuchen entschädigt und vorbeugende Maßnahmen finanziert. So müssen Milchkühe alle zwei Jahre auf Tuberkulose, Brucellose und Leukose untersucht werden. Gegen Maul- und Klauenseuche werden Schutzimpfungen durchgeführt.

Selbstverständlich gilt das Tierschutzgesetz auch für Rindviecher. Über die Selbstverständlichkeiten hinaus werden Mindestmaße für die Unterbringung von Kälbern geregelt. Auch wird gesagt, daß Tiere beim Liegen nicht direkt mit Kot und Harn in Berührung kommen dürfen.

Eine dritte Gruppe Vorschriften befaßt sich mit der Qualität der Produkte. Die Milchgüteverordnung wurde schon erwähnt. Sie regelt die Qualitätsanforderungen für die Anlieferungsmilch an Molkereien. Milch darf man nur in kleinen Mengen – bis zu 10 Liter pro Tag – ab Hof an Verbraucher abgeben. Der Käufer muß darauf hingewiesen werden, daß es sich um Rohmilch handelt, die abgekocht werden muß. Ob er es tut, ist seine Sache. Größere Mengen unterliegen der Hygieneverordnung und sind als „Vorzugsmilch" fast unerfüllbaren Auflagen unterworfen. Die Milchvermarktung ist der schon erwähnten EG-Kontingentierung unterworfen. Neue Kontingente können nur von anderen Milcherzeugern gekauft oder gepachtet werden.

Schlachtet man („man" darf nicht schlachten, nur der Metzger darf) ein Tier, so muß es vor und nach der Schlachtung von einem Fleischbeschauer überprüft werden. Selbstverständlich müssen bei der Schlachtung hygienische Verhältnisse herrschen und die Vorschriften des Tierschutzes beachtet werden.

Tierzuchtorganisationen und Beratungsdienste

In der Bibel steht; es ist nicht gut, daß der Mensch allein sei. Das gilt auch für den Tierzüchter. Die Herdbuchzucht ist in regionalen Züchtervereinigungen organisiert, und zwar nach Rassen getrennt. Der Zuchtverband führt die Zuchtregister, berät seine Mitglieder und führt Absatzveranstaltungen für sie durch.

Die Sache macht es selbstverständlich, daß die Zuchtverbände eng mit den Besamungsgenossenschaften und den Kontrollverbänden zusammenarbeiten. Letztere haben die Aufgabe, dem Tierhalter Informationen über die Leistung seiner Tiere zu liefern. In der Bundesrepublik kommt zu diesem Zweck ein Kontrollangestellter einmal monatlich in den Betrieb, stellt die Milchmenge jeder Kuh fest, entnimmt Milchproben und läßt sie im Labor auf Fettgehalt, Eiweißgehalt und Zellgehalt überprüfen. Der Computer rechnet die Leistung hoch, so daß der Tierhalter Informationen für Fütterung und Selektion erhält. Die Ergebnisse werden gleichzeitig für die Zuchtwertschätzung der Bullen herangezogen. Die Mitgliedschaft im Kontrollverband ist freiwillig, für Herdbuchzüchter obligatorisch.

In den meisten Kreisen gibt es ein Landwirtschaftsamt bzw. eine Kreisdienststelle der Landwirtschaftskammer. Diese haben in aller Regel einen Fachberater für Tierproduktion, der sein Brot damit verdient, Tierhaltern gute Ratschläge zu erteilen, ihnen die Fütterung durchzurechnen und vieles andere, ohne Ansehen der Person und der Betriebsgröße. Die knappen Kassen in der öffentlichen Verwaltung haben dazu geführt, daß die Beratung in einigen Bundesländern gebührenpflichtig ist. In aller Regel bekommt man das Geld aber doppelt und dreifach über einen verbesserten Betriebserfolg wieder herein. Der Berater vermittelt auch Kontakte zu Serviceeinrichtungen der Landwirtschaftsverwaltung, wie z. B. Tiergesundheitsdiensten, Untersuchungsanstalten, Pflanzenschutzämtern usw. Bei diesen Einrichtungen kann man verendete Tiere untersuchen lassen, sich Gesundheitsprogramme empfehlen lassen, Futtermittel untersuchen lassen, Schädlinge jeder Art bestimmen lassen und vieles andere mehr.

Auch die Industrie bietet solche Dienstleistungen an. Allerdings ist sie naturgemäß nicht ohne Hintergedanken. Aber Beratung, um Kunden zu gewinnen oder zu halten, ist nichts Ehrenrühriges. Wer dem Ratschlag des Industrieberaters mißtraut, kann den amtlichen Berater ja auch noch fragen.

Verzeichnisse

Tierzuchtorganisationen in Deutschland

Baden-Württemberg

Rinderzuchtverband in Baden-Württemberg e. V., Heinrich-Baumann-Straße 1–3, 70190 Stuttgart

Fleckviehzuchtverband Herrenberg, Benzstraße 26, 71083 Herrenberg

Fleckviehzuchtverband Schwäbisch Hall, Alte Reifensteige 16, 74523 Schwäbisch Hall

Fleckviehzuchtverband Ulm/Donau, Zollernring 40, 89073 Ulm

Zuchtverband für Fleckvieh und Wäldervieh, Moltkestraße 8, 78166 Donaueschingen

Württ. Braunviehzuchtverband e. V., Waldseer Straße 13, 88400 Biberach a. d. Riß

Verband der Schwarz- und Rotbuntzüchter in Baden-Württemberg e. V., Im Wolfer 10, 70599 Stuttgart

Züchtervereinigung Limpurger Rind, Alte Reifensteige 16, 74523 Schwäbisch Hall

Bayern

Landesverband Bayerischer Rinderzüchter e. V., Haydnstraße 11, 80336 München

Fleckvieh

Rinderzuchtverband Mittelfranken e. V., Jüdtstraße 1, 91522 Ansbach

Rinderzuchtverband Oberfranken e. V., Oberfränkische Herdbuchgesellschaft e. V., Adolf-Wächter-Straße 12, 95447 Bayreuth

Zuchtverband für Fleckvieh in Niederbayern, Abt. Bayerischer Wald, Bodenmaiser Straße 25, 94209 Regen
Abt. Nord, Erhardstraße 2, 94032 Passau
Abt. Süd, Klötzmüllerstraße 1/II, 84034 Landshut

Zuchtverband für Oberbayern-Ost, Mühlenstraße 12, 84453 Mühldorf

Rinderzuchtverband Traunstein e. V., Kardinal-Faulhaber-Straße 15, 83278 Traunstein

Zuchtverband für das schwäbische Fleckvieh e. V., Schulstraße 12 a, 86637 Wertingen

Rinderzuchtverband Oberpfalz e. V., Hoher-Bogen-Straße 10, 92421 Schwandorf

Zuchtverband für oberbayerisches Alpenfleckvieh e. V., Schlierseer Straße 30 a, 83714 Miesbach

Zuchtverband für Fleckvieh, Waisenhausstraße 5, 82362 Weilheim

Gelbvieh

Rinderzuchtverband Würzburg e. V., Veitshöchheimer Straße 14, 97080 Würzburg

Murnau-Werdenfelser

Zuchtverband für Murnau-Werdenfelser Vieh, Waisenhausstraße 5, 82362 Weilheim

Schwarzbunte/Rotbunte

Zuchtverband für Schwarzbuntvieh, Waisenhausstraße 5, 82362 Weilheim

Zuchtverband für Schwarzbunt und Rotbunt e. V. Bayern, Stadtgraben 1, 85276 Pfaffenhofen/Inn

Braunvieh

Allgäuer Herdbuchgesellschaft, Otto-Müller-Straße 1, 87600 Kaufbeuren

Zuchtverband für Braunvieh, Waisenhausstraße 5, 82362 Weilheim

Brandenburg

Rinderzuchtverband für Berlin-Brandenburg e. G., Menzelstraße 17/18, 14467 Potsdam

Hessen

Verband Hessischer Rinderzüchter (mit Schwarzbunt, Rotbunt, Rotvieh und Fleckvieh), An der Hessenhalle 1, 36304 Alsfeld

Mecklenburg-Vorpommern

Rinderzuchtverband Mecklenburg-Vorpommern e. G., Gartenweg 1, 19288 Fahrbinde

Niedersachsen

Zuchtrinder-Erzeugergemeinschaft Hannover e. G., Lindhooper Straße 103, 27283 Verden/Aller

Nordrhein-Westfalen

Rinder-Union West e. G., Region Nordrhein, Endenicher Allee 62, 53115 Bonn

Region Westfalen-Lippe, Schiffahrter Damm 235 a, 48147 Münster

Rheinland-Pfalz

Rinder-Union West e. G., Region Rheinland-Pfalz/Saarland, Hamerter Berg, 54636 Bitburg-Fließem

Bezirkszüchtervereinigung Rheinhessen-Pfalz, Abt. Glan-Donnersberger-Rotvieh, Fischerstraße 11, 67655 Kaiserslautern

Saarland

Bezirkszüchtervereinigung des Saarlandes e. V., Lessingstraße 134, 66121 Saarbrücken

Sachsen

Sächsischer Rinderzuchtverband e. G., Winterbergstraße 98, 01237 Dresden

Sachsen-Anhalt

Rinderzuchtverband Sachsen-Anhalt e. G., Bahnhofstraße 32, 39576 Stendal

Schleswig-Holstein

Landesverband Schleswig-Holsteinischer Rinderzüchter e. V.(m. Abt. Angler, Schwarzbunt, Rotbunt), Holstenstraße 106–108, 24130 Kiel

Thüringen

Landesverband Thüringischer Rinderzüchter e. G., Stotternheimer Straße 19, 99087 Erfurt

Ein Verzeichnis der Tiergesundheitsämter, der Pflanzenschutzämter, der Landwirtschaftlichen Untersuchungs- und Forschungsanstalten usw. würde den Rahmen sprengen. Über Adressen gibt die zuständige Kreisdienststelle der Landwirtschaftskammer bzw. das Landwirtschaftsamt Auskunft.

Weiterführende Literatur

Brunsch, Reiner, Kaufmann, Otto und Lüpfert, Thomas: Rinderhaltung in Laufställen. Verlag Eugen Ulmer, Stuttgart 1996.

Burgstaller, Gustav: Praktische Rinderfütterung. Verlag Eugen Ulmer, Stuttgart 1986.

Gahm, Bernhard: Hausschlachten. Schlachten, Zerlegen, Wursten. Verlag Eugen Ulmer, Stuttgart, 3. Auflage 1996.

Granz, E. (Hrsg.): Tierproduktion. Verlag Paul Parey, Berlin 1990.

Gravert, Hans O. (Hrsg.): Die Milch. Erzeugung, Gewinnung, Qualität. Verlag Eugen Ulmer, Stuttgart 1983.

Hampel, Günter: Fleischrinder und Mutterkuhhaltung. Verlag Eugen Ulmer, Stuttgart, 2. Auflage 1995.

Kräusslich, Horst: Rinderzucht. Verlag Eugen Ulmer, Stuttgart 1981.

Lotthammer, Karl und Wittkowski, Gerhard: Fruchtbarkeit und Gesundheit der Rinder. Verlag Eugen Ulmer, Stuttgart 1994.

Mackrott, Heinrich: Milchviehhaltung. Verlag Eugen Ulmer, Stuttgart 1994.

Sambraus, Hans H.: Atlas der Nutztierrassen. 250 Rassen in Wort und Bild. Verlag Eugen Ulmer, Stuttgart, 5. Auflage, 1996.

Sambraus, Hans H.: Gefährdete Nutztierrassen. Ihre Zuchtgeschichte, Nutzung und Bewahrung. Verlag Eugen Ulmer, Stuttgart 1996.

Bildquellen

Bernhard Daniel, Rosdorf: Seite 7, 18 (2), 108, 109 (2), 112 (2), 122, 127, 132 (3), 136 (3), 141, 144 unten

Hans Reinhard, Heiligenkreuzsteinach: Titelfoto, Frontispiz, Seite 15, 42, 56 (2)

RVS-Archiv Bonn: Seite 126 links oben

Hans-Hinrich Sambraus, Freising-Weihenstephan: Seite 51 (2), 53 (2), 55, 58, 59 (2), 60 (2)

Günter A. Ulmer, Schönaich: Seite 10

Josef Weber, Netstal (Schweiz): Seite 14, 115 (2), 133 (3), 140, 144 oben

Alle übrigen Fotos vom Autor

Zeichnungen: Anita Sulzbacher nach Vorlagen des Autors

Sachregister

(Halbfette Ziffern verweisen auf eine Abbildung)

Abkalben 76
Absatzveranstaltungen 158
Abwehrstoffe 130
Acetonämie 42, 94
additive Genwirkung 66
Aminosäuren 37, 40
Ammoniak 38, 68
Anbindestall 106 ff.
Angler 54, **59**
Anrüsten 139
Ansatztyp 50
Antibiotika 45, 145
Anwelken 84
Arbeitsaufwand 25
Asche 71
Atmung 41
ATP 92
Auerochse 8 f.
Aufblähen 38, 41
Aufstehen 12, 106
Ausgleichsfutter 74
Auswaschungsgefahr 104

Bakterien 68
Bakterienproteinsynthese 37
Becken **30,** 31
Beckenbänder 125
Bedarfsnormen 72 f.
Bedeckung 120
Bergrüßungsverhalten 12
Beratung 159
Besamung 120, 126
Besamungsindex 121
Bestandsergänzung 27
Biestmilch 130
Blähungen (Kalb) 131
Blättermagen 39
Blinddarm 40
Blindmelken 33
Blutungen 130

Blutzucker 37
Bodenproben 96
Bodentrocknung 77
Bodenuntersuchungen 96, 103
Boxenlaufstall 116
Braunvieh 57, **58**
Brucellose 124
Brüllerkrankheit 124
Brunst 21, 119
Brunstanzeichen 119
Brunstlosigkeit 124
Brunstzyklus 121
Bruttoenergie 69, 70
Bulle 13
Butter 156 ff.
Buttermilch 150
Buttersäure 84

Ca:P-Verhältnis 44, 93
Carotin 80, 124
Chester 155
Colibakterien 137 f.

Darmpech 130
Darmzotten 40
Dickdarm 40
Doppellender 129
Dreibockreuter **78,** 79
Dreirassenkreuzung 67
Dreistrich 23
Drüsenzellen 139
Düngerstreuen **103,** 104
Dunglager 22
Dünndarm 30 f.

EG-Kontingentierung 148, 159
Eibläschen 121
Eihäute 123, 128
Eimermelkanlage 141
Einstreu 20, 105
Eiweiß 37, 68, 71
Eiweißgehalt (Mischfutter) 88
Elektrolyten 92, 137
Elektrozaun 98, **99**
Embryo 123
Energiebedarf 73
Energiebewertung 69

Energiegehalt 71 f.
Energiemangel 74
Energiestufen (Mischfutter) 87
Enthornen 28
Entmistung 111
Erhaltungsbedarf 73
Ernährung 68 ff.
Essigsäure: Propionsäure-Verhältnis 37
Euter 33 f.
Euterkrankheiten 44 f., 147

F_1-Generation 66
Fahrsilo **83**
Fesselbügel **144**
Flechten 138
Fleckvieh 54, **55**
Fleischbeschau 159
Follikel 122
Fötus 123
Freemartin 123
Fremdkörper 42
Freßgitter 106, **109**
Frischkäse 153
Frischsubstanz 72
Fruchtbarkeitsstörungen 124
Frühaborte 124
Frühentwöhnung 132
Fundament 31
Futterkräuter 95 f.
Futtermittel 20 f., 70, 71, 76 ff.
Futtermittel, gefährliche 94
Futtermittel, Höchstmengen 94
Futterpflanzen 20
Fütterungscomputer 91
Fütterungstechnik 90
Futtervoranschlag 89

Gebärmuttervorfall 129
Gebärparese 44 f.
Gebärbedarf 21 f.
Gebrauchskreuzung 66
Geburt 14, 125, **126**
Geburtshilfe 127 ff.
Geburtsödem 34
Geburtswege 125
Geilstellen 102

164

Gelbkörper 121 f.
Gelbvieh 57
Gerste 87
Geschmacksfehler (Milch) 147
Getreide 74, 86
Gewichtsentwicklung (Jungvieh) 134
Gitterrost 111, 113
Grabnerkette 110
Gräser 95
Grassilage 84 f.
Großballensilage 83 f.
Großvieheinheit (GV) 22, 103
Grundfutter 70, 73 ff.
Grundfutterverdrängung 75
Grundwasserschutz 86
Grünlandpflanzen 95
Gruppenbox (Kälber) **132**
Gülle 111
Gülleraumbedarf 23
Gütestufen Milch 145

Hafer 87
Haftpflicht 158
Halsrahmen 110, **112**
Handmelken **140**
Harn 76
Harnstoff 37
Hartkäse 153
Haube 35
Haustierwerdung 9 f.
Hemmstoffe 145
Herdbuch 52, 63
Heterosis 66
Heu 77 ff.
Heubauch 132
Heubereitung 102
Heuhütte **78**, 79
Hierarchie 12 f.
Hinterbeinstellung **32**
Hinterendlage **124**, 128
Hinterwälder 55, **56**
Holländer Käse 154
Holstein Friesian 61
Holsteinische Euterseuche 54
Holzzaun **98**
Hungergrube 31

Hüttenkäse 152
Hypocalcämie 44
Hypomagnesämie 44

Immunschutz 130
Infektionskrankheiten 44
Intensive Standweide 102

Jauche 103, 104, 117
Jauchegrube 117
Jersey **49**, 52, 58
Joghurt 149
Jungtieraufzucht 131 ff.
Jungviehstall 135, **136**, 137

Kaiserschnitt 129
Kalbefieber 44
Kälberauslauf **22**
Kälberdurchfälle 137
Kälberheu 131
Kälberruhr 137
Kälberstarter 131
Kalium 103
K: Na-Verhältnis 92
Kalkammonsalpeter 103
Kaltstall 105, 114
Kalttränkeverfahren 134
Kalzium 91 f.
Kalzium-Überversorgung 44, 91
Kalziummangel 44, 91
Kartoffeln 81
Käse 151 ff.
Kaufhindernisse 23
Kefir 149
Keimgehalt 145
Ketose s. Acetonämie
Kilostärkeeinheit 22
Klauen 23
Klauenpflege 47, 137
Kochkäse 153
Kohlehydrate 37, 40, 68, 71
Kolik (Kalb) 131
Kolostralmilch 16, 130, 138
Kombinationskreuzung 67
Koppeln 100
Körperbaufehler 23

Körperteile **29**
Körpertemperatur 41
Körung 64, 158
Kosten 26
Kot 40
Kotproben 138
Kotyledonen 123
Kraftfutter 70, 74, 76, 86 ff.
Kraftfutterverweigerung 94
Krankheiten 41 ff.
Krankheitsanzeichen 41
Kreuzungszucht 66 ff.
Kühlung 146
Kuhstall 105 ff.
Kunstdünger 104
Kurzstand 107, **108**, 110 f.

Lab 131
Labkäse 153 ff.
Labmagen 39
Lagerraumbedarf 21
Landeskontrollverband 63
Landrassen 50
Landwirtschaftsamt 96, 160
Landwirtschaftskammer 96, 160
Langmilch 150
Langstand 106
latente Mastitis 44
Laufstall 20, 113 f.
Leberegel 138
Leberschaden 42
Lecksteine 92
Leguminosen 104
Leistungsbedarf 72 f.
Leistungsfutter 74
leistungsgerechte Fütterung 75, 94
Leistungsprüfungen 63
Liegeboxenstall 114
Lungenentzündung 136
Lungenwürmer 138

Magen-Darm-Würmer 138
Magensystem Kalb 39
Magnesium 92
Maissilage 85 f.

165

Markstammkohl 86
Maschinenmelken 140 ff.
Megajoule (MJ) 69, 72
Melken 139 ff.
Melkhygiene 45
Melkmaschine 24, 140 ff.
Melkstand **112**, 113, 141
Melktechnik 45
Milch, Zusammensetzung 146
Milcheiweißgehalt 94
Milchfehler 147
Milchfettgehalt 75, 94
Milchfieber 44
Milchfilter 24, 140
Milchgüteverordnung 145, 158
Milchleistungsprüfungen 64
Milchprodukte 147 ff.
Milchprogesterontest 123
Milchsäurebakterien 82
Milchtränke 131
Milchviehfütterung, Grundsätze 75
Mineralstoffberechnung 93
Mineralstoff 91 f.
Mineralstoffmangel 124
Mineralstoffmischung 91
Mischfutter 87
Mist 111, 116 ff.
Mittellangstand 107
Mutterverhalten 14, **15**, 16

Nabeldesinfektion 129 f., 138
Nabelschnur 128
Nachgärung 83, 84, 86
Nachgeburt 129
Nährstoffbedarf 20
Nährstoffbedarf, Jungvieh 134
Nährstofferträge 20
Nährstoffgehalt 72 f.
Nährstoffgehalt Mist 117
Nährstoffverluste 86
Narbenverbesserung 97
Nasenzange 17, **18**
Naßsilage 90
Natrium 92
Naturrasen 48
Natursprung 120

NEL-System 69
Nettoenergie 40, 75
Netzmagen 35, 38
Non-Return-Rate 121
Normallage **127**
NPN-Verbindungen 71
Nylonseil **108**, 110
Nymphomanie 124

Obergräser 95
Organe **29**
Organische Substanz 71
Östrogen 121
Oxytocin 19, 139

Pansen 36
Pansenalkalose 38
Pansenbewegung 36
Pansenfäule 38
Pansenflora 41, 94
Pansengärung 94
Pansenphysiologie 68
Pansensaft 36, 41
Pansenstich 31, 41
Pansenübersäuerung 38, 42, 75, 91, 94
Parasiten 46, 138
Pasteurisieren 149, 151, 154
Pensionsweide 135
Pflanzenschutzamt 160
pH-Wert 36, 38
pH-Wert (Boden) 103
Phosphatdünger 104
Phosphor 92
Pinzgauer **51**
Placenta 123, 129
Portionsweide 101
Produktionsfaktoren 26
Propionsäure 37, 68
Psalter 35, 39
Puls 41
Pulsator 140

quantitative Merkmale 66
Quark 151
Quetsche 87

Rangordnung 12 f.
Rassen 48 ff.
Rationsberechnung 73
Rationstypen 88 f.
Red Holstein 61
Reinigungsmittel 142, 146
Reinzucht 63 ff.
Reutertrocknung 77
Rohfaser 43, 68, 71, 72, 75, 77, 85
Rohfaser, strukturierte 68
Rohfasermangel 94
Rohprotein 71 f., 73
Rohprotein, Mischfutter 88
Rohrmelkanlage 141
Rotbunte 58, **60**
Rotvieh 54, **59**
Rüben 80
Rübenblattsilage 71, 86

Sauermilchkäse 151
Sauermilchprodukte 149 ff.
schaumige Gärung 41
Schichtkäse 152
Schimmelkäse 155
Schimmelpilze 77, 82
Schleppe **101**
Schlepper 24
Schlundrinne 39
Schlundrinnenreflex 131
Schlundrohr 42
Schnittnutzung 102
Schnittzeitpunkt 85
Schwarzbunte **60**, 61
Schwedenreuter **78**, 79
Schwergeburt 128 f.
Selbstentzündung 77
Selbsttränke **47**
Selektion 50, 63
Sickersaft 86
Silagebereitung 102
Silierfähigkeit 81, 84
Silofolie 82
Simmentaler 54
Skelett **29**
Sojaschrot 87
somatische Zellen 145

Spaltenboden 114
Speichel 36, 37, 68
Spurenelemente 91
Stacheldrahtzaun 97, **99**
Stallplatzkosten 21
Stallraumbedarf 21 f.
Stallsysteme 106 ff.
Stalltemperatur 105
Stampede 17
Standardmischung 96
Standweide 100
Stärke 37
Stärkeeinheit 20
Stärkegehalt 71
Stärkewertsystem 69
Starterkultur 149, 151, 152
Sterilität 124
Sterilitätsbekämpfung 124
Stickstoffdüngung 102, 104 f.
stille Brunst 124
Stoffwechselstörungen 42 ff.
Stoppelrüben 86
Stroh 20, 80, 113
Struktur 75
Strukturfutter 36, 75
Strukturgehalt 85
Strukturmangel 94

Tauchkühler 146
Thomasphosphat 104
Tiefgefriersperma 64
Tiefstall 135
Tiergesundheitsamt 145
Tiergesundheitsdienste 124, 160
Tierkörperbeseitigung 158
Tierschutzgesetz 159
Tierseuchenkasse 159

Tierzuchtorganisationen 159
Torbogenreflex 19, 121
Trächtigkeitszeichen 123
Tragezeit 125
Tränkeperiode 131
Tränkeplan 134
Tränketemperatur 131
Treibmistverfahren 111, 113
Tretmiststall 114
Trittverletzungen 45
Trockenmasse 70, 72, 90
Trockenschnitzel 74, 87
Trockenstehzeit 125
Trockenstellen 143 f.
Trockensubstanzgehalt 72
Trokar 41
Tuberkulose 23

Überdüngung 103
Umsatztyp 50
umsetzbare Energie 90
Umtriebsweide 100 f.
Untergräser 95
Untersuchungsanstalten 160

Verdauliche Energie 69
Verdaulichkeit 69
Verdauungsorgane 34 ff.
Verdrängungskreuzung 67
Verhalten 11 ff.
Viehkauf 23 f.
Viehzählung 159
Viruserkrankungen 138
Vitamine 37
Volldünger 103
Vorbrunst 119
Vorderendlage **127**
Vorderhand **32**

Vorderwälder **56**
Vormagensystem 35 ff.

Wasser 76 f.
Weichkäse 151
Weide 95 ff.
Weide-Unkräuter 95
Weideanlage 96
Weidedüngung 102 ff.
Weideertrag 101
Weidefieber 43
Weideführung 88
Weidegras 88
Weidemelkstand 141
Weidereife 88
Weidesysteme 100 ff.
Weidetetanie 13, 38
Weizen 87
Wiederkauen **35**, 68
Wiederkäuergerechte Fütterung 75, 94
Winterfutter 100
Wurmkur 138

Zähne 35
Zellulose 36
Zitzenbecher **141**
Zucht 50
Züchtervereinigungen 158, 159
Zuchtwertschätzung 64 f.
Zuchtziel 50, 63
Zugluft 105
Zweinutzungsrasse 50
Zwicke 123
Zwillingsträchtigkeit 123
Zwischenfrucht 86
Zyklusstörungen 124

167